MINISTÈRE DES AFFAIRES ÉTRANGÈRES

DOCUMENTS DIPLOMATIQUES

ARRANGEMENT FINANCIER AVEC LA GRÈCE

TRAVAUX DE LA COMMISSION INTERNATIONALE

CHARGÉE DE LA PRÉPARATION DU PROJET

PARIS

IMPRIMERIE NATIONALE

M DCCC XCVIII

DOCUMENTS DIPLOMATIQUES

ARRANGEMENT FINANCIER AVEC LA GRÈCE

TRAVAUX DE LA COMMISSION INTERNATIONALE
CHARGÉE DE LA PRÉPARATION DU PROJET

MINISTÈRE DES AFFAIRES ÉTRANGÈRES

DOCUMENTS DIPLOMATIQUES

ARRANGEMENT FINANCIER AVEC LA GRÈCE

TRAVAUX DE LA COMMISSION INTERNATIONALE

CHARGÉE DE LA PRÉPARATION DU PROJET

PARIS

IMPRIMERIE NATIONALE

M DCCCXCVIII

TABLE DES MATIÈRES.

MINISTÈRE DES AFFAIRES ÉTRANGÈRES.

DOCUMENTS DIPLOMATIQUES.

ARRANGEMENT FINANCIER AVEC LA GRÈCE.

TRAVAUX DE LA COMMISSION INTERNATIONALE CHARGÉE DE LA PRÉPARATION DU PROJET.

SÉANCE DU 9/21 JANVIER 1898.

La Commission arrête suivant le texte ci-joint les termes du rapport qu'elle adresse aux Puissances pour rendre compte de sa mission.

A cette occasion, la Commission exprime ses remerciements à M. le Délégué de France pour l'amabilité et l'empressement avec lesquels il a bien voulu prêter à ses Collègues son précieux concours, tant pour la solution des questions que pour la rédaction du rapport.

La Commission considère sa mission comme terminée jusqu'à nouvel ordre.

Ont pris part à la séance les six Délégués et M. Kaufmann, adjoint à M. le Délégué d'Allemagne.

Signé : TESTA.
SUZZARA.
DUBOIS DE L'ESTANG.
E. F. G. LAW.
L. BODIO.
A. SMIRNOW.

L'adjoint au Délégué d'Allemagne :
Signé : W. KAUFMANN.

RAPPORT DE LA COMMISSION.

En exécution de l'article II des Préliminaires de la paix entre la Grèce et la Turquie signés à Constantinople le 6/18 septembre 1897, les Puissances médiatrices ont chargé, à la demande du Gouvernement hellénique, six Délégués de préparer les bases de l'arrangement financier à conclure avec la Grèce et d'élaborer le projet de loi à soumettre au Parlement hellénique, avec l'agrément des Puissances, à l'effet de placer sous le contrôle absolu d'une Commission internationale la perception et l'emploi de revenus suffisant au service de l'emprunt pour l'indemnité de guerre et des autres dettes nationales.

Ces délégués étaient :

Pour l'Allemagne :

M. Charles Testa, premier drogman de l'Ambassade d'Allemagne à Constantinople, assisté de M. le docteur Wilhelm Kaufmann, Professeur agrégé à l'Université de Berlin.

Pour l'Autriche-Hongrie :

M. Alexandre de Suzzara, Conseiller aulique au Ministère Impérial et Royal des Affaires étrangères.

Pour la France :

M. Étienne Dubois de l'Estang, Inspecteur des finances, Chef du Service de l'Inspection générale au Ministère des finances.

Pour la Grande-Bretagne :

M. le major Edward Fitz Gérald Law, Secrétaire pour Affaires de commerce et de finances à la Légation de S. M. Britannique.

Pour l'Italie :

M. Luigi Bodio, Directeur général de la statistique du Royaume.

Pour la Russie :

M. Alexis Smirnow, Premier secrétaire de la Légation de Russie à Athènes.

La Commission ainsi composée s'est constituée à Athènes le 15/27 octobre 1897.

M. Streit, Ministre des finances, qui présidait la séance d'ouverture, après avoir, au nom de S. M. le Roi des Hellènes et de Son Gouvernement, souhaité la bienvenue aux Représentants des Puissances, a fait connaître son intention de saisir à bref délai la Commission de propositions relatives à l'organisation du Contrôle international et annoncé qu'il se tenait à l'entière disposition des Délégués pour tous les renseignements qu'ils jugeraient à propos de lui demander.

La Commission n'a cessé, pendant tout le cours de sa mission, de rencontrer de la part des fonctionnaires helléniques le concours le plus complet et le plus empressé.

Réglant dès sa première séance l'ordre de ses travaux, elle a reconnu d'un commun accord que son examen devait porter sur les trois points suivants :

1° Situation générale des revenus et des charges du Royaume hellénique ;

2° Arrangements financiers relatifs tant au règlement de la dette actuelle qu'à la conclusion du futur emprunt;

3° Organisation du Contrôle international.

Pour cette dernière partie de sa tâche, la Commission a décidé d'attendre les propositions dont le Représentant du Gouvernement lui avait annoncé le prochain dépôt et dont elle a reçu communication à la date du 20 octobre/1er novembre.

PREMIÈRE PARTIE.

SITUATION GÉNÉRALE DES REVENUS
ET DES CHARGES DU ROYAUME HELLÉNIQUE.

I. — Recettes.

Une note faisant suite au présent rapport résume les observations de la Commission en ce qui concerne les recettes. Les calculs qui y sont exposés ont été établis d'après les résultats des comptes officiels pour les années 1892 à 1896.

Le total des recettes ordinaires ressort :

Pour l'exercice 1892 à	87,844,276 dr.
— 1893 à	90,064,674
— 1894 à	93,182,604
— 1895 à	91,943,582
— 1896 à	95,220,535
Soit un total de	458,255,671 dr.

dont la moyenne arithmétique est de 91,651,134 drachmes.

Cette moyenne n'est pas rigoureusement exacte.

Les contributions des communes pour l'enseignement primaire ont cessé d'être perçues à la suite de la loi du 3 septembre 1895 qui a rattaché les dépenses de ce service aux budgets des communes.

Par contre, la loi du 20 mai 1893, en incorporant les dépenses de la police au budget de l'État et en mettant à la charge des communes une part contributive de ces dépenses, a motivé l'ouverture, à partir de 1894, d'un nouveau chapitre de recettes.

Des modifications introduites, au cours de la période envisagée, dans le tarif de certains droits ou impôts, tels que les droits d'importation, le prix de vente du pétrole, le droit de pesage du tabac, etc., ont déterminé des variations sensibles dans leurs produits.

Pour certains revenus, tels que ceux des monopoles, dont la progression est sensible et constante, il a paru rationnel de calculer la moyenne sur trois années au lieu de cinq.

Il a fallu au contraire tenir compte de la décroissance successive de certains revenus, tels que les redevances pour aliénations domaniales.

Par suite de ces diverses rectifications, l'évaluation des recettes normales de l'État a été portée à 93,931,600 drachmes.

Ce chiffre représente, pour une population d'environ deux millions et demi d'habitants, une charge moyenne par tête de 37 dr. 30, soit, au change de 160 p. 0/0, de 23 fr. 31.

Cette charge se répartit ainsi par nature de contributions :

Impôts divers sur propriétés non bâties	15,075,000 dr.	soit, par tête	6 dr	03	ou 3 fr	77
Impôt sur les édifices	2,850,000	—	1	14	0	71
Patentes et taxe sur le revenu des Sociétés	3,040,500	—	1	21	0	74
Douanes	26,310,000	—	10	52	6	58
Tabac	6,650,000	—	2	66	1	66
Vins, spiritueux et bières	376,000	—	0	19	0	12
Timbre	12,000,000	—	4	80	3	00
Postes et télégraphes	3,235,000	—	1	29	0	80
Taxe d'exonération militaire	1,650,000	—	0	33	0	20
Monopoles	12,300,000	—	4	92	3	08
Domaines	4,200,500	—	1	67	1	05
Produits divers	6,245,100	—	2	54	1	60
ENSEMBLE	93,931,600		37	30	23	31

Cette répartition paraît équitable dans son ensemble. Mais, si on pénètre dans le détail des différentes natures de revenus, on y découvre de nombreuses défectuosités.

En particulier, les diverses taxes établies sur les animaux de labour, sur les bestiaux à l'élevage ou sur certaines catégories de produits agricoles pour tenir lieu, à défaut de cadastre, de l'impôt foncier sur les propriétés non bâties sont encore fondées sur le système en vigueur avant la constitution du Royaume. Les principes qui régissent leur assiette sont, en général, des plus simples; mais, si on fait exception pour les droits perçus par la douane au moment de l'exportation des produits, les procédés suivis pour la constatation de la matière imposable sont beaucoup trop compliqués. Le contrôle des déclarations exigées des redevables est confié, soit à des fonctionnaires en nombre insuffisant, soit à des commissions locales qui, en dehors du reproche de partialité qui leur est souvent adressé, ont le défaut capital d'opérer avec une grande lenteur.

Les retards considérables qui se produisent dans l'émission des rôles concourent, avec une fixation parfois peu rationnelle des époques d'exigibilité et avec un défaut habituel de diligence de la part des agents de perception, à entraver la marche des recouvrements.

Ces observations s'adressent avec encore plus de force au système des patentes où l'application d'un tarif trop compliqué, surtout dans les petites localités, est confiée à toute une série de commissions opérant, les unes parallèlement, les autres successivement. On peut citer des cas où les rôles de cette contribution n'ont été mis en recouvrement qu'un an ou plus après l'expiration de l'année pour laquelle ils ont été émis.

Un arriéré considérable est la conséquence inévitable de ces lenteurs provenant surtout d'un abus de formalités. Chaque exercice arrivant à son terme de clôture lègue aux exercices suivants environ 10,000,000 de produits restant à recouvrer et, comme les rentrées annuelles sur les reliquats des exercices antérieurs ne dépassent guère 3,500,000 dr. par an, il s'ensuit que l'arriéré s'accroît chaque année d'environ

6,500,000 dr. Pendant les cinq années 1892 à 1896, l'augmentation totale atteint près de 32,000,000 de drachmes.

Cet état de choses se recommande à toute l'attention du Gouvernement.

En même temps, une surveillance plus active des côtes, en déjouant les efforts de la contrebande, augmenterait le produit des douanes, ainsi que celui des monopoles établis sur le pétrole et sur les allumettes. Le Gouvernement se propose d'utiliser à cet effet une partie de ses forces maritimes.

La vente de certains produits monopolisés, tels que les allumettes et les cartes à jouer, pourrait être favorisée par l'amélioration de leur qualité.

L'application d'un meilleur régime à l'exportation et à la vente de l'émeri de Naxos permettrait sans doute à ce produit de soutenir la concurrence avec l'émeri de Smyrne qui alimente les 6/7 de la consommation totale.

L'organisation d'un service forestier, qui fait aujourd'hui presque complètement défaut, augmenterait le produit des bois de l'État, en même temps qu'elle protégerait le capital forestier contre les dévastations de toute sorte auxquelles il est actuellement livré.

Enfin le tarif de certains impôts est extrêmement modéré. Un léger relèvement, par exemple, des droits sur le tabac, des droits d'importation et de certaines catégories de droits de timbre procurerait au Trésor un notable accroissement de recettes sans qu'on eût à craindre une diminution sensible de la consommation.

En tenant compte de ces diverses circonstances, la Commission a évalué à un peu moins de 3 millions de drachmes les augmentations qui pourront se produire d'ici à cinq ans dans le revenu des impôts existants et à 3 millions et demi les augmentations qui doivent être le résultat de créations ou de relèvements d'impôts.

L'accroissement total durant cette période serait ainsi de 6,335,000 drachmes et les recettes de 1903 atteindraient un total un peu supérieur à 100 millions.

Cette évaluation paraîtra modérée, si on considère que la progression observée de 1892 à 1896 ne s'élève pas à moins de 7,375,000 drachmes.

Une administration vigilante, ferme et sachant se soustraire à l'influence des partis politiques obtiendrait, sans nul doute, des résultats plus importants.

Mais, pour parvenir à l'année 1903, la Grèce aura à franchir une période particulièrement difficile, à raison du vide que creusera dans ses recettes la situation actuelle de la Thessalie.

La Commission n'a pu recueillir d'informations précises sur l'importance des pertes que la guerre et l'occupation militaire ont infligées à cette riche province. Mais elle a été conduite à penser que le produit des contributions directes y serait à peu près nul en 1898 et que les autres catégories de recettes y seraient également atteintes dans des proportions plus ou moins considérables suivant leur nature. Elle a calculé ainsi que les pertes de l'exercice en cours pouvaient être évaluées à 8,335,600 drachmes, chiffre un peu supérieur à celui qui a servi de base à l'établissement du projet de budget récemment présenté à la Chambre des députés. Elle a admis, en outre, que ces pertes s'atténueraient d'année en année pour disparaître entièrement au bout de cinq ans.

D'après les données qui précèdent, les recettes des années 1898 à 1903 suivraient la progression suivante :

1898	85,556,500 dr.
1899	89,639,640
1900	92,598,780
1901	95,557,920
1902	98,517,060
1903	100,266,500

Ces chiffres ne sont donnés, bien entendu, qu'à titre d'indication et sous toutes les réserves que comporte leur caractère hypothétique.

II. — Dépenses d'administration.

Une série de tableaux placée à la suite de la note sur les recettes présente par ministère le résumé des dépenses ordinaires d'administration pour les années 1892 à 1896.

La moyenne de ces cinq années ressort aux chiffres ci-après :

MINISTÈRE DES FINANCES :		
Allocations et pensions	5,193,782 dr.	
Dotation de la Famille royale	1,325,000	
Chambre des députés	679,118	
Administration centrale. — Frais de perception et de régie	10,869,747	
Payements divers	2,127,353	
		20,195,000 dr.
MINISTÈRE DES AFFAIRES ÉTRANGÈRES		2,016,890
MINISTÈRE DE LA JUSTICE		5,122,066
MINISTÈRE DE L'INTÉRIEUR :		
Administration centrale	1,867,056	
Police	1,701,025	
Postes et télégraphes	2,261,137	
Travaux publics :		
Personnel. — Frais généraux	745,493	
Routes	2,493,876	
Bâtiments	678,592	
Chemins de fer	84,357	
Divers	34,284	
		9,865,820
MINISTÈRE DE L'INSTRUCTION PUBLIQUE ET DES CULTES		3,438,895
MINISTÈRE DE LA GUERRE		15,221,182
MINISTÈRE DE LA MARINE		5,667,382
CAISSE DES PHARES ET FANAUX		424,091
TOTAL		61,951,326 dr.

Cette moyenne est inférieure de 2,650,918 drachmes au total de l'exercice 1895 et de 6,098,409 drachmes au total de l'exercice 1896.

Après un examen aussi approfondi que le lui ont permis le temps et les moyens d'investigation dont elle disposait, la Commission a été d'avis d'admettre cette moyenne comme base de ses évaluations. Il lui a paru, en effet, que si certaines dépenses ont atteint dans les dernières années des chiffres exagérés, les réductions dont elles sont susceptibles trouveront leur compensation dans les augmentations à prévoir sur d'autres chapitres. Toutefois le chiffre de 61,951,326 drachmes, rigoureusement calculé sur les résultats des cinq dernières années, ne comprend que des prévisions insuffisantes pour les nouvelles dépenses nécessitées par la réorganisation des services de la police et de l'enseignement primaire en vertu des lois de 1893 et de 1895. Pour tenir compte de ces deux causes permanentes d'augmentation, il convient de le majorer de 1,300,000 drachmes et de le porter à 63,251,000 drachmes en nombre rond.

Cette évaluation, si l'on y ajoute 2,350,000 drachmes de dépenses extraordinaires se rattachant à l'exécution de traités en cours, concorde, à 300,000 drachmes près, avec celle qui a été admise par le Ministre des finances dans son projet de budget pour l'exercice 1898.

Pour les années suivantes, la Commission a supposé que les dépenses ordinaires augmenteraient normalement de 0,50 p. 0/0, c'est-à-dire de 300,000 drachmes environ, par an. Elle a été ainsi conduite aux évaluations suivantes :

1898	63,251,000 dr.
1899	63,551,000
1900	63,851,000
1901	64,151,000
1902	64,451,000
1903	64,751,000

Il est à remarquer que ces chiffres ne comprennent pas de dépenses extraordinaires et qu'aucune somme n'y est prévue pour l'exécution de grands travaux publics, tels que l'amélioration des ports et l'établissement de nouveaux chemins de fer. Dans la pensée de la Commission, toute entreprise de nature à aggraver notablement les charges du budget doit être ajournée jusqu'à l'époque où les finances du pays auront enfin trouvé un équilibre stable.

L'attention de la Commission s'est portée particulièrement sur les dépenses du Ministère de la Guerre. En émettant le vœu que ces dépenses soient limitées dans l'avenir au minimum rigoureusement indispensable, elle doit constater que sur les 21,000 officiers, sous-officiers et soldats qui composent l'effectif moyen sous les armes, 11,200, c'est-à-dire près de la moitié, sont employés à des services de police intérieure, savoir :

Gendarmerie	4,400
Renfort attaché à la gendarmerie	3,000
Garde des prisons	3,500
Officiers attachés à la police	300
Ensemble	11,200

La solde et la dépense d'entretien de ces 11,200 hommes représentent près de 6,000,000 de drachmes, c'est-à-dire près de 40 p. 0/0 de la dépense totale.

III. — Dette publique.

La dette publique, dont la charge annuelle n'entre pas dans les dépenses qui font l'objet du chapitre précédent, comprend deux catégories d'emprunts : les uns dont le service s'effectue en or, les autres dont le service s'effectue en drachmes-papier.

§ 1. — *Dette publique en or.*

A la première catégorie appartiennent :

1° L'emprunt de 1833 contracté avec la garantie de la France, de la Grande-Bretagne et de la Russie;

2° Les emprunts consolidés ou amortissables contractés à l'étranger de 1881 à 1893 inclusivement;

3° La dette flottante payable en or.

1° Le capital de l'emprunt de 1833 était de 60 millions de francs. Le mode de payement des sommes dues par la Grèce aux Puissances garantes a été réglé par la Note identique du 28 décembre 1864, par la réponse du Gouvernement hellénique du 15/27 janvier 1869, ainsi que par l'article VI du traité du 17/29 mars 1864. L'annuité à verser par la Grèce a été fixée à 900,000 francs; elle s'impute sur le capital représentant la dette contractée envers les trois Gouvernements. Le tiers du produit des douanes de Syra est affecté à la garantie de ces payements.

2° Les emprunts publics contractés par la Grèce, de 1881 à 1893, sont au nombre de six :

Emprunt 5 p. 0/0 1881. — Cet emprunt, autorisé par la loi du 30 décembre 1880/11 janvier 1881, a été émis au capital nominal de 120 millions de francs. Il était remboursable au pair en 80 tirages semestriels du 1er décembre 1881 au 1er juin 1921. Son service était garanti par les droits sur le tabac, par les annuités des terres et plantations et par le solde restant disponible sur les produits des douanes d'Athènes, du Pirée, de Patras et de Zante, après prélèvement des annuités réservées aux emprunts antérieurs.

Emprunt 5 p. 0/0 1884. — Cet emprunt, autorisé par la loi du 4/16 janvier 1884, était au capital nominal de 170 millions de francs, sur lesquels 100 millions seulement ont été émis en obligations remboursables au pair au moyen de 75 tirages semestriels. Son service était garanti au moyen du produit des douanes de Volo, Tchayesi et Arta et du surplus restant disponible sur les recettes des douanes du Pirée, d'Athènes, de Patras, de Corfou, de Syra, Catacolo, Kalamata, Céphalonie et Zante, des droits de timbre, des annuités des terres et plantations et des droits sur le tabac.

Emprunt 4 p. 0/0 1887 dit *des Monopoles*. — Cet emprunt, autorisé par une loi du 28 mai/9 juin 1887, a été émis au capital nominal de 135 millions de francs en obligations remboursables en 150 semestres, soit par tirages au sort, soit par rachat, au choix du gouvernement. Il était gagé au moyen du produit des monopoles établis sur le sel, le pétrole, les allumettes, les cartes à jouer, le papier à cigarettes et l'émeri de Naxos.

Emprunt 4 p. 0/0 1889 (*Rente*). — Cet emprunt, émis en rente consolidée au capital de 155 millions de francs, a été autorisé par une loi du 2/14 février 1889. Aucun revenu n'était spécialement affecté à sa garantie.

Emprunt 5 p. 0/0 1890 (*Pirée-Larisse*). — Cet emprunt a été autorisé par la loi du 7/19 avril 1889, en vue d'assurer la construction du chemin de fer du Pirée à Larisse et de son embranchement sur Chalkis. Le produit net de l'exploitation devait constituer le gage de l'emprunt, dont le capital était garanti au moyen d'une première hypothèque sur la ligne et sur son embranchement. Sur les 90 millions qui devaient être empruntés pour cet objet, 60 millions seulement furent mis en souscription et donnèrent lieu à l'émission d'obligations amortissables en 198 tirages semestriels, avec faculté pour le Gouvernement d'anticiper le remboursement.

Emprunt de consolidation 5 p. 0/0 1893 ou *Funding-Loan*. — Cet emprunt, contracté avec la maison Hambro de Londres et autorisé par un décret royal en date du 30 mai/11 juin 1893, devait servir à assurer pendant deux ans et demi le service des autres emprunts extérieurs, à l'exception de l'emprunt des monopoles qui conservait ses garanties spéciales. Les obligations créées devaient être remises au pair en payement des coupons et de l'amortissement de ces emprunts. Elles étaient gagées par divers produits secondaires et devaient être amorties au pair, à partir du 1er janvier 1899, au moyen d'une dotation annuelle fixée originairement à 1/2 p. o/o du capital nominal. De plus, le syndicat d'émission avait pris vis-à-vis du Gouvernement hellénique l'engagement de racheter, à raison de 65 p. o/o de leur montant, tous les titres aliénés par leurs détenteurs. Ce système ne fonctionna que pendant un semestre et, sur les 56 millions qui devaient être empruntés, il ne fut émis, en réalité, qu'un peu moins de 10 millions.

A la fin de 1893, le capital de ces divers emprunts se trouvait réduit par les rachats et tirages aux sommes ci-après :

5 p. o/o 1881	103,500,000 dr.
5 p. o/o 1884	90,531,000
4 p. o/o 1887. (Monopoles.)	133,045,000
4 p. o/o 1889. (Rente.)	155,000,000
5 p. o/o 1890. (Pirée-Larisse.)	59,901,500
5 p. o/o 1893. (Funding-Loan.)	9,739,000
TOTAL	551,716,500

D'après les contrats organiques, le service annuel des titres représentant ce capital exigeait une dépense de 28,276,875 francs ainsi répartie :

Emprunts.	Intérêts.	Amortissement d'après le budget de 1893.	Total.
5 p. o/o 1881	5,175,000	1,720,000	6,895,000
5 p. o/o 1884	4,526,550	1,440,000	5,966,550
4 p. o/o 1887. (Monopoles.)	5,321,800	370,000	5,691,800
4 p. o/o 1889. (Rente.)	6,200,000	"	6,200,000
5 p. o/o 1890. (Pirée-Larisse.)	2,995,075	41,500	3,036,575
5 p. o/o 1893. (Funding-Loan.)	486,950	"	486,950
TOTAL	24,705,375	3,571,500	28,276,875

Depuis longtemps déjà, le Gouvernement hellénique ne parvenait à faire face à ses charges qu'au moyen du crédit. La plupart des emprunts qui viennent d'être énumérés avaient été employés en tout ou en partie à rembourser des avances temporaires ou à amortir des emprunts antérieurs. L'emprunt de 1890 lui-même, contracté en vue de la construction de la ligne du Pirée à Larisse avait été presque entièrement détourné de la destination spéciale à laquelle il était expressément affecté. La création en 1893 des obligations Funding qui devaient être remises en payement des intérêts et de l'amortissement d'emprunts antérieurs était un acheminement vers la faillite. Celle-ci fut consommée par la loi du 10/22 décembre 1893.

Aux termes de cette loi, le service des intérêts devait être réduit, à partir de 1894, à 30 p. o/o de la valeur nominale des coupons. Exception était faite pour les coupons à l'échéance des 15 et 31 décembre 1893, ainsi que pour les coupons échus les 31 juillet et 1er octobre de la même année qui n'avaient pas été échangés contre des titres de l'emprunt de consolidation. Ces coupons devaient être provisoirement payés à raison de 50 p. o/o en billets de banque.

Le service de l'amortissement était suspendu.

Toutes les affectations spéciales étaient supprimées et les impôts, taxes et monopoles donnés en garantie devaient être versés au Trésor à compter du 1er octobre 1893.

Le service de la dette était ainsi réduit à 30 p. o/o de 24,705,375 drachmes, soit 7,411,612 dr. 50.

Ces dispositions avaient un caractère transitoire : elles ne devaient conserver leur effet que jusqu'à l'approbation législative du règlement définitif du service des emprunts. En vue d'arriver à ce règlement, le Gouvernement était autorisé à entrer en négociation avec les porteurs.

Ces négociations engagées d'abord à Athènes en janvier 1894, puis reprises à Paris en décembre 1895, demeurèrent sans résultat.

3° La dette flottante en or se compose de deux éléments :

D'une part, les emprunts faits aux Banques d'émission en vertu des lois sur le cours forcé des 4, 30 novembre, 31 décembre 1885 et 4 avril 1887. Ces emprunts, qui absorbaient la plus grande partie de l'encaisse métallique des banques, représentent un capital de 16,800,000 francs sur lequel il est servi un intérêt de 1 p. o/o, soit 168,000 francs;

D'autre part, les avances faites à la Caisse publique par les Banques d'émission jusqu'à concurrence de 10,343,991 francs et par divers jusqu'à concurrence de 4,231,102 fr. 35, soit ensemble 14,575,093 fr. 35, dont 490,358 fr. 50 représentés par des bons du Trésor. L'intérêt servi sur cette partie de la dette s'élève à 880,049 fr. 51 et représente un peu plus de 6 p. o/o.

L'ensemble de la dette flottante en or représente un capital de 31,375,093 fr. 35, dont l'intérêt est de 1,048,049 fr. 51.

§ 2. — *Dette publique en drachmes-papier.*

La dette publique en drachmes-papier comprend :

1° La dette envers les héritiers du roi Othon;

2° L'emprunt patriotique à lots;

3° Les emprunts en obligations amortissables et en rentes;

4° La dette flottante.

A cette nomenclature il convient d'ajouter le déficit prévu de l'exercice 1897.

1° La dette reconnue par la Grèce envers les héritiers du roi Othon était originairement de 4,017,856 drachmes. Son taux est de 4 p. o/o, amortissement non compris. La charge annuelle correspondante, soit 200,250 drachmes, ressort à environ 5 p. o/o.

2° L'emprunt patriotique, émis en 1885 au capital de 30 millions, n'a été couvert que jusqu'à concurrence de 2,709,886 drachmes. Il est représenté par des obligations de 10 drachmes sans intérêts, amortissables au pair ou avec lots. Sa charge annuelle est de 45,360 drachmes, soit environ 1.75 p. o/o du capital réalisé.

3° Les emprunts en obligations amortissables ou en rentes sont au nombre de six.

Emprunt 5 p. 0/0 de 26 millions de drachmes. — Cet emprunt a été contracté en 1874, c'est-à-dire à une époque où le cours forcé n'existait pas, au taux de 6 p. o/o, non compris 0.50 p. o/o d'amortissement. Une loi de 1888 a supprimé son amortissement et réduit son intérêt à 5 p. o/o. Son service n'est plus aujourd'hui que de 1,015,175 drachmes. Si on tient compte de la perte du change, en la calculant au taux de 165 p. o/o, la charge actuelle de cet emprunt ne représente pas 50 p. o/o du service fixé par le contrat d'origine. Il y a lieu de noter, en outre, que les pertes subies par les porteurs remontent aujourd'hui à dix ans.

Emprunt 5 p. 0/0 de 10 millions de drachmes. — Cet emprunt est également antérieur à l'établissement du cours forcé. Contracté en 1876 à 8 p. o/o, amortissement non compris, il a, comme le précédent, subi à partir de 1889 la suppression de l'amortissement et la réduction de l'intérêt à 5 p. o/o : ce qui représente, d'après le calcul indiqué ci-dessus, une perte d'environ 65 p. o/o. Son service n'est plus aujourd'hui que de 44,312 drachmes 50.

Emprunt 5 1/2 p. 0/0 de 9 millions de drachmes. — Cet emprunt a été contracté en 1884, c'est-à-dire à une époque où le change était à 104.75. Son taux d'émission était de 7 p. o/o, amortissement non compris; il a été traité en 1888 comme les emprunts précédents et son service actuel, réduit à 489,500 drachmes, représente pour les porteurs une perte d'environ 54 p. o/o.

Emprunt 4 p. 0/0 de 15 millions de drachmes. — Cet emprunt a été émis en 1887 au taux de 4 p. o/o, non compris o dr. 80 d'amortissement. Cet amortissement n'a été supprimé en fait qu'après les lois de 1893 sur le règlement provisoire de la Dette extérieure. Mais, comme le change à l'époque de l'émission ne dépassait pas 126.33, la perte subie sur les porteurs est d'environ 37 p. o/o. Le service de cet emprunt est de 591,800 drachmes.

Emprunt 4 p. 0/0 de 16 millions et demi de drachmes. — Cet emprunt, dont le service devait s'effectuer en or, a été contracté auprès des Banques d'émission en 1892, lorsque le Gouvernement cherchait à négocier un emprunt extérieur en vue de l'abolition du cours forcé; il ne constituait donc qu'une avance sur le produit de l'emprunt projeté et, pour ce motif, devait être amorti dans une durée de dix-huit mois. Malgré les conditions spéciales dans lesquelles il avait été conclu, le Gouvernement, après la promulgation des lois de décembre 1893, prorogea sa durée et décida que son service à l'avenir s'effectuerait en drachmes-papier. Ces mesures ont infligé aux Banques, qui ont dû conserver en portefeuille les obligations émises, une perte d'environ 25 p. o/o. La charge annuelle de l'emprunt est de 1,050,250 drachmes, y compris un amortissement de 490,000 drachmes qui doit être notablement réduit par suite des combinaisons dont il sera parlé plus loin.

Emprunt 5 1/2 p. 0/0 à la Caisse des Routes nationales. — L'origine de cet emprunt est un prêt de 18 millions de drachmes fait par la Banque nationale à la Caisse des Routes nationales, aujourd'hui supprimée. Son capital est actuellement de 1,711,545 drachmes et son service annuel de 94,134 dr. 90.

Le capital actuel des emprunts qui viennent d'être énumérés est de 60,723,795 drachmes : leur charge annuelle s'élève au total de 3,285,172 dr. 40.

4° La Dette flottante en drachmes-papier se compose des trois éléments suivants :

En premier lieu, les bons du Trésor, savoir :

	11,366,812 dr 24	de bons à 5 p. o/o dont l'intérêt s'élève à........	568,340 dr 61
	6,978,550 00	de bons à 6 p. o/o dont l'intérêt s'élève à........	418,713 00
Ensemble	18,345,362 24		987,053 61

En second lieu, les emprunts faits aux Banques d'émission en vertu des lois du cours forcé et représentés par les billets mis en circulation pour le compte de l'État. Cette dette s'élève à 74 millions de drachmes sur lesquels il n'est servi aux Banques qu'un intérêt de 1 p. o/o, soit 740,000 drachmes.

Enfin les billets de 1 et 2 drachmes émis par l'État sous le nom et avec la garantie des Banques d'émission. Sur cette Dette qui s'élève à 20 millions, les Banques ne perçoivent également qu'un intérêt de 1 p. o/o, soit 200,000 drachmes.

Déficit prévu pour l'exercice 1897.

D'après les évaluations du Ministre des finances, les dépenses de l'exercice 1897 qui avaient été prévues au budget pour un chiffre de........		88,220,000 dr.
atteindront le total de..................................		153,300,000
Dans ces chiffres sont comprises :		
Les dépenses extraordinaires de la guerre.	39,050,520 dr.	
Idem de la marine...............	5,951,695	
Idem de la dislocation des troupes....	2,500,000	
Les secours aux réfugiés de Thessalie et de Crète, le rapatriement des Thessaliens et les secours aux agriculteurs de la Thessalie.......................	12,500,000	
D'un autre côté, les recettes, qui, d'après les prévisions budgétaires, devaient atteindre 95,340,000 drachmes, ne dépasseront pas, suivant toute apparence, le total de.........		83,050,000
Soit un déficit de..............		70,250,000 dr.
couvert jusqu'à concurrence de........................		30,100,000
par quelques-uns des emprunts compris dans l'énumération précédente, savoir :		
Bons du Trésor................	9,020,000	
Emprunts du cours forcé.........	[1] 15,080,000	
Emission supplémentaire de coupures de 1 et 2 drachmes..............	[1] 6,000,000	
Ensemble...............	30,100,000 dr.	
Le déficit non couvert s'élève ainsi à..................		40,150,000 dr.

Le tableau ci-après résume les explications qui précèdent, en faisant ressortir pour chacun des éléments de la Dette le capital restant dû ainsi que le service actuel des intérêts et de l'amortissement.

[1] De 1893 à la fin de 1896, la circulation pour le compte de l'État était tombée de 87,350,000 à 72,700,000 drachmes. En octobre 1897, elle dépassait 90 millions.

SITUATION DE LA DETTE HELLÉNIQUE.

DETTE EN OR.	TAUX de l'emprunt.	CAPITAL effectif.	CAPITAL nominal.	PROPORTION pour cent de l'effectif au nominal.	SOMMES non amorties.	SERVICE INITIAL. intérêt.	SERVICE INITIAL. amortissement.	TOTAL du service initial.	SERVICE actuel.
1. Emprunt garanti par les trois puissances.	......	100,932,833	100,932,833	......	Mémoire.	900,000	......	900,000	900,000
2. Emprunts en obligations.									
Emprunt de 120,000,000 fr. (1881).	5 p. o/o.	89,520,000	120,000,000	74.60	103,500,000	5,175,000	1,720,000	6,895,000	1,552,500
— de 170,000,000 fr. (1884).	5 p. o/o.	68,500,000	100,000,000	68.50	90,531,000	4,526,550	1,440,000	5,966,550	1,357,965
— de 135,000,000 fr. (1887).	4 p. o/o.	90,990,000	135,000,000	67.40	133,045,000	5,321,800	370,000	5,691,800	1,506,540
— 1,200,000 £ ou 30,000,000 fr. (1889).	4 p. o/o.	111,373,500	155,000,000	68.12 1/2	155,000,000	6,200,000	......	6,200,000	1,860,000
— 5,000,000 £ ou 125,000,000 fr. (1889).	4 p. o/o.			72.75					
— Chemin de fer Pirée-Larisse... (1890).	5 p. o/o.	40,050,000	45,000,000	89	59,901,500	2,995,075	41,500	3,036,575	898,522
— .... (1890).	5 p. o/o.	12,900,000	15,000,000	86					
Funding-Loan (1893)	5 p. o/o.	9,739,000	9,739,000	......	9,739,000	486,950	......	486,950	146,085
Total	......	423,072,500	579,739,000	......	551,716,500	24,705,375	3,571,500	28,276,875	7,411,612
3. Dette flottante en or.									
Avances à la Caisse publique	......	14,084,735	14,084,735	......	14,084,735	850,628	......	850,628	850,628
Bons du Trésor	6 p. o/o.	490,358	490,358	......	490,358	29,421	......	29,421	29,421
Emprunts des banques d'émisson (cours forcé)	1 p. o/o.	16,800,000	16,800,000	......	16,800,000	168,000	......	168,000	168,000
Total	......	31,375,093	31,375,093	......	31,375,093	1,048,049	......	1,048,049	1,048,049
Ensemble ...... francs.	......	555,380,426	712,046,926	......	583,091,593	26,653,424	3,571,500	30,224,924	9,359,661

DETTE EN DRACHMES-PAPIER.	TAUX de l'emprunt.	CAPITAL effectif.	CAPITAL nominal.	PROPORTION pour cent de l'effectif au nominal.	SOMMES non amorties.	SERVICE actuel.
1. Dette envers les héritiers du Roi Othon	4 p. o/o.	4,500,000	4,500,000	......	1,800,000	66,035
2. Emprunt patriotique à lots	......	2,723,860	2,723,860	......	2,345,000	45,360
3. Emprunts en obligations.						
Emprunt de 26,000,000 (1874)	5 p. o/o.	21,060,500	26,000,000	81	20,303,500	1,015,175
— de 10,000,000 (1876)	5 p. o/o.	5,879,970	7,443,000	79	886,250	44,312
— de 9,000,000 (1884)	5 1/2 p. o/o.	9,000,000	9,000,000	......	8,900,000	489,500
— de 15,000,000 (1887)	5 p. o/o.	9,990,000	15,000,000	66.60	14,795,000	591,800
— de 16,500,000 (1892)	5 p. o/o.	10,998,900	16,500,000	66.66	14,127,500	1,050,250
— de la Caisse des Routes nationales	5 1/2 p. o/o.	17,857,145	17,857,145	......	1,711,545	94,134
Total	......	74,786,515	91,800,145	......	60,723,795	3,285,171
4. Dette flottante en drachmes-papier.						
Bons du Trésor	5 p. o/o.	18,345,000	18,345,000	......	18,345,000	987,053
Idem	6 p. o/o.					
Emprunts des banques d'émission (cours forcé)	1 p. o/o.	74,000,000	74,000,000	......	74,000,000	740,000
Billets de 1 et 2 drachmes	1 p. o/o.	20,000,000	20,000,000	......	20,000,000	200,000
Total	......	112,345,000	112,345,000	......	112,345,000	1,927,053
Ensemble ...... drachmes.	......	194,355,375	211,369,005	......	177,213,795	5,323,619

DEUXIÈME PARTIE.

ARRANGEMENTS FINANCIERS
À CONCLURE AVEC LE GOUVERNEMENT HELLÉNIQUE.

D'après l'article II des Préliminaires de paix, l'arrangement nécessaire pour faciliter le payement rapide de l'indemnité de guerre doit être fait avec l'assentiment des Puissances, de manière à ne pas porter atteinte aux droits acquis des anciens créanciers, détenteurs des titres de la Dette publique de la Grèce.

La Commission n'avait donc pas seulement à préparer l'institution de garanties pouvant permettre à la Grèce de contracter l'emprunt nécessaire au payement de l'indemnité de guerre et à l'évacuation de la Thessalie qui doit en être la conséquence. Elle devait encore proposer les bases d'un règlement définitif de la dette existante en vue de mettre fin au régime provisoire créé par la loi du 10/22 décembre 1893, de liquider l'ensemble des engagements à la charge du Trésor et d'améliorer, dans la mesure du possible, la situation financière du Royaume.

Le présent chapitre fait connaître les dispositions adoptées à cet effet pour chaque catégorie d'emprunts.

I. — Règlement de la dette actuelle.

DETTE EN OR.

Emprunt de 1833. — Aucune modification ne devait être apportée au service de l'emprunt de 1833 qui ne dépasse pas 1,50 p. 0/0 du capital garanti par les Puissances et qui s'effectue régulièrement en conformité des actes diplomatiques qui en ont réglé le fonctionnement.

Emprunts contractés à l'étranger de 1881 à 1893. — En ce qui concerne les emprunts contractés à l'étranger de 1881 à 1893, la tâche de la Commission était particulièrement délicate. Chargée par les Puissances médiatrices de suivre auprès du Gouvernement hellénique des négociations portant sur l'ensemble de l'accord à intervenir, elle n'avait reçu mandat des créanciers ni pour formuler des exigences, ni pour concéder des sacrifices en leur nom.

Dans cette situation, elle a jugé qu'elle devait s'en tenir autant que possible aux propositions émanées des créanciers eux-mêmes.

Ces propositions ont été formulées en dernier lieu dans le projet d'arrangement que les comités des porteurs, réunis à Paris, avaient proposé en 1896 à l'assentiment du Gouvernement hellénique.

Dès le début de ses travaux, la Commission a décidé d'adopter ce projet comme base de discussion, en se réservant toutefois d'y proposer les modifications qu'elle jugerait rigoureusement équitables, après avoir pris connaissance de la situation et entendu les observations du Gouvernement.

Les dispositions essentielles du projet de Paris peuvent se résumer ainsi :

— Affectation au service des anciens emprunts extérieurs des produits des monopoles, du tabac et du timbre.

— Administration de ces revenus par une Société anonyme hellénique, ayant pour mission d'en faire parvenir le montant aux maisons chargées du service des emprunts.

— Fixation du capital restant dû sur chaque emprunt.

— Remboursement des titres sortis aux tirages de novembre 1893, à raison de 75 p. o/o de leur valeur nominale.

— Classification des emprunts en trois groupes comprenant :

le premier, l'emprunt de 1887 (Monopoles) et l'emprunt de 1893 (Funding-Loan);

le second, les emprunts 5 p. o/o 1881, 1884 et 1890 (Pirée-Larisse);

le troisième, la rente 4 p. o/o 1889.

— Service initial des emprunts fixé à 15,750,000 drachmes devant produire au minimum 9 millions de francs par an, somme destinée :

1° à servir au minimum 43 p. o/o de l'intérêt originel de l'emprunt monopoles et 32 p. o/o de l'intérêt originel de tous les autres emprunts;

2° à consacrer à l'amortissement une somme annuelle fixée à 2 p. o/o de l'intérêt originel de chaque emprunt.

— Mise en réserve des intérêts relatifs aux titres rachetés ou amortis, pour être employés successivement au relèvement de l'intérêt à servir aux titres restant en circulation, lorsque les sommes réservées atteindraient 2 p. o/o de l'intérêt contractuel des groupes à servir, d'après le classement indiqué ci-dessus.

— Attribution aux créanciers de la totalité de l'économie réalisée sur le change de la provision de service, pour être affectée, moitié au relèvement de l'intérêt et moitié à l'augmentation de l'amortissement.

— Attribution aux créanciers, pour servir également par moitié au relèvement de l'intérêt et à l'augmentation de l'amortissement, de 60 p. o/o des plus-values réalisées dans le produit brut des monopoles, du tabac et du timbre.

— Limitation des relèvements successifs de l'intérêt au montant de l'intérêt originel de chaque groupe d'emprunt.

— Attribution aux porteurs de l'emprunt Funding-Loan, sur les fonds en dépôt chez MM. Hambro and son pour leur compte, de 2 shillings par livre sterling représentant les 70 p. o/o d'intérêts non payés depuis la loi du 10/22 décembre 1893.

— Restitution par le Gouvernement hellénique en cinq versements annuels des 2,529,611 dr. 07 que la Société de régie des Monopoles a été tenue de lui verser en vertu de la même loi et affectation de ces sommes à l'amélioration de l'intérêt de l'emprunt 4 p. o/o 1887.

— Payement à raison de 5 p. o/o de leur montant des certificats ou tickets délivrés aux porteurs pour les 70 p. o/o non payés depuis le 1er avril 1894 sur les intérêts des emprunts.

La Commission n'avait pas à s'occuper, dans ses propositions relatives au règlement de l'ancienne dette, de la détermination des revenus affectés à son service. Cet objet rentrait dans les termes généraux de sa mission, consistant, d'après le texte des Préliminaires de paix, à régler la perception et l'emploi de revenus suffisant au service de l'emprunt pour l'indemnité de guerre et des autres dettes nationales.

Le projet de Paris ne contenait aucune disposition au sujet des titres sortis aux tirages de juin 1893 qui n'ont pas été échangés contre des obligations Funding-Loan. La Commission propose de rembourser ces titres à raison de 65 p. o/o de leur valeur, cours auquel le syndicat d'émission s'était engagé à racheter les obligations Funding.

Afin d'alléger les charges du Trésor hellénique pendant les cinq années à courir jusqu'à 1903, la Commission a pensé qu'il y avait lieu de réduire l'amortissement obligatoire, pendant cette période, à 1 p. o/o de l'intérêt originel de chaque emprunt et de fixer ainsi à 8,750,000 francs, au lieu de 9 millions, la somme à affecter pour chacune desdites années au service des anciens emprunts.

D'après le projet de Paris, la part attribuée aux créanciers dans les plus-values d'impôts devait être calculée sur le rendement brut. Cette disposition a paru trop rigoureuse, puisqu'elle tendait à accorder aux créanciers une prime sur les suppléments de dépenses qu'entraîne nécessairement toute augmentation de produit. D'après le projet de la Commission, les 60 p. o/o attribués aux créanciers doivent être calculés sur la plus-value, diminuée de 18 p. o/o à forfait pour tenir compte de ces suppléments de dépenses.

Mais les principales modifications proposées par la Commission portent sur les dispositions relatives au change des provisions. Ce sont ces dispositions, — il convient de le rappeler, — qui avaient soulevé, lors des négociations de 1896, les principales objections du Gouvernement hellénique.

D'après le projet de Paris, la Grèce devait affecter, au service de chaque année, un mininum de 15,750,000 drachmes; ce qui, par rapport aux 9 millions de francs nécessaires pour assurer le service initial de l'intérêt et de l'amortissement, tel qu'il était prévu dans le projet, représentait un agio de 75 p. o/o. Ce taux correspondait sensiblement au cours normal de l'or ou du papier sur Paris à l'époque où l'arrangement a été proposé. En effet, la moyenne annuelle des cours avait été de 1.7432 en 1894, de 1.8025 en 1895 et la moyenne mensuelle n'était pas descendue au-dessous de 1,742 pendant les six premiers mois de 1896.

Le Ministre des finances a fait observer que la situation était aujourd'hui différente; que, depuis la signature des Préliminaires de paix, le cours du change avait varié entre 150 p. 0/0 et 165 p. 0/0; que la stabilité et la confiance qui doivent être le résultat du rétablissement de la paix et de l'institution du Contrôle international auront pour effet de limiter les oscillations du change; enfin, que la moyenne des cours s'abaissera graduellement par suite des sacrifices que doit s'imposer le Gouvernement, en vue de réduire le volume des billets de banque en circulation pour le compte de l'État.

La Commission a reconnu la justesse de ces considérations. Il lui a paru que maintenir dans les circonstances actuelles le taux de 175 p. 0/0 équivaudrait à attribuer aux créanciers, contrairement au projet de 1896, des parts d'intérêt supérieures à 43 et 32 p. 0/0 de l'intérêt originel et elle a émis l'avis que le taux à adopter pour les calculs relatifs au change devrait être abaissé de 175 p. 0/0 à 165 p. 0/0. Le service initial des emprunts serait ainsi ramené à 14,437,500 drachmes pour la période de 1898 à 1902 et à 14,850,000 drachmes pour les années 1903 et suivantes.

En même temps, il lui a paru excessif de faire bénéficier les créanciers de l'intégralité des économies réalisées sur le change des provisions. L'abaissement du change doit, en effet, constituer dans l'avenir une des principales ressources de la Grèce, une de celles qui lui permettront d'améliorer le fonctionnement de ses services administratifs et d'entreprendre de grands travaux d'utilité publique. La Commission a pensé qu'il était de l'intérêt bien entendu des créanciers eux-mêmes de ménager cette réserve, puisqu'ils doivent profiter, par les plus-values d'impôts, du développement de la prospérité et du bien-être dans le pays. Elle a donc proposé de partager les économies sur le change dans les mêmes proportions que les plus-values d'impôt, c'est-à-dire à raison de 40 p. 0/0 pour le Gouvernement hellénique et 60 p. 0/0 pour les créanciers, cette dernière part étant appliquée, moitié au relèvement de l'intérêt, et moitié à l'augmentation de l'amortissement.

Telles sont les modifications que la Commission a jugé nécessaire d'introduire dans le projet de Paris. Elle propose d'en conserver toutes les autres dispositions, dont elle s'est seulement attachée à préciser et à simplifier la rédaction.

Le règlement qu'elle soumet à l'assentiment des Puissances, d'accord avec le Gouvernement hellénique, doit être annexé à la loi portant organisation du Contrôle pour en faire partie intégrante et être mis à exécution en même temps qu'elle.

DETTE FLOTTANTE EN OR.

La dette flottante en or, dont le montant, comme on l'a vu, est de 31,375,093 fr. 35, provient presque entièrement des emprunts contractés auprès des Banques d'émission et des avances consenties par elles sur leur réserve métallique dont la suppression était une conséquence de l'établissement du cours forcé. Le retour de ces banques à une situation régulière étant une condition indispensable au rétablissement de l'ordre financier, il importe qu'elles puissent reconstituer leur encaisse en prévision du jour où elles reprendront leur service en espèces. Toutefois, comme ce jour est encore à échéance éloignée, le Ministre des finances se propose, au lieu de rembourser effectivement en or les sommes qui leur sont dues à ce titre, de convertir les engagements de l'État en obligations de l'emprunt qui doit être émis à l'étranger en vue de liquider la situation. Les Banques conserveront ces obligations en portefeuille pour les aliéner à l'époque où la reconstitution de la réserve métallique deviendra nécessaire.

Cette combinaison offre un double avantage. D'une part, elle assure dès à présent le placement d'une partie notable du futur emprunt. En second lieu, elle permet, au moyen d'un arrangement conclu avec les banques, de leur céder ces obligations à des conditions moins onéreuses pour l'État que celles qui seront consenties aux souscripteurs ordinaires. Le Ministre des finances espère obtenir d'elles que l'intérêt actuellement servi sur cette partie de la Dette ne soit pas sensiblement augmenté et reste fixé à une somme voisine de 1,048,049 fr. 51.

DETTE EN DRACHMES-PAPIER.

Aucune modification n'est à apporter au service de la Dette envers les héritiers du roi Othon et de l'emprunt patriotique à lots.

Les emprunts en obligations amortissables et en rentes dont le capital est actuellement réduit à 60,723,795 drachmes, ainsi que la Dette en bons du Trésor à 5 et 6 p. o/o dont le montant est de 18,345,362 dr. 24, doivent, dans la pensée du Ministre, être unifiés au moyen d'un emprunt de conversion qui serait émis à l'intérieur et dont le service, amortissement compris, serait limité à 3,900,000 drachmes; ce qui représente, par rapport à l'intérêt et à l'amortissement actuels, une économie de près de 400,000 drachmes. Après cette nouvelle réduction, le service des emprunts intérieurs se trouvera ramené à un peu plus de 50 p. o/o de l'intérêt et de l'amortissement contractuels et le traitement de la Dette en drachmes-papier pourra, si on tient compte de tous les éléments[1], être considéré comme à peu près équivalent à celui des anciens emprunts en or.

Quant à la Dette de 74 millions de drachmes contractée auprès des Banques d'émission en vertu des lois du cours forcé et à la Dette de 20 millions de drachmes résultant des coupures de 1 et de 2 drachmes mises en circulation par l'Etat sous la garantie des mêmes banques, elles seront successivement amorties au moyen de rachats annuels qui commenceront à partir de l'année 1900 et ne devront pas être inférieurs à 2 millions de drachmes par an.

La Commission, d'accord avec le Ministre des finances, espère que par ce moyen,

---

[1] Il y a lieu, en effet, de considérer :

1° que les réductions subies par la Dette intérieure sont pour la plupart bien antérieures à 1894;

2° qu'elle est payable en une monnaie dont la valeur est essentiellement variable;

3° que son marché est extrêmement limité et n'offre pas les facilités de négociation qui existent pour les titres cotés dans les grandes bourses;

4° que son amortissement doit être très lent;

5° que les porteurs des nouvelles obligations n'auront à participer ni aux plus-values d'impôts, ni aux économies sur le change.

Enfin il convient d'ajouter que la plus grande partie des titres de la Dette intérieure appartient soit aux Banques d'émission, soit aux communes et établissements publics.

la Grèce s'acheminera graduellement et sans secousses violentes vers l'abolition du cours forcé.

Le chiffre annuel de 2 millions de drachmes n'est d'ailleurs qu'un minimum. Ce chiffre sera accru s'il existe des ressources disponibles suffisantes et si la situation générale du pays permet d'opérer un amortissement plus élevé sans déterminer une dépression trop brusque du change.

De plus, le Ministre des finances prévoit que les besoins nouveaux résultant du développement économique de la nation absorberont peu à peu une partie de l'excédent actuel de la circulation fiduciaire et que l'équilibre pourra ainsi se rétablir normalement avant que la Dette de 94 millions de drachmes ait été totalement amortie.

Il a été reconnu, d'un commun accord, que les rachats annuels pourraient prendre fin, avec l'assentiment du Contrôle international, lorsque cette dette aura été réduite à 40 millions de drachmes.

Restent les 40,150,000 drachmes, ou 26 millions de francs en nombre rond, représentant le déficit non couvert de l'exercice 1897. Cette somme devra nécessairement être comprise dans l'emprunt extérieur, dit *emprunt économique*, destiné à liquider l'ensemble de la situation financière.

II. — Nouvel emprunt à contracter.

Le nouvel emprunt à contracter par la Grèce doit se décomposer en deux parties :

L'une, destinée au payement de l'indemnité de guerre;

L'autre, ayant pour objet la liquidation de la situation financière.

1° Emprunt pour l'indemnité de guerre.

Les Préliminaires de paix ont fixé à 4 millions de Livres turques, soit à 92 millions de francs le montant de l'indemnité de guerre que la Grèce doit payer à la Turquie.

D'un autre côté, le Traité définitif de paix a fixé à 100,000 Livres turques, soit à 2,300,000 francs, le maximum des indemnités à la charge de la Grèce pour dommages causés aux propriétés privées.

Le total du prémier emprunt s'élèverait ainsi à 95 millions de francs en nombre rond.

2° Emprunt économique.

Le produit de cet emprunt devra être employé :

en premier lieu, à solder le déficit non couvert de l'exercice 1897, évalué ci-dessus à environ.	26,000,000f
en second lieu, à convertir la dette flottante en or, en vue de restituer aux Banques d'émission le montant en capital de leurs réserves métalliques. D'après la combinaison proposée par le Ministre des finances, il suffira probablement, pour arriver à ce résultat, d'emprunter une somme effective en francs d'environ. . .	26,500,000
A reporter.	52,500,000f

Report.................	52,500,000f
A ces deux chiffres, il convient d'ajouter les payements que le Gouvernement hellénique devra effectuer en 1898 aux porteurs de l'ancienne Dette extérieure, conformément aux dispositions du règlement relatif à cette Dette, soit environ................	2,500,000
Le total de l'emprunt économique serait ainsi de..........	55,000,000
Il convient d'observer que sur ce chiffre..................	26,500,000
ont déjà leur placement assuré dans les Banques d'émission.	
Il suffirait donc d'emprunter à l'étranger une somme effective de	28,500,000
qui, avec les....................................	95,000,000
nécessaires pour les payements à faire à la Turquie, formerait	
un total de..	123,500,000

à emprunter immédiatement.

Mais il faut, en outre, prévoir, pour les années 1898 et suivantes, des déficits dont le total, ainsi qu'on va le voir, pourra s'élever jusqu'à 30 millions de drachmes ou 20 millions de francs.

La Commission a pensé que cette somme devrait être successivement réalisée, au fur et à mesure des besoins, au moyen d'emprunts, soit en or, soit en drachmes-papier, pour lesquels le Gouvernement hellénique aurait à obtenir l'adhésion du Contrôle international.

Le service annuel des emprunts qui viennent d'être énumérés doit dépendre à la fois des conditions qui seront exigées par les prêteurs et de la direction que suivra le cours du change [1].

Pour donner une idée de l'influence qu'exerceront ces deux éléments, la Commission a dressé les tableaux ci-après qui font ressortir les résultats probables des exercices 1898 à 1903 suivant que le taux effectif d'émission sera de 5, 4 1/2 ou 4 p. 0/0 et que le cours moyen du change sera de 165, 160 ou 155.

---

[1] On trouvera dans les annexes du présent rapport une note sur le cours forcé et l'agio, dans laquelle sont analysées les causes des fluctuations du change. Cette note est due à la plume de M. le Commandeur Bodio, Délégué d'Italie.

TAUX DE 5 P. 0/0.

soit avec l'amortissement en 75 ans, 5,132 p. o/o.

VALEUR du CHANGE.	ANNÉES.	DÉPENSES D'ADMINISTRATION.	SERVICE DE LA DETTE.	TOTAL DES CHARGES.	RECETTES ORDINAIRES.	DÉFICIT.	EXCÉDENT.
165 p. 0/0..	1898.........	65,501,326	(A) 27,417,925	92,919,251	85,556,500	7,362,751	"
	1899.........	64,051,326	34,688,172	98,739,498	89,639,640	9,099,858	"
	1900.........	63,851,326	(B) 37,319,546	101,170,872	92,598,780	8,572,092	"
	1901.........	64,151,326	(C) 37,773,007	101,924,333	95,557,920	6,366,413	"
	1902.........	64,451,326	(D) 36,876,328	101,327,654	(F) 98,103,504	3,224,150	"
	1903.........	64,751,326	(E) 37,034,922	101,786,248	(F) 99,750,056	2,036,192	"
	TOTAL....	386,757,956	211,109,900	597,867,856	561,206,400	36,661,456	"
160 p. 0/0..	1898.........	65,501,326	(A) 27,038,800	92,540,126	85,556,500	6,983,626	"
	1899.........	64,051,326	34,138,943	98,190,269	89,639,640	8,550,629	"
	1900.........	63,851,326	(B) 36,746,496	100,597,822	92,598,780	7,999,042	"
	1901.........	64,151,326	(C) 37,171,160	101,322,486	95,557,920	5,764,566	"
	1902.........	64,451,326	(D) 36,244,333	100,695,659	(F) 98,103,504	2,592,155	"
	1903.........	64,751,326	(E) 36,365,015	101,116,341	(F) 99,750,056	1,366,285	"
	TOTAL....	386,757,956	207,704,747	594,462,703	561,206,400	33,256,303	"
155 p. 0/0..	1898.........	65,501,326	(A) 26,222,175	91,723,501	85,556,500	6,167,001	"
	1899.........	64,051,326	33,140,989	97,192,315	89,639,640	7,552,675	"
	1900.........	63,851,326	(B) 35,701,979	99,553,305	92,598,780	6,954,525	"
	1901.........	64,151,326	(C) 36,074,233	100,225,559	95,557,920	4,667,639	"
	1902.........	64,451,326	(D) 35,092,357	99,543,683	(F) 98,103,504	1,440,179	"
	1903.........	64,751,326	(E) 35,136,482	99,887,808	(F) 99,750,056	187,752	"
	TOTAL....	386,757,956	201,368,215	588,126,171	561,206,400	26,919,771	"

(A) L'année 1898 n'aura à supporter que la moitié environ des charges normales du nouvel emprunt.
(B) Commencement du retrait des billets à cours forcé à raison de 2 millions par an au minimum.
(C) Fin des remboursements dus aux anciens créanciers sur les 70 p. o/o d'intérêts non payés depuis le 1er avril 1894.
(D) Fin des remboursements spéciaux dus aux porteurs de l'emprunt 4 p. o/o 1887.
(E) Amortissement porté de 1 à 2 p. o/o de l'intérêt original des anciens emprunts en or.
(F) Déduction faite dans les recettes de la part revenant aux anciens créanciers dans les plus-values d'impôts.

TAUX DE 4 1/2 P. 0/0.

soit avec l'amortissement en 75 ans, 4,672 p. o/o.

VALEUR du CHANGE.	ANNÉES.	DÉPENSES D'ADMINISTRATION.	SERVICE DE LA DETTE.	TOTAL DES CHARGES.	RECETTES ORDINAIRES.	DÉFICIT.	EXCÉDENT.
165 p. 0/0..	1898.........	65,501,326	(A) 26,943,550	92,444,876	85,556,500	6,888,376	"
	1899.........	64,051,326	33,715,086	97,766,412	89,639,640	8,126,772	"
	1900.........	63,851,326	(B) 36,278,463	100,129,789	92,598,780	7,531,009	"
	1901.........	64,151,326	(C) 36,644,228	100,795,554	95,557,920	5,237,634	"
	1902.........	64,451,326	(D) 35,662,503	100,113,829	(F) 98,103,504	2,010,325	"
	1903.........	64,751,326	(E) 35,744,315	100,495,641	(F) 99,750,056	745,585	"
	TOTAL....	386,757,956	204,988,145	591,746,101	561,206,400	30,539,701	"
160 p. 0/0..	1898.........	65,501,326	(A) 26,578,800	92,080,126	85,556,500	6,523,626	"
	1899.........	64,051,326	33,195,815	97,247,141	89,639,640	7,607,501	"
	1900.........	63,851,326	(B) 35,738,542	99,589,868	92,598,780	6,991,088	"
	1901.........	64,151,326	(C) 36,079,565	100,230,891	95,557,920	4,672,971	"
	1902.........	64,451,326	(D) 35,072,037	99,523,363	(F) 98,103,504	1,419,859	"
	1903.........	64,751,326	(E) 35,120,615	99,871,941	(F) 99,750,056	121,885	"
	TOTAL....	386,757,956	201,785,374	588,543,330	561,206,400	27,336,930	"
155 p. 0/0..	1898.........	65,501,326	(A) 25,776,550	91,277,876	85,556,500	5,721,376	"
	1899.........	64,051,326	32,228,825	96,280,151	89,639,640	6,640,511	"
	1900.........	63,851,326	(B) 34,730,222	98,581,548	92,598,780	5,982,768	"
	1901.........	64,151,326	(C) 35,025,101	99,176,427	95,557,920	3,618,507	"
	1902.........	64,451,326	(D) 33,969,346	98,420,672	(F) 98,103,504	317,168	"
	1903.........	64,751,326	(E) 33,948,743	98,700,069	(F) 99,750,056	"	1,049,987
	TOTAL....	386,757,956	195,678,787	582,436,743	561,206,400	22,280,330	1,049,987

(A) L'année 1898 n'aura à supporter que la moitié environ des charges normales du nouvel emprunt.
(B) Commencement du retrait des billets à cours forcé à raison de 2 millions par an au minimum.
(C) Fin des remboursements dus aux anciens créanciers sur les 70 p. o/o d'intérêts non payés depuis le 1er avril 1894.
(D) Fin des remboursements spéciaux dus aux porteurs de l'emprunt 4 p. o/o 1887.
(E) Amortissement porté de 1 à 2 p. o/o de l'intérêt originel des anciens emprunts en or.
(F) Déduction faite dans les recettes de la part revenant aux anciens créanciers dans les plus-values d'impôts.

TAUX DE 4 P. 0/0.

soit avec l'amortissement en 75 ans, 4,223 p. o/o.

VALEUR du CHANGE.	ANNÉES.	DÉPENSES D'ADMINISTRATION.	SERVICE DE LA DETTE.	TOTAL DES CHARGES.	RECETTES ORDINAIRES.	DÉFICIT.	EXCÉDENT.
165 p. 0/0..	1898........	65,501,326	(A) 26,480,518	91,981,844	85,556,500	6,425,344	"
	1899........	64,051,326	32,767,374	96,818,700	89,639,640	7,179,060	"
	1900........	63,851,326	(B) 35,270,846	99,122,172	92,598,780	6,523,392	"
	1901........	64,151,326	(C) 35,560,172	99,711,498	95,557,920	4,153,578	"
	1902........	64,451,326	(D) 34,505,615	98,956,941	(F) 98,103,504	853,437	"
	1903........	64,751,326	(E) 34,523,837	99,275,163	(F) 99,750,056	"	474,893
	TOTAL....	386,757,956	199,108,362	585,866,318	561,206,400	25,134,811	474,893
160 p. 0/0..	1898........	65,501,326	(A) 26,129,800	91,631,126	85,556,500	6,074,626	"
	1899........	64,051,326	32,277,281	96,328,607	89,639,640	6,688,967	"
	1900........	63,851,326	(B) 34,763,000	98,614,326	92,598,780	6,015,546	"
	1901........	64,151,326	(C) 35,031,255	99,182,581	95,557,920	3,624,661	"
	1902........	64,451,326	(D) 33,954,807	98,406,133	(F) 98,103,504	302,629	"
	1903........	64,751,326	(E) 33,944,314	98,695,640	(F) 99,750,056	"	1,054,416
	TOTAL....	386,757,956	196,100,457	582,858.413	561,206,400	22,706,429	1,054,416
155 p. 0/0..	1898........	65,501,326	(A) 25,341,580	90,842,906	85,556,500	5,286,406	"
	1899........	64,051,326	31,340,449	95,391,775	89,639,640	5,752,135	"
	1900........	63,851,326	(B) 33,789,743	97,641,069	92,598,780	5,042,289	"
	1901........	64,151,326	(C) 34,017,666	98,168,992	95,557,920	2,611,072	"
	1902........	64,451,326	(D) 32,899,265	97,350,591	(F) 98,103,504	"	752,913
	1903........	64,751,326	(E) 32,841,897	97,593,223	(F) 99,750,056	"	2,156,833
	TOTAL....	386,757,956	190,230,600	576,988,556	561.206,400	18,691,902	2,909,746

(A) L'année 1898 n'aura à supporter que la moitié environ des charges normales du nouvel emprunt.
(B) Commencement du retrait des billets à cours forcé à raison de 2 millions par an au minimum.
(C) Fin des remboursements dus aux anciens créanciers sur les 70 p. o/o d'intérêts non payés depuis le 1er avril 1894.
(D) Fin des remboursements spéciaux dus aux porteurs de l'emprunt 4 p. o/o 1887.
(E) Amortissement porté de 1 à 2 p. o/o de l'intérêt originel des anciens emprunts en or.
(F) Déduction faite dans les recettes de la part revenant aux anciens créanciers dans les plus-values d'impôts.

Les dispositions précédemment exposées ont pris place dans le projet de loi sur l'organisation du Contrôle, où elles font l'objet des chapitres III et VIII relatifs:

l'un à la Dette publique en or,

l'autre à la Dette publique en drachmes-papier.

Ce dernier chapitre contient, en outre, deux prescriptions dont l'insertion a paru nécessaire en vue de garantir l'avenir.

La première a pour objet de limiter à 10 millions de drachmes la somme que le Gouvernement sera autorisé à réaliser au moyen de bons du Trésor en dehors de l'assentiment de la Commission internationale.

La seconde interdit toute nouvelle émission de monnaie fiduciaire pour le compte du Gouvernement tant que la dette actuelle du cours forcé ne sera pas entièrement amortie.

TROISIÈME PARTIE.

ORGANISATION DU CONTRÔLE INTERNATIONAL.

Aux termes de l'article II des Préliminaires de paix, le Contrôle international doit être confié à une Commission siégeant à Athènes et composée des représentants des Puissances médiatrices, à raison d'un membre nommé par chaque Puissance.

Avant de régler dans ses détails le fonctionnement de cette Commission, deux questions préjudicielles étaient à résoudre. Il fallait déterminer :

d'une part, les emprunts dont le service devait être placé sous la garantie du Contrôle ;

d'autre part, la nature et le montant des revenus qui devaient être affectés au service de ces emprunts:

A la vérité, l'article II des Préliminaires de paix n'établit pas de distinction entre les différentes parties de la Dette du Royaume. Il porte que le contrôle de la Commission internationale devra s'exercer sur la perception et l'emploi de revenus suffisant au service de l'emprunt pour l'indemnité de guerre et des autres dettes nationales. Mais il est évident que les signataires des préliminaires, en insérant cette clause, ont eu surtout en vue le service de la dette extérieure.

D'un autre côté, on a vu que la dépense annuelle correspondant à l'ensemble de la Dette hellénique peut atteindre jusqu'à 37 millions de drachmes, si on y englobe les 2 millions qui doivent être affectés, à partir de 1900, au rachat des billets à cours forcé. Or, si le contrôle avait dû s'étendre à l'intégralité de cette dette, comme il est nécessaire que le produit des revenus affectés présente une marge suffisante pour faire face à toutes les éventualités, la Commission aurait été conduite à placer sous la surveillance du Contrôle près de la moitié des recettes du Royaume; et il en serait résulté une gêne des plus sérieuses pour le service de la Trésorerie, puisque le Gouvernement aurait dû attendre pour solder une partie de ses dépenses administratives que le Contrôle international lui eût restitué ses excédents disponibles.

Dans cette situation, la Commission a cru devoir se rallier à une combinaison dont l'idée lui a été suggérée par le Ministre des finances.

Elle consiste :

à déterminer les revenus affectés de manière à ce que l'ensemble de leurs produits dépasse légèrement la somme nécessaire pour le service total de la Dette ;

à désigner, en outre, des revenus supplémentaires dont l'affectation ne deviendrait effective qu'en cas d'insuffisance des produits primitivement engagés;

à ne placer sous le contrôle direct de la Commission internationale que le service des dettes en or ;

à établir, au profit des porteurs de la Dette intérieure, sur le solde restant à la disposition du Contrôle après acquittement du service des emprunts en or, un droit de préférence qui serait exercé dans l'ordre ci-après :

1° Dette envers les héritiers du roi Othon et emprunt patriotique;

2° Emprunts qui pourraient être émis en billets de banque, conformément à ce qui a été dit plus haut, à l'effet de couvrir les déficits budgétaires de 1898 et des années suivantes;

3° Service des obligations unifiées destinées à remplacer la Dette actuelle et intérêts dus aux Banques d'émission à raison des emprunts du cours forcé;

4° Versement annuel à affecter, à partir de 1900, au rachat des billets de banque en circulation pour le compte de l'État.

Dans ces conditions, il suffisait d'affecter au service de la Dette un ensemble de revenus formant un produit annuel d'environ 37 millions de drachmes.

§ 1. — *Revenus affectés au service de la Dette.*

Les monopoles, les droits sur le tabac et les droits de timbre étaient en quelque sorte désignés d'avance au choix de la Commission, puisque le projet de Paris proposait de les affecter au service des anciens emprunts et d'attribuer aux créanciers une part de leurs plus-values.

Le produit moyen des monopoles a été évalué par la Commission à	12,300,000 dr.
Celui des droits sur le tabac à	6,600,000
Quant aux droits de timbre, leur produit total est de 12 millions de drachmes; mais, en vue de faciliter le contrôle, la Commission a été d'avis, ainsi qu'on le verra plus loin, de restreindre l'affectation à certaines catégories de droits dont le produit est de	10,000,000
Soit, ensemble	28,900,000

Pour parfaire la différence, le Ministre des finances a proposé d'engager les droits d'entrée perçus par la douane du Pirée, dont la moyenne pour les trois dernières années ressort à près de 12 millions de drachmes. La Commission a adhéré à cette proposition; mais, pour tenir compte des variations qui ont lieu d'une année à l'autre dans le revenu des douanes et des diminutions de tarifs qui pourraient être la conséquence de la conclusion de nouveaux traités de commerce, la Commission a été d'avis que l'évaluation de ce produit devait être ramenée à 10,700,000 drachmes.

L'ensemble des impôts affectés s'élèverait ainsi au chiffre brut de :

28,900,000 + 10,700,000 drachmes = 39,600,000 drachmes.

Bien qu'en principe le Gouvernement doive conserver directement à sa charge les frais de perception de ces impôts, la Commission a jugé utile, dans l'intérêt du contrôle, d'autoriser le prélèvement sur leur produit brut, d'un certain nombre de dépenses dont l'énumération est donnée plus loin et dont le montant peut être évalué à environ 2,600,000 drachmes.

Le produit des revenus affectés serait ainsi ramené exactement au chiffre indiqué ci-dessus de 37 millions de drachmes.

Pour les affectations supplémentaires destinées à faire face à la diminution éventuelle des produits primitivement engagés, le Ministre des finances a proposé les droits d'entrée perçus par différentes douanes, savoir :

Laurium......	Produit évalué à...............	1,500,000 dr.
Patras.......	Produit évalué à...............	2,400,000
Volo........	Produit évalué à...............	1,700,000
Corfou......	Produit évalué à...............	1,600,000
	Soit, ensemble......	7,200,000

Ces affectations ne deviendraient effectives que si, pendant deux semestres consécutifs, le produit des revenus précédemment affectés n'avait pas atteint 85 p. o/o des évaluations fixées par la loi. Elles seraient applicables successivement et jusqu'à concurrence de la somme nécessaire pour parfaire le montant de ces évaluations. Leur effet serait de nouveau suspendu, si le total prévu avait été atteint pendant deux années consécutives par le produit des affectations antérieures.

Les dispositions relatives à la désignation des revenus affectés font l'objet des articles 11 et 12 du projet de loi.

Les affectations prévues par les contrats organiques des anciens emprunts sont supprimées par l'effet de l'article 39 portant abrogation de toutes les dispositions antérieures en contradiction avec les articles de la nouvelle loi.

L'article 11 spécifie que les plus-values attribuées partiellement aux créanciers en vertu du règlement de l'ancienne Dette seront calculées exclusivement sur les produits des monopoles, du tabac et du timbre et qu'elles ne comprendront pas les augmentations qui pourraient être le résultat d'un relèvement des tarifs.

Il était nécessaire de préserver le revenu des impôts affectés contre les atteintes qu'il pourrait subir par l'effet de réductions de tarifs ou d'augmentations mal conçues dont le résultat serait de restreindre la matière imposable. A cet effet, il a été inséré dans l'article 39 du projet de loi une disposition portant que les lois et règlements relatifs à l'assiette et aux tarifs des impôts affectés ne pourront être modifiés qu'avec l'assentiment de la Commission internationale.

Cette prescription n'aurait pu être étendue aux tarifs de douane sans porter atteinte à la liberté qui doit être laissée à la Grèce dans le règlement de ses relations commerciales avec les autres Pays. Aussi la Commission s'est-elle bornée à spécifier que, dans le cas où les modifications apportées au tarif des droits d'importation abaisseraient le produit des douanes affectées au-dessous des évaluations fixées par les articles 11 et 12, le Gouvernement hellénique serait tenu, sur la demande de la Commission internationale, d'affecter au service de la Dette des revenus supplémentaires suffisants pour compenser cette diminution.

Enfin la Commission a pensé que les affectations prévues par la loi ne devraient être maintenues qu'autant qu'elles resteraient nécessaires à la garantie des dettes visées par la loi. Aussi propose-t-elle de confier à la Commission internationale le soin de provoquer auprès des Puissances la revision des articles 11 et 12, dans le cas où le rendement normal des impôts affectés lui paraîtrait excéder les sommes nécessaires au service de la Dette. Elle espère que cette disposition aura pour effet d'encourager le Gouvernement hellénique dans ses efforts pour développer le revenu de ces impôts. Dans tous les cas où le produit des impôts affectés n'atteindrait pas, vingt jours avant l'échéance, la somme nécessaire pour assurer le service de la Dette, le Gouvernement serait obligé de verser immédiatement la différence.

§ 2. — *Mode de perception des revenus affectés.*

Les revenus dont la Commission propose l'affectation, d'accord avec le Gouvernement hellénique, offrent l'avantage d'être d'une perception facile et de se prêter mieux que d'autres à l'exercice du contrôle.

Les monopoles établis sur le sel, le pétrole, les allumettes, les cartes à jouer, le papier à cigarettes et l'émeri de Naxos sont administrés par une société anonyme hellénique sous la raison sociale de *Société de régie des Monopoles de Grèce*.

Créée en vertu de la loi du 28 mai 1887 qui a autorisé l'émission de l'emprunt 4 p. 0/0 de 135 millions, cette Société était destinée à assurer l'efficacité du gage constitué par le Gouvernement hellénique au profit des souscripteurs de cet emprunt.

On ne saurait méconnaître les services que son administration intelligente et pratique a rendus à l'État, en développant dans des proportions notables la vente des articles du monopole, et au public, en uniformisant le prix de ces articles et en les mettant à la disposition de tous jusque dans les localités les moins accessibles. Ses transports annuels n'exigent pas moins de 20,000 à 25,000 affrètements de navires et de 300,000 voyages de bêtes de somme.

Si, malgré ses protestations, elle a été impuissante en 1893 à préserver des atteintes du Gouvernement hellénique le gage dont l'administration lui était confiée, il faut reconnaître qu'elle n'avait pas le moyen de résister aux injonctions qui lui étaient adressées en conformité d'une loi de l'État.

Pour prévenir le retour de semblables éventualités, la Commission a pensé qu'il convenait d'entourer son fonctionnement de garanties plus solides, de la placer sous la surveillance directe de la Commission internationale et d'en faire en quelque sorte l'instrument et l'organe du contrôle.

Ses statuts ont été soigneusement revisés, et une convention nouvelle détermine avec précision ses obligations tant vis-à-vis de la Commission internationale que vis-à-vis du Gouvernement hellénique.

Son capital effectif, porté à 4 millions de francs, doit être divisé en deux parts égales dont l'une, constituée en titres de l'État hellénique payables en or, formera son cautionnement vis-à-vis de la Commission internationale; dont l'autre, également constituée en valeurs de l'État, servira de cautionnement au Gouvernement.

Un membre de la Commission internationale désigné par elle aura le droit d'assister aux séances du Conseil d'administration et de l'assemblée générale et la Commission pourra opposer son veto à toute mesure qn'elle jugerait contraire à la loi ou préjudiciable aux intérêts qui lui sont confiés.

La Commission pourra se faire représenter la comptabilité et la correspondance.

Ses membres, ainsi que les agents délégués par elle, auront le droit de se rendre dans les différents établissements, dépôts et agences de la Société pour en contrôler les opérations.

La Commission internationale agréera la nomination du Directeur et du Sous-Directeur : elle pourra exiger l'exclusion de tout employé dont le service aurait donné lieu à des sujets de plainte.

Enfin les nouveaux statuts réduisent à une période de trente années la durée du mandat confié à la Société et prennent soin de limiter les bénéfices de ses actionnaires, déjà amoindris par l'augmentation du capital et par la suppression de la plus grande partie des immunités dont elle jouissait antérieurement. Lorsque les bénéfices de son exploitation dépasseront 7 p. o/o du capital social, l'excédent devra être partagé entre elle et l'État.

Les nouveaux statuts de la Société, ainsi que la Convention qui leur est annexée, sont soumis en même temps que le projet de loi sur le Contrôle à l'approbation des Puissances et ne pourront être modifiés qu'avec l'assentiment de la Commission internationale.

Moyennant ces garanties, la Commission a pensé, non seulement que la Société des Monopoles pouvait rester en possession de ses attributions actuelles, mieux précisées et plus efficacement protégées, mais qu'elle pouvait encore, sous une nouvelle raison sociale, servir utilement d'intermédiaire pour la perception des droits sur le tabac, des droits de timbre et des droits de douane donnés en affectation.

La culture et la vente du tabac sont libres en Grèce. L'État s'est seulement réservé le droit exclusif du hâchage qui s'effectue dans ses fabriques moyennant divers droits qui s'élèvent ensemble à environ 5 drachmes 80 par ocque (1,280 grammes).

Le payement de ces droits est constaté au moyen de banderoles livrées aux négociants contre argent comptant et apposées sur les boîtes ou paquets de tabac.

Le monopole du papier à cigarettes forme en réalité un accessoire des droits perçus au hachage. Les négociants de tabac sont obligés d'acheter et de payer comptant, par ocque de tabac coupé, une quantité proportionnelle de papier à cigarettes qui leur est livrée par l'État dans les fabriques et qui doit être ou employée immédiatement à la confection de cigarettes, ou enfermée dans les boîtes ou paquets de tabac coupé. Cet impôt supplémentaire représente près de 2 drachmes par ocque.

Dans le système proposé, la distribution des banderoles et du papier à cigarettes sera confiée à la Société qui les livrera contre payement comptant aux caissiers de l'État dans les localités pourvues de fabriques de tabac.

L'affectation des droits de timbre doit être limitée au produit de la débite des papiers timbrés et des timbres mobiles, sous la réserve que ce mode de perception sera désormais étendu à certaines catégories d'actes aujourd'hui soumis au timbrage extraordinaire.

La Société livrera sur place les papiers timbrés et timbres mobiles aux caissiers de l'État qui feront l'avance de leur montant et les revendront aux officiers ministériels et autres dépositaires autorisés.

Enfin dans les douanes dont les produits sont affectés au service de la Dette, les quittances de droits devront être revêtues de timbres spéciaux qui seront vendus sur place aux importateurs par les agents de la Société.

Les banderoles et les divers timbres dont il vient d'être parlé seront placés sous la garde de la Commission internationale jusqu'à leur livraison à la Société qui deviendra, à partir de ce moment, comptable de leur valeur.

Leur type ainsi que leur mode de confection seront déterminés par la Commission internationale, de concert avec le Gouvernement.

Les frais de fabrication seront prélevés sur le produit des revenus affectés.

Il en sera de même pour les frais d'achat des allumettes, des cartes à jouer et du papier à cigarettes. Il a été reconnu en effet que, pour assurer la bonne qualité de ces produits, il y aurait avantage à ce que les marchés relatifs à leur acquisition fussent conclus avec le concours de la Commission internationale.

Enfin, il était naturel que la Société pût retenir sur les sommes encaissées par ses soins les commissions qui lui seront allouées en vertu de la convention conclue entre elle et le Gouvernement.

Les règles de perception qui viennent d'être exposées seront garanties par une série de sanctions qui font l'objet d'un chapitre spécial du projet de loi.

Le système qu'elles établissent permet d'éviter la constitution coûteuse d'une administration autonome qui aurait fonctionné parallèlement avec les administrations de l'État et dont la présence dans le pays aurait été de nature à éveiller des susceptibilités et à faire naître des conflits. L'intérêt que trouvera la Société à développer les recettes dont la perception lui est confiée a paru de nature à offrir des garanties plus sérieuses que l'action directe de la Commission internationale sur un personnel spécial qu'elle aurait dû recruter en grande partie dans le pays et sur lequel il lui eût été difficile, même avec la discipline la plus sévère, d'exercer une autorité complète.

§ 3. — *Emploi du produit des revenus affectés.*

Les sommes provenant des revenus affectés étant centralisées dans la caisse de la Société, il fallait déterminer le mode d'après lequel elles seraient converties en or ou en traites sur l'étranger pour être transmises aux maisons chargées d'effectuer le service de la Dette.

Il a paru que ce soin devait incomber directement à la Commission internationale. A cet effet, il est prescrit à la Société de lui remettre au moins une fois par semaine le montant total de ses encaissements. La Commission pourra, si elle le juge convenable, conserver le dépôt des sommes ainsi versées; mais dans la plupart des cas, elle trouvera avantage à le confier à la Banque nationale de Grèce qui n'aura à le conserver que pendant un court laps de temps.

En effet, les achats de papier sur l'étranger s'effectueront au jour le jour, suivant les disponibilités du marché, et de manière à ce que chaque versement soit employé dans les quinze jours de sa date.

Ces achats auront lieu en vertu des ordres de la Commission internationale. Toutefois, le Ministre des finances a demandé qu'elle s'adjoignît pour cette opération le concours d'un délégué de la Banque nationale. Moyennant cette condition, la Banque deviendrait responsable du payement des traites toutes les fois que son délégué n'aurait pas fait d'opposition à leur achat; et, dans le cas où elle aurait à donner son aval, la commission de banque qui lui serait allouée serait à la charge directe de l'État, à la différence des autres frais pour courtage, remise et transport qui seraient prélevés sur le produit des revenus affectés.

Ces propositions, dont l'effet sera d'attacher aux effets ainsi acquis la garantie effective de la Banque et d'associer cet établissement, ainsi que le Gouvernement lui-même, à la responsabilité de la Commission internationale, étaient trop avantageuses pour n'être pas accueillies.

Les sommes remises à l'étranger pourront être placées par les soins de la Commission jusqu'au jour où elles seront employées effectivement au service de la Dette. Les intérêts qu'elles produiront compenseront en tout ou en partie les commissions de banque allouées aux établissements chargés du payement de la Dette.

Le service des intérêts et de l'amortissement s'effectuera sous la surveillance de la Commission internationale qui procédera elle-même au rachat ou au tirage des titres à amortir.

Une disposition spéciale porte qu'aucun impôt général ou spécial ne pourra être établi tant sur les intérêts et remboursements de dettes en or visées par le projet de loi que sur les sommes provenant des revenus affectés.

Les sommes excédant le service de chaque semestrialité des emprunts en or seront conservées par la Banque nationale pour être employées, dans l'ordre indiqué plus haut, au payement de la Dette intérieure.

§ 4. — *Dispositions diverses.*

Le contentieux relatif à l'exercice du contrôle fait l'objet d'un chapitre spécial. Les différends entre le Gouvernement et la Commission internationale seront réglés par voie d'arbitrage. Dans les cas où il y aura lieu de désigner un tiers-arbitre, cette désignation sera déférée au Président de la Confédération helvétique.

Les réclamations que la Société de régie aurait à élever contre la Commission seront adressées au Gouvernement qui devra se concerter à ce sujet avec la Commission. Dans le cas où l'accord ne parviendrait pas à s'établir, il serait fait application des règles relatives à l'arbitrage, et la Société serait représentée par le Gouvernement devant le tribunal arbitral.

La Commission internationale, en dehors des cas qui viennent d'être indiqués, pourra ester en justice devant les tribunaux helléniques ordinaires, et il a été reconnu, après entente avec le Ministre des finances, qu'elle ne pouvait être assujettie à l'obligation de donner caution.

Les actes d'exécution forcée sur les sommes ou valeurs placées sous le contrôle de la Commission sont interdits et ne pourront avoir d'effet ni vis-à-vis d'elle, ni vis-à-vis des tiers.

Le chapitre II du projet de loi règle le fonctionnement de la Commission internationale.

Les dispositions qu'il contient déterminent notamment :

Le mode de nomination des membres de la Commission.

La nature et la durée des fonctions de Président, ainsi que la dévolution successive de ces fonctions.

Les conditions exigées pour la validité des délibérations.

Les frais d'administration de la Commission à prélever sur le produit des revenus affectés seront limités au maximum de 150,000 francs par an. Sur cette somme, 60,000 francs sont destinés à fournir une partie des émoluments attribués aux délégués, le reste devant incomber à leurs gouvernements respectifs. Cette prévision n'a été admise que sous réserve de la liberté d'action que chaque Puissance doit conserver à cet égard.

La Commission nommera les employés dont elle aura besoin pour son service. Ces employés pourront acquérir des droits à une pension de retraite qui leur sera servie par le Gouvernement aux conditions édictées par les lois du Royaume.

Un Commissaire Royal sera chargé de représenter le Gouvernement auprès de la Commission et servira d'intermédiaire entre elle et les autorités helléniques.

Le chapitre X du projet est relatif au contrôle exercé par la Commission sur les services de l'État concourant à l'administration des revenus affectés.

Ce contrôle s'exercera :

par les vérifications qui seront effectuées dans les bureaux de perception et autres établissements par les membres de la Commission ou par des agents spéciaux nommés par elle, sous réserve de l'agrément du Gouvernement;

par les inspections et surveillances spéciales que le Gouvernement ordonnera sur sa réquisition;

par la communication de rapports périodiques que les chefs de service lui adresseront par l'entremise du Gouvernement.

D'autres dispositions du même chapitre déterminent les responsabilités qui, en cas de contravention aux dispositions de la loi, pourront être encourues, soit par les employés du Gouvernement, soit par la Société de régie et par ses agents.

À la demande de la Commission internationale, le Gouvernement devra remplacer, dans les administrations dont il s'agit, les employés dont le service aurait donné lieu à des plaintes motivées. En outre, il ne pourra déplacer les agents des mêmes administrations qu'après avoir notifié à la Commission internationale les motifs de leur déplacement.

Cette dernière disposition a pour but de soustraire les services placés sous la surveillance de la Commission aux mouvements de personnel qui sont la conséquence ordinaire de tout changement dans la direction politique du pays.

Le dernier chapitre est consacré aux dispositions générales.

La loi de contrôle ne pourra être modifiée qu'avec l'assentiment des Puissances.

Elle entrera en vigueur à la date qui sera fixée pour l'émission des emprunts à contracter immédiatement par la Grèce.

Le règlement relatif à l'ancienne Dette sera mis en application à partir de la même époque.

Il en sera de même pour les nouveaux statuts de la Société et pour la convention qui leur est annexée.

Conclusion.

En résumé, la Commission s'est inspirée, dans son travail, des dispositions bienveillantes qui animent les Puissances à l'endroit de la Grèce. En donnant satisfaction aux légitimes exigences des créanciers actuels, elle a tenu un large compte des difficultés financières avec lesquelles le pays se trouve aux prises. En même temps, si elle a cherché à entourer la perception et l'emploi des revenus affectés au service de la dette de garanties propres à donner toute sécurité aux capitalistes, elle s'est efforcée de ménager, dans la mesure du possible, l'indépendance de la nation et du Gouvernement helléniques. L'avenir de la Grèce dépend désormais de sa sagesse. Si elle s'applique dans le travail, le calme et la paix, à améliorer son administration, à développer ses ressources agricoles, à encourager son industrie naissante et à étendre ses relations commerciales; sa situation financière se rétablira rapidement; sa bienfaisante influence s'étendra peu à peu dans la sphère d'action qui lui est réservée et, aidée dans cette noble tâche par les sympathies des Puissances, elle parviendra, par ses courageux et patients efforts, à conquérir dans l'Orient de l'Europe la place que lui assignent les glorieux souvenirs de son passé.

Signé : Testa.

Suzzara.

Dubois de l'Estang.

E. F. G. Law.

L. Bodio.

A. Smirnow.

L'adjoint au Délégué d'Allemagne,

Signé : W. Kaufmann.

SÉANCE

DU 31 DÉCEMBRE 1897/12 JANVIER 1898.

Les Délégués se réunissent en présence de M. Streit, Ministre des finances, à l'effet d'arrêter définitivement, d'accord avec lui, le texte du projet de loi et du projet de règlement qui seront soumis à l'agrément des Puissances.

Avant l'échange des signatures, M. le Ministre fait observer :

1° Que d'après l'article 39, paragraphe 1er, la loi, ainsi que le règlement qui en fait partie intégrante, ne doivent entrer en vigueur qu'à la date de l'émission des emprunts visés par les articles 7 et 10; que, d'un autre côté, d'après l'article 2 du projet de règlement, le nouveau service des emprunts doit commencer à partir du 1er avril 1898; qu'il doit être entendu que cette dernière date a été insérée en vue de fixer les sommes qui devront être payées aux créanciers à partir de la mise à exécution du règlement; mais que les payements, d'après le règlement, ne commenceront effectivement qu'à l'époque fixée par l'article 39, paragraphe 1er, du projet de loi.

2° Que le projet d'arrangement de Paris de 1896 contenait une clause ainsi conçue : « Les porteurs de titres renoncent à se prévaloir des avantages et garanties spéciales qui découlent des contrats originaires des divers emprunts de la Dette hellénique extérieure ». Que, cette clause n'ayant pu, à raison de son caractère, être insérée dans un texte législatif, il doit être entendu que les dispositions relatives aux garanties spéciales des anciens emprunts doivent être considérées comme abrogées en vertu du second paragraphe de l'article 39 du projet de loi.

Les délégués reconnaissent d'un commun accord que les observations de M. le Ministre sont entièrement conformes à la signification qu'ils attachent eux-mêmes aux deux paragraphes de l'article 39.

Les Délégués,

Signé : Testa.

Suzzara.

Dubois de l'Estang.

E. F. G. Law.

L. Bodio.

A. Smirnow.

L'adjoint au Délégué d'Allemagne,

Signé : W. Kaufmann.

Le Ministre des finances,

Signé : Streit.

PROJET DE LOI SUR LE CONTRÔLE.

CHAPITRE I.

INSTITUTION DU CONTRÔLE INTERNATIONAL.

ARTICLE PREMIER.

En conformité de l'article II des Préliminaires de la paix entre la Grèce et la Turquie signés à Constantinople le 6/18 septembre 1897 par les Puissances médiatrices et de l'article final déclarant exécutoires les clauses dudit acte, la perception et l'emploi de revenus suffisant au service de l'emprunt pour l'indemnité de guerre et des autres dettes nationales seront placés sous le contrôle absolu d'une Commission internationale des représentants des Puissances médiatrices siégeant à Athènes.

Cette Commission qui fonctionnera jusqu'à complète extinction des emprunts en or contractés à l'étranger depuis 1881, y compris les nouveaux emprunts prévus par la présente loi, sera composée de six membres, à raison d'un pour chacune des Puissances médiatrices. Chaque Puissance nommera son représentant dans les conditions déterminées par l'article 2 de la présente loi.

Cette nomination sera communiquée préalablement au Gouvernement héllénique d'après les usages diplomatiques.

Le contrôle de cette Commission s'exercera dans les conditions déterminées par la présente loi sur tous les revenus de l'État qui seront affectés au service :

a) de l'emprunt en or qui sera contracté pour le payement à la Turquie de l'indemnité de guerre, fixée à 4 millions de livres turques, et des indemnités pour dommages privés évaluées par le Traité de paix à un maximum de 100,000 livres turques;

b) de l'emprunt de 1833 garanti par la France, la Grande-Bretagne et la Russie;

c) des emprunts en or, consolidés ou amortissables, conclus par l'État hellénique à l'étranger de 1881 à 1893 inclusivement;

d) des emprunts qui seront contractés en vue de pourvoir aux besoins mentionnés à l'article 10.

CHAPITRE II.

DE LA COMMISSION INTERNATIONALE DE CONTRÔLE.

ART. 2.

Les Délégués des Puissances jouiront des mêmes droits que le personnel des légations accréditées en Grèce.

Le Président de la Commission sera chargé de la représenter tant auprès du Gouvernement hellénique que vis-à-vis des tiers. Il signera en son nom les actes et la correspondance et veillera à l'exécution de ses décisions.

Les fonctions de Président seront exercées à tour de rôle par chacun des membres de la Commission pendant une durée de six mois.

Pendant la première année, les membres chargés des fonctions de Président seront élus par leurs collègues. La présidence sera ensuite successivement dévolue à chacun des membres de la Commission en suivant l'ordre alphabétique des Puissances.

Toutefois aucun membre ne pourra être investi de ces fonctions s'il ne fait pas partie de la Commission depuis une année au moins.

Les membres appelés par l'ordre de roulement pourront décliner la présidence.

En cas d'empêchement du Président, ses fonctions seront exercées par un autre membre de la Commission.

L'entrée en fonctions du Président ou de son remplaçant sera notifiée au Gouvernement héllénique.

ART. 3.

Les décisions de la Commission internationale seront prises à la majorité absolue des voix.

La présence d'au moins trois membres sera nécessaire pour rendre les délibérations valables et les décisions exécutoires. Les membres absents ou empêchés pourront exprimer leur vote par écrit.

Les décisions prises sans que tous les membres aient participé au vote pourront être revisées si deux membres en font la demande dans le délai d'un mois. La seconde délibération sera définitive.

ART. 4.

La Commission présentera au Gouvernement hellénique le compte semestriel de ses opérations; elle présentera également un rapport annuel qui sera rendu public par la voie de l'impression.

Les frais d'administration de la Commission, fixés à un maximum de 150,000 fr., y compris une somme de 60,000 francs à titre d'émoluments pour les six Délégués, seront prélevés sur le produit des revenus affectés.

Ce maximum pourra être revisé tous les cinq ans par un accord entre les six Puissances et le Gouvernement hellénique.

La Commission établira, avant le commencement de chaque année, le budget de ses dépenses d'administration qui sera notifié au Gouvernement hellénique.

La Commission arrêtera son règlement intérieur et en donnera notification au Gouvernement hellénique.

Le Gouvernement prendra les mesures nécessaires pour assurer la sécurité du local affecté aux réunions de la Commission et à l'installation de son service.

ART. 5.

La Commission nommera, sous la réserve spécifiée à l'article 36, les agents et employés dont elle aura besoin pour son service.

Ces employés auront droit à des pensions de retraite qui leur seront servies par le Gouvernement d'après les lois du Royaume, et ils seront assujettis aux retenues mensuelles prescrites par ces lois.

Ces pensions ne pourront être liquidées sur des émoluments supérieurs à 5,000 drachmes par an.

ART. 6.

Un Commissaire Royal du Gouvernement sera nommé auprès de la Commission et servira d'intermédiaire entre elle et les autorités helléniques.

Ce Commissaire aura le grade et les appointements du Commissaire Royal de la Cour des comptes.

CHAPITRE III.

DE LA DETTE PUBLIQUE EN OR.

ART. 7.

Le produit de l'emprunt pour l'indemnité de guerre et pour les indemnités aux particuliers mentionnées à l'article 1er sera tenu intégralement à la disposition de la Commission internationale, qui l'emploiera aux payements à faire à la Turquie pour compte et conformément aux indications du Gouvernement hellénique.

Le reliquat sera mis à la disposition du Gouvernement pour recevoir l'emploi qui aura été arrêté de concert avec la Commission internationale.

Le service de cet emprunt s'effectuera conformément aux dispositions de la loi qui autorisera son émission avec l'assentiment des Puissances.

ART. 8.

Le service de l'emprunt de 1833 continuera à s'effectuer conformément à la Note identique des Puissances garantes de cet emprunt en date du 28 décembre 1864, de la réponse du Gouvernement hellénique en date du 15/27 janvier 1865 et de l'article II du Traité en date du 17/29 mars 1864 entre ces mêmes Puissances et la Grèce.

ART. 9.

Le service des emprunts :

5 p. o/o 1881;

5 p. o/o 1884;

4 p. o/o 1887 (Monopoles);

4 p. o/o 1889 (Rente);

5 p. o/o 1890 (Pirée-Larisse);

5 p. o/o 1893 (Funding-Loan);

s'effectuera à l'avenir conformément aux dispositions du règlement annexé à la présente loi.

ART. 10.

Le Gouvernement hellénique réalisera au moyen d'un emprunt de 55 millions de francs effectifs en or les sommes nécessaires :

1° pour couvrir le déficit de l'exercice 1897;

2° pour rembourser ou convertir la dette flottante en or s'élevant à 31,375,093f 35c;

3° pour subvenir aux payements à faire en 1898 aux porteurs de la dette actuelle en or, conformément aux articles 1, 14 et 15 du règlement annexé à la présente loi.

Les déficits de l'année 1898 et des années suivantes pourront également être couverts au moyen d'emprunts dont le maximum est fixé à 20 millions de francs effectifs en or et qui seront émis au fur et à mesure des besoins avec l'assentiment de la Commission internationale.

Le produit des emprunts prévus par le présent article sera tenu intégralement à la disposition de la Commission internationale, qui l'emploiera de concert avec le Gouvernement hellénique d'après les indications ci-dessus.

Le service de ces emprunts s'effectuera conformément aux dispositions de la loi qui autorisera l'émission du premier emprunt avec l'assentiment des Puissances et des lois qui autoriseront les émissions subséquentes avec l'assentiment de la Commission internationale.

Chapitre IV.

DES REVENUS AFFECTÉS AU SERVICE DES EMPRUNTS EN OR.

ART. 11.

Sont affectés au service des emprunts visés par les articles 7 à 10 les produits bruts :

1° des monopoles : sel, pétrole, allumettes, cartes à jouer, papier à cigarettes et émeri de Naxos, dont le rendement annuel est évalué à.....	12,300,000 dr.
2° des droits sur le tabac, dont le rendement annuel est évalué à..	6,600,000
3° des droits de timbre spécifiés par l'article 17, dont le rendement annuel est évalué à..........................	10,000,000
4° des droits d'importation perçus par la douane du Pirée, dont le rendement annuel est évalué à..................	10,700,000
TOTAL	39,600,000 dr.

Seront prélevés sur ces produits bruts, en dehors des frais visés par les articles 4 et 25.

1° Les commissions allouées à la Société dont il sera parlé à l'article 14;

2° Les sommes payées par la même Société en exécution des marchés visés à l'article 15;

3° Les frais de confection des papiers timbrés, timbres mobiles, timbres spéciaux, banderoles et estampilles dont il sera parlé aux articles 15 à 20.

Les autres frais de perception des impôts et revenus affectés seront payés directement par le Gouvernement hellénique.

Les plus-values qui, aux termes de l'article 6 du réglement annexé à la présente loi, doivent s'ajouter pour partie au service des emprunts visés à l'àrticle 9 seront calculées exclusivement sur les produits:

1° des monopoles (y compris l'émeri de Naxos);

2° des droits sur le tabac;

3° des droits de timbre spécifiés par l'article 17.

Dans le cas où le tarif d'un ou plusieurs de ces impôts, droits ou revenus viendrait à être augmenté, le produit réel de cette augmentation serait arbitré par la Commission internationale d'après des bases arrêtées d'avance avec le Gouvernement hellénique et il en serait fait déduction dans le calcul des plus-values.

ART. 12.

En prévision du cas où, pendant deux semestres consécutifs, les sommes effectivement versées à la Commission internationale sur le produit total des revenus affectés en vertu de l'article précédent n'atteindraient pas 85 p. o/o de l'ensemble des évaluations fixées par le même article, le Gouvernement affecte dès à présent au service de la Dette les droits de douanes :

1° de Laurium dont le produit brut est évalué à	1,500,000 dr.
2° de Patras dont le produit brut est évalué à	2,400,000
3° de Volo dont le produit brut est évalué à	1,700,000
4° de Corfou dont le produit brut est évalué à	1,600,000

Ces affectations supplémentaires seront applicables successivement et jusqu'à concurrence de la somme nécessaire pour parfaire le total des évaluations fixées par l'article précédent. Leur effet sera suspendu lorsque le total aura été de nouveau atteint pendant deux années consécutives par l'ensemble des revenus précédemment affectés d'après l'ordre indiqué ci-dessus.

ART. 13.

Si le produit des revenus affectés n'atteignait pas, vingt jours avant l'échéance, la somme nécessaire pour assurer le service des emprunts susvisés, le Gouvernement hellénique serait obligé de verser immédiatement la différence, en se conformant aux indications de la Commission internationale.

Chapitre V.

MODE DE PERCEPTION DES REVENUS AFFECTÉS.

ART. 14.

La perception des droits et revenus visés par les articles 11 et 12 de la présente loi, y compris l'administration des monopoles de l'État actuellement existants, est confiée à une Société hellénique qui aura son siège à Athènes et sera placée sous le contrôle absolu de la Commission internationale.

Les statuts de cette Société, ainsi que la convention qui sera conclue entre elle et le Gouvernement, en vue de régler l'exécution du paragraphe précédent et de déterminer le montant des commissions et la nature des franchises qui seront accordées à la Société, seront sanctionnés par décret Royal après avoir été agréés par les Puissances.

Ces statuts et cette convention ne pourront être modifiés qu'avec l'assentiment de la Commission internationale.

En cas de non exécution soit des statuts, soit de la convention susmentionnés, ou de contravention aux dispositions de la présente loi, l'approbation des statuts devra être révoquée si la Commission internationale en fait la demande.

La révocation pourra également être prononcée, dans les mêmes cas, sur l'initiative du Gouvernement, avec l'assentiment de la Commission.

En cas de dissolution de la Société ou à l'expiration de son mandat, la Commission internationale s'entendra avec le Gouvernement sur son remplacement par une autre Société ou sur l'adoption d'un mode différent de perception et prendra immédiatement les mesures d'urgence nécessaires pour sauvegarder les droits et les intérêts qui lui sont confiés.

ART. 15.

Les monopoles établis sur le sel, le pétrole, les allumettes, les cartes à jouer, le papier à cigarettes et l'émeri de Naxos, continueront à être régis par les lois en vigueur et les décrets Royaux émis pour leur exécution, en tant que ces lois et décrets ne sont pas modifiés par la présente loi et les décrets à émettre pour son exécution.

Les marchés et commandes pour l'achat du pétrole seront notifiés par le Gouvernement à la Commission internationale.

Les achats d'allumettes, de cartes à jouer et de papier à cigarettes seront soldés par la Société sur le produit des revenus affectés, d'après les commandes approuvées par la Commission internationale, en vertu de marchés qui, à partir de l'expiration des traités en cours, seront conclus par le Gouvernement après entente avec elle.

Les types des estampilles qui seront apposées sur les récipients du pétrole, boîtes d'allumettes et paquets de cartes à jouer en vue d'en assurer le monopole seront déterminés d'accord par le Gouvernement et la Commission internationale.

Les conditions d'exploitation et de vente de l'émeri de Naxos seront arrêtées de concert par le Gouvernement et la Commission internationale.

ART. 16.

A l'avenir, les droits sur le tabac seront acquittés au moyen de banderoles, dont le modèle sera arrêté par le Gouvernement de concert avec la Commission internationale.

ART. 17.

Sont affectés au service de la Dette publique les droits de timbre perçus au moyen de l'emploi de papiers timbrés ou de l'apposition de timbres mobiles, à l'exception de droits et taxes consulaires et scolaires ainsi que du timbre perçu sur les billets d'entrée aux spectacles, bals, concerts, etc.

Le timbrage spécial est aboli pour les titres et actes énumérés dans l'article 15 de la loi du 30 décembre 1887. A l'avenir, ces titres et actes devront être rédigés sur papier timbré ou revêtus de timbres mobiles.

Le timbrage spécial ne pourra plus être appliqué à l'avenir aux droits de timbre affectés en vertu du présent article.

Les modèles des papiers timbrés et timbres mobiles dont il sera fait usage à l'avenir seront concertés entre le Gouvernement et la Commission internationale.

ART. 18.

Les droits d'entrée dans les douanes dont les revenus sont affectés au service de la Dette publique par les articles 11 et 12 seront perçus au moyen de timbres spéciaux dont la forme sera concertée entre le Gouvernement et la Commission internationale, et qui seront appliqués sur les reçus délivrés par l'Administration.

ART. 19.

Le mode de confection des banderoles, papiers timbrés, timbres mobiles, timbres spéciaux et estampilles susmentionnés sera réglé par la Commission internationale de concert avec le Gouvernement hellénique.

Les commandes seront faites par la Commission internationale et reçues dans son dépôt qui sera situé à Athènes et placé sous la garde du Gouvernement hellénique.

Les livraisons seront faites par la Commission internationale, qui pourra utiliser à cet effet le concours de la Société visée à l'article 14. Les conditions de ce concours seront déterminées par la convention à conclure entre le Gouvernement et la Société.

La livraison des banderoles, papiers timbrés, timbres mobiles, papier à cigarettes et timbres spéciaux aura lieu contre paiement comptant.

ART. 20.

L'annulation des banderoles de tabac aura lieu au moyen de l'apposition sur les paquets mis en vente d'un timbre humide couvrant à la fois la banderole et l'enveloppe du paquet.

Celle des papiers timbrés résultera de leur mise en usage.

Celle des timbres mobiles aura lieu au moyen de leur oblitération, dans les conditions prévues par les lois et décrets sur le timbre, par les personnes qui en feront emploi;

Celle des timbres spéciaux au moyen de leur perforation par les employés chargés de délivrer les quittances de douane.

Chapitre VI.

CONTRAVENTIONS ET PÉNALITÉS.

ART. 21.

Les dispositions de l'article 482 du Code pénal seront applicables aux employés des douanes affectées qui, en délivrant les quittances, ne se serviraient pas des timbres spéciaux prévus dans l'article 18.

Les particuliers qui coopéreraient à cette contravention seraient passibles des peines édictées contre la soustraction.

ART. 22.

La contrefaçon ou l'altération des papiers timbrés, des timbres mobiles et des timbres spéciaux de douane seront punies conformément aux dispositions de l'article 235 du Code pénal.

Les dispositions de l'article 238 du même Code seront applicables à ceux qui auront coopéré soit à la contrefaçon ou altération des timbres, soit à la mise en circulation de timbres faux, ainsi qu'à ceux qui auront fabriqué des planches, poinçons ou matrices pour l'impression de papier timbré ou timbres mobiles sans une autorisation donnée par le Gouvernement sur avis conforme de la Commission internationale.

ART. 23.

La contrefaçon des estampilles et des banderoles de tabac mentionnées dans les articles 15 et 16 sera punie conformément à l'article 262 du Code pénal.

La fabrication sans autorisation des planches servant à leur impression sera considérée comme tentative de contrefaçon et punie comme telle.

Chapitre VII.

EMPLOI DU PRODUIT DES REVENUS AFFECTÉS AU SERVICE DES EMPRUNTS EN OR.

ART. 24.

Toutes les sommes encaissées par la Société visée à l'article 14 seront versées intégralement au moins une fois par semaine à la caisse du Contrôle, ou, sur l'ordre de la Commission internationale, à la Banque nationale de Grèce, qui les conservera pour le compte de la Commission.

La Banque nationale ne bonifiera pas d'intérêts sur ces sommes et ne recevra aucune commission sur les payements qu'elle aura à faire en vertu des ordres de la Commission internationale.

La conversion en or ou en traites sur l'étranger, jusqu'à concurrence du service de chaque semestrialité, aura lieu dans les quinze jours qui suivront les versements opérés pour le compte de la Commission internationale, en vertu d'ordres arrêtés par elle avec le concours d'un délégué de la Banque nationale.

Celle-ci sera responsable du payement exact des traites à l'achat desquelles son délégué n'aura pas fait d'opposition. Elle recevra du Gouvernement une commission sur le montant des traites pour lesquelles elle aura donné sa garantie.

Les détails d'exécution du présent article seront réglés par une convention qui sera conclue, avec l'assentiment de la Commission internationale, entre le Gouvernement et la Banque nationale.

ART. 25.

La Commission internationale pourra placer temporairement à intérêt, pour le compte du service de la Dette, les sommes converties en or.

Elle assurera le service des différents emprunts en or en se conformant aux dispositions de la présente loi. A cet effet, elle remettra aux établissements payeurs, en temps utile, et au plus tard huit jours avant chaque échéance, les provisions nécessaires au service du coupon et de l'amortissement de la Dette publique en or, y compris la commission de banque.

Elle surveillera l'emploi régulier de ces sommes par lesdits établissements.

Elle opérera, de concert avec le Gouvernement, le rachat ou le tirage des titres qui devront être amortis en conformité des dispositions du règlement annexé à la présente loi ainsi que des lois mentionnées aux articles 7 et 10, et veillera à l'annulation de ces titres.

Les frais de commission des établissements étrangers qui seront chargés de l'encaissement des traites, les frais de transport de l'or à l'étranger et les courtages pour l'achat du change et de l'or seront prélevés sur les revenus affectés.

ART. 26.

La Commission internationale statuera, de concert avec le Gouvernement hellénique, sur les cas qui lui seront signalés de perte, vol, destruction ou détérioration des titres de la Dette publique extérieure, toutes les fois qu'ils n'auront pas été prévus par une disposition légale.

ART. 27.

Le Gouvernement hellénique ne pourra frapper d'aucun impôt général ou spécial ni les titres, intérêts et remboursements des dettes visées par les articles 7 à 10, ni les sommes provenant des revenus affectés au service de ces dettes.

Chapitre VIII.

DE LA DETTE PUBLIQUE EN DRACHMES-PAPIER.

ART. 28.

La Dette de l'État en billets de banque, constituée au moyen d'obligations amortissables et de rentes s'élevant en capital à 60,723,795 drachmes et de bons du Trésor s'élevant à 18,345,362 dr. 24, sera unifiée par une loi et convertie en obligations amortissables d'un nouvel emprunt, dont le service ne dépassera pas 3,900,000 drachmes.

ART. 29.

Le maximum de la somme que le Gouvernement peut émettre en bons du Trésor, après acquittement des bons mentionnés à l'article précédent, est fixé à 10 millions de drachmes. Ce maximum ne pourra être dépassé qu'avec l'assentiment de la Commission internationale.

ART. 30.

La Dette en billets de banque à cours forcé, s'élevant à 74,000,000 de drachmes, ainsi que la Dette en coupures d'une et de deux drachmes garantie par les Banques d'émission, s'élevant à 20 millions de drachmes, seront amorties à partir de l'année 1900 au moyen de versements annuels dont le minimum est fixé à 2 millions de drachmes.

Cet amortissement pourra cesser avec l'assentiment de la Commission internationale quand la Dette en billets de banque aura été réduite à 40 millions de drachmes.

Aucun nouvel emprunt sur cours forcé ne pourra être conclu par le Gouvernement sans l'assentiment de la Commission internationale avant que la Dette en billets de banque à cours forcé ait été entièrement amortie.

Aucune autre émission de monnaie fiduciaire ne pourra être ordonnée ou autorisée par le Gouvernement, en dehors de celles qui auront lieu pour les besoins du commerce, dans les limites fixées ou à fixer par les statuts des banques d'émission présentes et à venir.

ART. 31.

Les sommes excédant le service de chaque semestrialité des emprunts faisant l'objet des articles 7 à 10, augmenté des frais prévus par les articles 4 et 25, seront mises à la disposition de la Banque nationale de Grèce pour être employées :

1° au service de la dette envers les héritiers du roi Othon et de l'emprunt patriotique;

2° au service des emprunts qui pourront être émis en billets de banque en remplacement d'une partie des emprunts en or prévus à l'article 10 en vue de couvrir les déficits budgétaires de l'année 1898 et des années suivantes;

3° au service des dettes en billets de banque, mentionnées aux articles 28 et 30;

4° aux versements annuels prévus à l'article précédent pour le retrait des billets à cours forcé.

S'il existe un solde disponible, la Banque nationale est tenue de le verser sans délai dans la caisse de l'État.

Dans le cas où les sommes mises à la disposition de la Banque nationale en vertu du premier paragraphe du présent article ne suffiraient pas pour solder les payements prévus au même paragraphe, le Gouvernement devra verser la différence à la caisse de la Banque nationale.

Chapitre IX.

DU CONTENTIEUX RELATIF À L'EXÉCUTION DE LA PRÉSENTE LOI.

ART. 32.

En cas de désaccord entre la Commission internationale et le Gouvernement hellénique sur l'interprétation ou l'exécution de la présente loi et des décrets royaux rendus en conformité de ses dispositions, il y aura lieu à arbitrage.

Si les parties ne s'entendent pas sur le choix d'un arbitre unique, chacune d'elles devra nommer un arbitre dans le délai d'un mois à partir du jour où l'arbitrage aura été demandé.

Si les arbitres ainsi désignés ne parviennent pas à se mettre d'accord, la nomination d'un tiers arbitre sera déférée par les parties ou par l'une d'entre elles au choix du Président de la Confédération helvétique.

La sentence arbitrale sera toujours en dernier ressort.

ART. 33.

Les réclamations que la Société visée à l'article 14 pourrait avoir à élever contre la Commission internationale seront adressées au Gouvernement, qui se concertera à ce sujet avec la Commission.

A défaut d'entente entre le Gouvernement et la Commission, il sera fait application des dispositions de l'article précédent; la Société sera, en ce cas, représentée par le Gouvernement, et pourra produire, par son intermédiaire, tous mémoires, documents, actes et preuves qu'elle jugera utiles pour soutenir ses réclamations.

ART. 34.

La Commission internationale peut ester en justice devant les tribunaux ordinaires soit comme demanderesse, soit comme défenderesse, en matière civile ou commerciale, sauf dans les cas prévus par les deux articles précédents.

Pour la signature, la signification ou l'acceptation de tous actes, judiciaires ou autres, la Commission est représentée par son Président.

Sont interdits et de nul effet, tant à l'égard de la Commission qu'à l'égard des tiers, les actes d'exécution forcée, saisie-arrêt, séquestre, etc., sur les sommes, valeurs ou créances placées sous le contrôle de la Commission internationale.

Chapitre X.

DU CONTRÔLE DE LA COMMISSION INTERNATIONALE SUR LES SERVICES CONCOURANT À L'ADMINISTRATION DES REVENUS AFFECTÉS.

ART. 35.

Tout fonctionnaire public qui disposerait irrégulièrement d'une somme perçue pour le compte de la Commission internationale sera rendu personnellement responsable de la somme détournée par son fait, et sera passible des peines édictées par la loi contre la soustraction de deniers publics.

Les mêmes responsabilités seront encourues par la Société mentionnée à l'article 14 de la présente loi et par ses employés, dans le cas où ceux-ci disposeraient irrégulièrement de sommes d'argent, articles de monopoles, timbres, banderoles ou autres valeurs.

ART. 36.

Les membres de la Commission pourront se rendre en personne dans les différents bureaux de perception et établissements appartenant aux services dont les revenus sont affectés, en vue de s'assurer de l'exacte application des dispositions légales et réglementaires; ils pourront se faire représenter tous livres, comptes et pièces de comptabilité.

La Commission pourra également nommer à cet effet des agents dont le choix sera agréé par le Gouvernement; ces agents jouiront, dans l'exercice de leurs fonctions, de la protection accordée aux fonctionnaires de l'État; ils adresseront leurs rapports à la Commission, sans pouvoir intervenir directement dans la gestion des services.

La Commission internationale pourra aussi requérir du Gouvernement l'exercice d'inspections et d'une surveillance spéciale sur le service des revenus affectés.

Les chefs de service des administrations participant à la gestion des revenus affectés adresseront à la Commission internationale, par l'entremise du Gouvernement, aux époques qui seront fixées par lui d'accord avec la Commission, des rapports détaillés sur les opérations de leur service.

ART. 37.

La Commission internationale pourra requérir l'aide du Gouvernement pour remédier aux irrégularités et en empêcher le renouvellement.

A sa demande, le Gouvernement remplacera les employés dont le service aurait donné lieu à des plaintes motivées.

Dans les services d'exécution des administrations participant à la gestion des revenus affectés, les employés ne pourront être déplacés qu'après notification faite à la Commission internationale des motifs qui auront déterminé leur déplacement.

CHAPITRE XI.

DISPOSITIONS GÉNÉRALES.

ART. 38.

La présente loi ne pourra être modifiée qu'avec l'assentiment des six Puissances.

Si, à l'avenir, la Commission internationale juge que le rendement annuel des impôts et revenus affectés excède les sommes nécessaires pour la garantie des dettes visées par la présente loi, elle proposera à l'assentiment des Puissances une modification des articles 11 et 12, sans toutefois qu'il puisse être porté atteinte aux droits des porteurs de la Dette actuelle, tels qu'ils résultent du règlement annexé à la présente loi.

Les lois et règlements relatifs à l'assiette et aux tarifs des impôts perçus sous forme de monopoles, des droits sur le tabac et des droits de timbre ne pourront être modifiés par le Gouvernement qu'avec l'assentiment de la Commission internationale.

Dans le cas où le Gouvernement hellénique modifierait, à l'avenir, les tarifs des droits perçus à l'importation et où il s'ensuivrait, dans les douze mois subséquents, une diminution du produit des douanes placées sous le contrôle de la Commission internationale au-dessous des évaluations fixées par les articles 11 et 12, le Gouvernement serait tenu, sur la demande de la Commission, d'affecter immédiatement au service des dettes susvisées des revenus supplémentaires équivalant à la diminution de produit, résultant de l'application des nouveaux tarifs.

ART. 39.

La présente loi ainsi que le règlement qui y est annexé et qui en fait partie intégrante entreront en vigueur à la date de l'émission des emprunts visés par les articles 7 et 10, § 1.

Toutes les dispositions contraires à la présente loi et aux décrets et règlements rendus pour son exécution sont et demeurent abrogées.

DISPOSITION TRANSITOIRE.

ART. 40.

Le mode de perception applicable en vertu de la présente loi aux revenus affectés par l'article 11 entrera en vigueur au plus tard deux mois après la date fixée par l'article 39, § 1er.

Jusqu'à cette époque, la perception des revenus en question se fera comme par le passé et les sommes perçues de ce chef, soit par le Caissier central du Trésor, soit par la Société de régie des Monopoles, devront être mises tous les huit jours à la disposition de la Commission internationale.

Les banderoles de tabac, les papiers timbrés et les timbres mobiles dont il est fait actuellement usage pour la perception des droits ne pourront plus être employés à partir de la même époque.

Les détenteurs de papiers timbrés et timbres mobiles pourront dans le mois suivant les échanger contre des papiers timbrés et timbres mobiles des nouveaux modèles prévus par la présente loi.

Les Délégués,

Signé : Testa.
Suzzara.
Dubois de l'Estang.
E. F. G. Law.
L. Bodio.
A. Smirnow.

L'adjoint au Délégué d'Allemagne,

Signé : W. Kaufmann.

Le Ministre des Finances,

Signé : Streit.

ANNEXE AU PROJET DE LOI.

PROJET DE RÈGLEMENT DE L'ANCIENNE DETTE.

ARTICLE PREMIER.

Le montant en capital des titres restant en circulation sur les emprunts émis à l'étranger de 1881 à 1893 s'élève :

pour l'emprunt 5 p. o/o 1881,.................... à Fr.	103,500,000
pour l'emprunt 5 p. o/o 1884,........................	90,531,000
pour l'emprunt 4 p. o/o 1887 Monopoles,.......	133,045,000
pour l'emprunt 4 p. o/o 1889 Rente,..................	155,000,000
pour l'emprunt 5 p. o/o 1890 Pirée-Larisse,..............	59,901,500
pour l'emprunt 5 p. o/o 1893 Funding-Loan,.............	9,739,000
TOTAL...........................	551,716,500

Les titres sortis aux tirages de juin 1893 qui n'ont pas été échangés contre des obligations Funding-Loan seront réglés au cours de 65 p. o/o de leur valeur nominale.

Les titres sortis aux tirages de novembre 1893 seront réglés au cours de 75 p. o/o.

Les coupons de ces titres échus jusqu'au 1er janvier 1898 inclusivement et non présentés au payement seront payés à raison de 30 p. o/o de leur valeur et les certificats ou tickets qui seront délivrés aux porteurs pour les 70 p. o/o impayés seront acquittés dans les conditions prévues par l'article 15.

Les coupons postérieurs au 1er janvier 1898 devront être remis avec les titres.

Les tirages postérieurs à la loi du 10/22 décembre 1893 sont annulés; les titres sortis à ces tirages sont compris dans les chiffres ci-dessus et assimilés aux autres titres.

ART. 2.

Le service en or des intérêts et de l'amortissement, tel qu'il a été établi par les contrats organiques des emprunts spécifiés ci-dessus et modifié provisoirement par la loi du 10/22 décembre 1893, se fera à partir du 1er avril 1898 aux conditions du présent règlement; pour l'exécution duquel lesdits emprunts sont divisés en trois groupes, savoir :

1er Groupe :

4 p. o/o 1887 Monopoles	133,045,000f	
5 p. o/o 1893 Funding-Loan	9,739,000	
Ensemble		142,784,000f

2e Groupe :

5 p. o/o 1881	103,500,000f	
5 p. o/o 1884	90,531,000	
5 p. o/o 1890 Pirée-Larisse	59,901,500	
Ensemble		253,932,500

3e Groupe :

4 p. o/o 1889 Rente		155,000,000
TOTAL ÉGAL		551,716,500

ART. 3.

Le Gouvernement affecte au service initial de ces emprunts, à partir du 1er janvier 1903, une somme de 14,850,000 drachmes devant produire au minimum 9 millions de francs or, par an.

Cette somme est destinée :

1° à servir auxdits emprunts, d'après le classement établi par l'article 2, un minimum d'intérêt annuel fixé à :

43 p. o/o de l'intérêt originel, soit 1,72 p. o/o, pour l'emprunt 1887 Monopoles;

32 p. o/o de l'intérêt originel, soit 1,60 p. o/o, pour l'emprunt 5 p. o/o 1893 Funding-Loan et pour les emprunts du second groupe.

32 p. o/o de l'intérêt originel, soit 1,28 p. o/o, pour l'emprunt formant le troisième groupe;

2° à opérer, au moyen du surplus, l'amortissement de chacun desdits emprunts, soit par voie de rachat, soit par voie de tirage, suivant la distinction établie à l'article 10.

La somme affectée annuellement à l'amortissement sera égale à 2 p. o/o de l'intérêt originel des titres actuellement en circulation d'après l'article 1er et sera répartie entre les différents groupes d'emprunts d'après le classement établi par l'article 2 et la proportion indiquée par l'article 11.

Pendant l'année 1898 et les quatre années suivantes, la somme affectée à l'amortissement sera exceptionnellement réduite à 1 p. o/o de l'intérêt originel. En conséquence, la somme en drachmes, affectée au service initial de l'ensemble desdits emprunts, sera ramenée, pour cette période, à 14,437,500 drachmes devant produire au minimum 8,750,000 francs or par an.

ART. 4.

Les intérêts relatifs aux titres rachetés ou amortis serviront exclusivement au relèvement de l'intérêt à servir aux titres restant en circulation.

ART. 5.

Il sera tenu compte de la valeur en drachmes des remises effectuées aux maisons chargées du service des anciens emprunts en vue de constituer la provision minima en or nécessaire au service des échéances d'une année. Cette valeur sera déterminée d'après le prix de revient moyen de l'ensemble des remises achetées pendant l'année par la Commission internationale, augmenté des courtages, commissions, agios relatifs à ces remises et, en cas d'envoi de groups d'or, des frais de transport et d'assurance.

Si le compte ainsi établi fait ressortir un total inférieur à la somme en drachmes spécifiée au premier et au dernier paragraphe de l'article 3, la différence en drachmes constituant une économie sur le change des provisions sera appliquée jusqu'à concurrence de 60 p. 0/0 au service des emprunts susmentionnés, savoir :

30 p. 0/0 au relèvement de l'intérêt;

30 p. 0/0 à l'augmentation de l'amortissement.

Si les sommes en drachmes spécifiées au premier et au dernier paragraphe de l'article 3 ne produisaient pas en francs les minima nécessaires au service initial desdits emprunts en vertu des dispositions qui précèdent, la différence serait parfaite sur le produit des revenus affectés au service de la Dette publique ou, en cas d'insuffisance, sur les ressources générales de l'État.

ART. 6.

Le produit brut actuel des monopoles est évalué à.........	12,300,000 dr.
Celui des droits sur le tabac.........................	6,600,000
Celui des droits de timbre à..........................	10,000,000
TOTAL................	28,900,000

Lorsque le produit brut de ces impôts dépassera dans son ensemble le total ci-dessus de 28,900,000 drachmes, la plus-value en drachmes, après déduction des dépenses fixées à 18 p. 0/0 de cette plus-value, sera appliquée jusqu'à concurrence de 60 p. 0/0 au service des mêmes emprunts, savoir :

30 p. 0/0 au relèvement de l'intérêt;

30 p. 0/0 à l'augmentation de l'amortissement.

ART. 7.

Les comptes relatifs aux intérêts des titres rachetés ou amortis, à l'économie sur le change et aux plus-values des recettes seront établis à la fin de chaque année.

ART. 8.

Le relèvement de l'intérêt aura lieu, dans l'ordre indiqué par l'article 2, par gradation de 2 p. o/o de l'intérêt originel des différents emprunts constituant un groupe.

Les sommes applicables au relèvement des intérêts en vertu des dispositions qui précèdent seront portées au crédit d'un compte spécial.

Lorsque le crédit de ce compte, augmenté éventuellement de ses intérêts, atteindra 2 p. o/o du montant originel de l'intérêt des emprunts composant le premier groupe, ce supplément de 2 p. o/o sera ajouté au plus prochain coupon desdits emprunts.

Les rentrées suivantes seront appliquées successivement et dans les mêmes conditions au relèvement de l'intérêt des deuxième et troisième groupes.

Après application faite au dernier groupe, les relèvements d'intérêts reprendront dans le même ordre, de manière à ce que les recettes disponibles de chaque année soient toujours employées en première ligne au profit du groupe ou des groupes qui n'auront pas pris part aux distributions précédentes.

ART. 9.

L'intérêt des emprunts faisant l'objet du présent règlement ne pourra jamais être relevé au delà du chiffre fixé à l'origine.

Lorsque cette limite sera atteinte pour un des groupes, le surplus disponible sera appliqué au relèvement de l'intérêt du groupe suivant, et lorsque tous les emprunts auront retrouvé l'intérêt originel le surplus sera conservé par le Gouvernement.

ART. 10.

L'amortissement aura lieu par voie de rachat et, si les titres ont dépassé le pair, par voie de tirage.

ART. 11.

Les sommes affectées à l'amortissement en vertu des articles 5 et 6 seront portées au crédit d'un compte spécial.

Elles seront appliquées à l'amortissement de chaque groupe d'emprunts aussitôt que le crédit du compte, augmenté éventuellement de ses intérêts, atteindra 2 p. o/o de l'intérêt originel de ce groupe, savoir :

1er groupe :		
4 p. o/o 1887 Monopoles	106,436f 00c	
5 p. o/o 1893 Funding-Loan	9,739 00	
		116,175f 00c
2e groupe :		
5 p. o/o 1881	103,500f 00c	
5 p. o/o 1884	90,531 00	
5 p. o/o 1890 Pirée-Larisse	59,901 50	
		253,932 50
3e groupe :		
4 p. o/o 1889 Rente		124,000 00
TOTAL		494,107 50

Les règles spécifiées à l'article 8 en ce qui concerne l'ordre à observer pour le relèvement de l'intérêt seront applicables aux amortissements prévus par le présent article.

ART. 12.

Sont chargés du service de la Dette hellénique extérieure :

A Athènes..........	La Banque nationale de Grèce.
A Berlin...........	La Nationalbank für Deutschland.
	M. S. Bleichröder.
A Francfort-sur-le-Mein.	MM. von Erlanger et fils.
A Londres..........	MM. C. I. Hambro et fils.
A Paris............	Le Comptoir national d'escompte de Paris.

Dans le cas où une de ces maisons ou établissements viendrait à se transformer ou à cesser le service de la dette, le Gouvernement, d'accord avec la Commission internationale, désignera sans retard une autre maison chargée de ce service dans la même ville. Dans le cas où cette désignation n'aurait pas eu lieu dans le délai d'un mois, la Commission internationale pourra provisoirement prendre les mesures nécessaires pour éviter toute interruption du service des emprunts. Il est alloué aux maisons et établissements une commission de 1/2 p. 0/0 sur le montant de leurs payements.

Les publications relatives au service des emprunts se feront aux frais du Gouvernement hellénique. Les coupons payés seront remis aux consuls de Grèce dans les villes où les payements ont eu lieu, pour servir à la vérification qui en sera faite par la Commission internationale, de concert avec le Gouvernement hellénique

ART. 13.

En échange des obligations provisoires émises pour l'emprunt 5 p. 0/0 1893 (Funding-Loan) MM. C. I. Hambro and Son sont autorisés à émettre des titres définitifs, dont le texte sera sans retard arrêté par le Gouvernement, de concert avec la Commission internationale.

Ils sont en outre autorisés à payer, jusqu'au 31 mars 1899, aux porteurs de chaque obligation provisoire sur laquelle il a déjà été payé 30 p. 0/0 de l'intérêt primitif, 2 shillings par chaque livre sterling représentant les 70 p. 0/0 non payés. Ces payements seront imputés sur les sommes qui leur ont été remises pour faire face aux intérêts desdites obligations.

Le solde restant entre leurs mains sera employé à l'amortissement au moyen de l'acquisition sur le marché d'obligations provisoires.

ART. 14.

Le Gouvernement hellénique restituera les	3,860,061 dr 07
qui se trouvaient en décembre 1893 dans les caisses de la Société des Monopoles, sous déduction du coupon de janvier 1894 payé sur l'emprunt 4 p. 0/0 1887 à raison de 50 p. 0/0 en papier, soit 1 p. 0/0 sur 133,045,000 drachmes,..................	1,330,450 00
TOTAL..............	2,529,611 07

Cette somme sera payée par versements de 500,000 drachmes en cinq années à partir de 1898 et sera employée à améliorer l'intérêt de l'emprunt 4 p. o/o de 1887. Le supplément d'intérêt qui en résultera sera ajouté au second coupon de chacune de ces cinq années.

ART. 15.

Les créances relatives aux 70 p. o/o impayés sur les coupons des emprunts susvisés depuis le 1er avril 1894 jusqu'au 1er janvier 1898 inclusivement seront réglées à 5 p. o/o de leur montant.

Ce payement aura lieu contre remise des certificats ou tickets délivrés aux porteurs, quatre ans après l'échéance du coupon pour lequel les certificats ou tickets auront été délivrés, à l'exception toutefois du payement relatif au coupon d'avril 1894, qui sera effectué seulement à partir de juillet 1898.

Les certificats ou tickets représentant les créances seront annulés et remis au Gouvernement.

Des nouveaux certificats ou tickets payables dans les mêmes conditions et aux mêmes échéances seront délivrés aux porteurs des coupons qui n'ont pas encore été présentés au payement.

ART. 16.

Les intérêts des emprunts qui font l'objet du présent règlement se prescriront par cinq ans.

Le remboursement des titres sortis au tirage se prescrira par trente ans.

Le payement des certificats ou tickets visés par l'article 15 sera prescrit une année après l'échéance indiquée par ledit article.

ART. 17.

Le service ordinaire des emprunts qui font l'objet du présent règlement, ainsi que les autres payements à effectuer en vertu de ses dispositions, auront lieu par l'intermédiaire de la Commission internationale et seront assurés au moyen du produit des revenus affectés et, en cas d'insuffisance, par les ressources générales de l'État hellénique.

Les Délégués,

Signé : TESTA.
SUZZARA.
DUBOIS DE L'ESTANG.
E. F. G. LAW.
L. BODIO.
A. SMIRNOW.

L'adjoint au Délégué d'Allemagne,
Signé : W. KAUFMANN.

Le Ministre des Finances,

Signé : STREIT.

SÉANCE DU 8/20 JANVIER 1898.

La Commission réunie en présence de M. le Ministre des Finances et de M. Athénogènes, Président de la Société de régie des Monopoles de Grèce, approuve, après discussion des articles et sous réserve de l'assentiment des Puissances, les nouveaux statuts de la Société qui prendra à l'avenir le nom de *Société de régie des Revenus affectés au service de la Dette publique hellénique*, ainsi que la convention conclue entre elle et le Ministre des Finances.

Les Délégués, sous la réserve ci-dessus mentionnée, signent lesdits Actes pour approbation après le Ministre et le Président de la Société.

Les Délégués,

Signé : Testa.

Suzzara.

Dubois de l'Estang.

E. F. G. Law.

L. Bodio.

A. Smirnow.

L'adjoint au Délégué d'Allemagne,

Signé : W. Kaufmann.

Le Ministre des Finances,

Signé : Streit.

PROJET DE STATUTS

DE LA SOCIÉTÉ DE RÉGIE DES REVENUS

AFFECTÉS AU SERVICE

DE LA DETTE PUBLIQUE HELLÉNIQUE

CHAPITRE I.

OBJET ET DURÉE DE LA SOCIÉTÉ.

ARTICLE PREMIER.

La Société anonyme hellénique désignée sous la raison sociale *Société de régie des Monopoles de Grèce*, ayant son siège social à Athènes, et constituée en vertu du décret royal du 27 octobre 1887, prendra à l'avenir le nom de : *Société de régie des Revenus affectés au service de la Dette publique hellénique.*

Elle fonctionnera d'après les dispositions générales de la loi de contrôle du , en se conformant aux présents statuts et à la convention conclue entre elle et le Gouvernement hellénique.

ART. 2.

La Société a pour but et pour objet de percevoir les droits et revenus de l'État affectés au service des emprunts visés par les articles 7 à 10 de la loi de contrôle du et d'administrer les monopoles de l'État actuellement existants.

ART. 3.

La durée de la Société est fixée à trente années à partir de l'entrée en vigueur des présents statuts, sauf les cas prévus par l'article 14 de la loi de contrôle.

CHAPITRE II.

CAPITAL SOCIAL.

ART. 4.

Le capital social est limité à frs. : 4 millions effectifs.

La valeur nominale de chacune des 20,000 actions actuelles de 500 francs est réduite à 125 francs entièrement libérés.

Sont créées, en outre, 12,000 nouvelles actions de 125 francs chacune, qui ne pourront pas être émises au-dessous du pair et dont le montant sera versé dans le délai d'un mois.

Un tiers des nouvelles actions est réservé à l'option des anciens actionnnaires.

ART. 5.

Sur ledit capital social, deux millions de francs effectifs seront convertis, après entente avec la Commission internationale, en valeurs de l'État hellénique payables en or et formeront la garantie de la Société vis-à-vis du Contrôle international.

Les titres qui représenteront cette somme seront déposés à l'étranger dans un ou plusieurs établissements désignés par la Commission.

Les deux millions formant le reste du capital social seront placés en valeurs de l'État hellénique et formeront la garantie de la Société vis-à-vis du Gouvernement.

Les titres qui représenteront cette somme seront déposés dans l'établissement désigné par le Gouvernement.

Le capital de roulement de la Société sera constitué au moyen des réserves statutaires et des retenues opérées au profit du compte d'assurances.

Il ne pourra être fait aucune distribution sur les sommes qui seraient versées par les souscripteurs des nouvelles actions en sus du pair de 125 francs.

ART. 6.

Les titres des actions seront libellés en grec et en français; ils seront détachés d'un registre à souche, numérotés et revêtus du sceau de la Société et de la signature de deux administrateurs.

Les actions de la Société de régie des Monopoles de Grèce seront échangées, titre pour titre, contre des actions nouvelles et les titres anciens ainsi échangés seront détruits en présence du Conseil d'administration, conformément à l'article 8.

ART. 7.

Les actions sont indivisibles, et la Société ne reconnaît qu'un seul propriétaire pour chaque action.

ART. 8.

Les actions sont au porteur; mais elles peuvent être converties en titres nominatifs à la demande du propriétaire.

Toute conversion ou transfert d'actions nominatives en actions au porteur, ou réciproquement, a lieu sur la déclaration du propriétaire ou porteur ou de son fondé de pouvoirs.

Cette déclaration, enregistrée sur un livre *ad hoc,* porte la signature de l'actionnaire déclarant, du nouveau propriétaire et du Président du Conseil d'administration de la Société.

Les anciens titres sont ensuite détruits en présence du Conseil d'administration, qui dresse procès-verbal de l'opération, et il est délivré de nouveaux titres portant les mêmes numéros que ceux détruits.

Pour chaque transfert ou conversion d'action la Société perçoit un droit d'une drachme par titre.

La cession d'une action au porteur a lieu par la simple remise du titre.

En cas de saisie-arrêt d'une action nominative légalement opérée et signifiée au siège de la Société, l'action ne pourra être transférée à un tiers qu'après mainlevée régulière.

ART. 9.

Les droits et obligations attachés à l'action suivent le titre dans quelques mains qu'il passe; la possession du titre d'une action emporte de droit adhésion aux statuts de la Société et aux décisions de l'assemblée générale des actionnaires prises dans les limites des présents statuts.

ART. 10.

Les héritiers ou créanciers d'un actionnaire, ou ceux qui lui sont substitués en totalité ou en partie, ne pourront en aucun cas provoquer la saisie ou la mise sous scellés des livres et valeurs appartenant à la Société, ni en exiger le partage ou la licitation, ni s'immiscer en aucune façon dans l'administration de la Société.

ART. 11.

Tout actionnaire, quel que soit son domicile, est censé avoir son domicile légal au siège de la Société et est soumis aux lois helléniques.

ART. 12.

Les communications de la Société aux actionnaires sont publiées par cinq journaux, soit : un journal de Berlin, un de Paris, un de Londres, un de Constantinople et un d'Athènes.

ART. 13.

Chaque action donne droit, dans la propriété de l'actif social et dans le partage des bénéfices, à une part proportionnelle au nombre des actions émises. Le dividende qui appartient à chaque action est remis à l'échéance au porteur du coupon mis en payement.

ART. 14.

Tous dividendes ou parts de bénéfices non réclamés dans les cinq années de leur exigibilité sont prescrits au profit de la Société.

Chapitre III.

OPÉRATIONS DE LA SOCIÉTÉ.

ART. 15.

La Société percevra les droits et revenus visés par les articles 11 et 12 de la loi de contrôle du   et administrera les monopoles de l'État actuellement existants, d'après les dispositions de la loi précitée et de la convention conclue entre elle et le Gouvernement hellénique.

Les commissions et les franchises accordées à la Société sont réglées par la même convention.

CHAPITRE IV.

ADMINISTRATION DE LA SOCIÉTÉ.

ART. 16.

La Société de régie des Revenus affectés au service de la Dette publique hellénique est administrée par un Conseil composé de sept membres élus par l'assemblée générale des actionnaires.

Le Conseil choisit parmi ses membres son Président et son Vice-Président.

Les membres du Conseil d'administration sont nommés pour cinq ans.

Après l'expiration des cinq premières années et à la fin de chacune des quatre années suivantes, l'assemblée générale des actionnaires procédera au renouvellement du Conseil au moyen de l'élection d'un membre par an. A la fin de la cinquième année, il sera procédé au renouvellement des membres restants.

Pendant les quatre premières années les membres sortants seront désignés par le sort.

Les renouvellements ultérieurs auront lieu par ordre d'ancienneté. Les administrateurs sortants peuvent être réélus.

Par exception, le premier Conseil d'administration de la Société de régie des Revenus affectés au service de la Dette publique hellénique est composé des membres formant actuellement le Conseil d'administration de la Société de régie des Monopoles de Grèce.

ART. 17.

Tout administrateur qui n'aurait pas assisté pendant une année consécutive aux séances du Conseil serait considéré comme démissionnaire, et il serait procédé à son remplacement.

Lorsque, pour une raison quelconque, il sera indispensable de procéder au remplacement d'un administrateur, le nouvel administrateur sera désigné provisoirement par le Conseil d'administration jusqu'à la réunion de la première assemblée générale, à laquelle sera soumise la ratification de cette nomination.

Le Conseil ne pourra délibérer que si quatre au moins de ses membres sont présents. Les membres du Conseil qui se trouvent à Athènes sont avisés à cet effet suivant le mode qui sera déterminé par le Conseil lui-même.

ART. 18.

Chaque administrateur doit être propriétaire de cent actions nominatives au moins. Les titres de ces actions sont inaliénables et restent déposés dans les caisses de la Société pendant toute la durée des fonctions des administrateurs et jusqu'à l'approbation de leur gestion.

Les administrateurs ne sont responsables de leur gestion personnelle que dans les cas prévus par la loi.

ART. 19.

Les décisions du Conseil d'administration sont prises à la majorité absolue des membres présents; en cas de partage égal des voix, la voix du Président est prépondérante. Les procès-verbaux du Conseil, enregistrés dans un livre spécial, sont signés par tous les membres présents à la séance.

ART. 20.

Chaque membre du Conseil reçoit pour chaque séance un jeton de présence de 25 drachmes.

ART. 21.

Le Conseil d'administration a les pouvoirs les plus étendus pour tout ce qui concerne l'administration et la gestion des intérêts de la Société, à l'exception des questions réservées d'après les présents statuts à l'assemblée générale des actionnaires.

Il a notamment pouvoir, sous réserve des dispositions contenues dans les articles 43, 44, 45 et 49 :

1° de nommer et de révoquer les employés de la Société, de déterminer leurs obligations et de régler leurs appointements;

2° de nommer tous les gérants et entrepreneurs de travaux de la Société en leur allouant soit un salaire fixe, soit une rémunération proportionnelle;

3° de déterminer tous les frais de gestion, vérifier la caisse, établir le bilan de la Société, qu'il soumet lui-même à l'approbation de l'assemblée générale des actionnaires et de la Commission internationale et fixer les dividendes à distribuer aux actionnaires;

4° de gérer les capitaux disponibles et le capital de réserve de la Société;

5° de décider, s'il y a lieu, d'engager ou de suivre tout procès devant les tribunaux, se désister ou procéder à un arrangement avec la partie adverse.

6° d'une manière générale, le Conseil peut, sous les réserves spécifiées ci-dessus, consentir et autoriser par ses délibérations toutes opérations se rattachant à la gestion des affaires sociales, dans les limites des présents statuts et d'après les dispositions de la loi de contrôle, des autres lois de l'État et de la convention conclue entre le Gouvernement hellénique et la Société.

ART. 22.

Le Conseil peut déléguer l'exercice de ses droits pour ce qui concerne le service courant ou pour des actes spécialement déterminés à un ou plusieurs de ses membres ou à des personnes étrangères au Conseil.

ART. 23.

Le Président du Conseil d'administration, ou, à défaut, le Vice-Président, ou, en cas d'empêchement de tous les deux, un des administrateurs nommé par le Conseil représente, au nom du Conseil, la Société devant les tiers et devant toutes les autorités judiciaires ou administratives.

Le Président ou un des administrateurs est désigné par le Conseil pour assister la Direction en qualité d'Administrateur délégué.

CHAPITRE V.

DE L'ASSEMBLÉE GÉNÉRALE.

ART. 24.

L'assemblée générale des actionnaires, légalement constituée, représente l'universalité des actionnaires et ses décisions, en tant qu'elles sont conformes aux dispositions des présents statuts, sont obligatoires, même pour les actionnaires absents ou dissidents.

ART. 25.

L'assemblée générale est considérée comme légalement constituée quand les membres présents représentent comme actionnaires ou comme fondés de pouvoirs d'actionnaires, le tiers au moins du capital social.

Dans le cas où ce nombre ne serait pas atteint, l'assemblée ne pourrait procéder à aucune décision; mais elle devrait être convoquée de nouveau après un délai de quinze jours. A cette seconde séance, l'assemblée sera considérée comme légalement constituée, quel que soit le nombre des actions représentées.

ART. 26.

L'assemblée générale des actionnaires, convoquée par le Conseil d'administration, se réunit tous les ans dans le courant du mois de mars au siège de la Société. Le Conseil d'administration peut, lorsqu'il le juge nécessaire, convoquer l'assemblée générale en séance extraordinaire.

Le Conseil d'administration devra convoquer l'assemblée générale, si la demande en est faite par un groupe d'actionnaires, représentant au moins le tiers du capital social, après dépôt de leurs actions dans les caisses de la Société.

Le Gouvernement ainsi que la Commission internationale auront toujours le droit, lorsqu'ils le jugeront nécessaire, de provoquer la convocation d'une assemblée générale extraordinaire. Le Conseil d'administration sera tenu de procéder à cette convocation en se conformant aux dispositions de l'article suivant.

ART. 27.

Les avis relatifs à la convocation de l'assemblée générale seront publiés trente jours avant la date fixée pour la séance; les avis pour la seconde convocation seront publiés quinze jours au moins avant la date fixée pour la séance; les publications auront lieu dans un journal de Berlin, un de Paris, un de Londres, un de Constantinople et un d'Athènes.

Les avis feront connaître la date et le lieu fixés pour la réunion ainsi que les questions qui seront soumises aux délibérations de l'assemblée.

ART. 28.

Les délibérations et les décisions de l'assemblée générale des actionnaires sont limitées aux questions portées à l'ordre du jour. Il n'est fait exception à cette règle que pour les amendements aux propositions du Conseil d'administration et pour les propositions tendant à la convocation d'une assemblée extraordinaire.

ART. 29.

L'assemblée générale des actionnaires est présidée par le Président du Conseil d'administration ou par le Vice-Président, et, en cas d'absence ou d'empêchement de tous les deux, par un des administrateurs désigné provisoirement par le Conseil. Le Président provisoire se fait assister de deux secrétaires qu'il choisit lui-même parmi les actionnaires présents à la séance, jusqu'à la ratification par l'assemblée de la liste des actionnaires ayant droit au vote dans l'assemblée et l'élection par l'assemblée de ses autorités présidentielles régulières, c'est-à-dire du Président, du Vice-Président et de deux secrétaires.

L'élection, sauf décision contraire de l'assemblée, a lieu par bulletins secrets. Le procès-verbal de la séance est signé par le Président et les deux secrétaires après lecture et approbation par l'assemblée générale des actionnaires.

ART. 30.

Le possesseur de trente actions a droit à un vote à l'assemblée générale des actionnaires.

Le nombre des votes augmente à raison d'un vote par trente actions.

Prennent part à l'assemblée générale les actionnaires qui ont droit au vote, soit personnellement, soit comme fondés de pouvoirs d'autres actionnaires.

Les mineurs, les interdits et les personnes morales sont représentés par leurs représentants légaux.

ART. 31.

Les actionnaires qui voudront prendre part à l'assemblée générale devront, dix jours au moins avant le jour fixé pour la séance, déposer leurs actions à Berlin, Paris, Londres ou Constantinople aux bureaux des banques désignées à cet effet par le

Conseil d'administration et faire parvenir, cinq jours au moins avant la date précitée, aux guichets de la Société à Athènes les récépissés de dépôt et, le cas échéant, leurs pouvoirs.

Pour les dépôts d'actions ou de pouvoirs à faire directement au siège de la Société à Athènes, le délai est fixé à cinq jours au moins avant le jour fixé pour la séance.

Les actionnaires qui auront effectué le dépôt prescrit par les deux paragraphes précédents recevront un certificat qui leur servira de carte d'entrée à l'assemblée générale.

Les certificats de dépôt émis par les Banques du pays désignées chaque fois dans l'avis de convocation seront considérés comme dépôts faits directement à la Société.

La liste des actionnaires ayant droit de vote sera déposée sur le bureau de l'assemblée générale.

Toute opposition contre cette liste doit être faite au début de la séance de l'assemblée, qui prononce avant examen des questions portées à l'ordre du jour.

L'ordre du jour des assemblées générales, ordinaires ou extraordinaires, sera fixé d'accord avec la Commission internationale.

ART. 32.

L'assemblée générale des actionnaires se prononce sur toutes les questions qui lui sont soumises par le Conseil d'administration. En outre :

1° Elle examine les comptes soumis à son approbation pour l'exercice précédent, après avoir préalablement entendu le rapport des commissaires nommés par elle à cet effet;

2° Elle pourvoit aux vacances survenues dans le Conseil d'administration;

3° Elle se prononce sur l'augmentation du capital social par émissions de nouvelles actions;

4° Sur les modifications à introduire dans les statuts;

5° Sur la dissolution de la Société;

6° Sur l'extension éventuelle des opérations de la Société.

L'assemblée décide à la majorité des voix; la voix du Président est prépondérante en cas de partage.

Toutefois les résolutions concernant la dissolution de la Société, l'augmentation du capital social ou la modification des statuts devront réunir les deux tiers des voix représentées à l'assemblée.

Les résolutions concernant les objets spécifiés aux n°s 3, 4, 5 et 6 ne seront valables qu'après leur ratification par le Gouvernement hellénique et la Commission internationale.

ART. 33.

L'assemblée nomme chaque année trois commissaires pour la vérification des livres et de la comptabilité de la Société, ainsi que pour une enquête préliminaire sur l'état de ses travaux et sur les bilans de l'année. Les commissaires déposent leur rapport à la première assemblée générale de l'année suivante.

ART. 34.

Les élections pour les fonctions électives de la Société ont lieu au moyen de bulletins. En cas de partage des voix, le sort décide entre ceux qui ont obtenu un nombre égal de voix.

CHAPITRE VI.

BILAN, RÉPARTITION DES BÉNÉFICES ET CAPITAL DE RÉSERVE.

ART. 35.

Le bilan semestriel est dressé le 30 juin et le 31 décembre de chaque année.

Ce bilan est publié dans les journaux dans les conditions déterminées par l'article 27 relatif à la convocation de l'assemblée générale.

ART. 36.

Les bénéfices nets sont déterminés par la balance du compte *Profits et pertes* après déduction de tous frais généraux, pertes, retenues pour assurances, dépenses et charges sociales, ainsi que des amortissements prévus tant pour les créances en souffrance que pour la détérioration du matériel.

Les intérêts produits par le capital social et les réserves de la Société sont prélevés sur les bénéfices nets et distribués aux actionnaires; le reste est réparti de la manière suivante :

1° 5 p. 0/0 pour formation d'un capital de réserve jusqu'à concurrence d'une somme égale au tiers du capital social versé.

2° 10 p. 0/0 aux membres du Conseil d'administration.

3° 85 p. 0/0 aux actionnaires à titre de dividende.

Toutefois, si le bénéfice industriel de l'année dépasse 7 p. 0/0 du capital social, le surplus sera partagé par moitié entre le Gouvernement et les actionnaires.

ART. 37.

Le payement des dividendes en général a lieu par semestre, c'est-à-dire dans la première quinzaine de juillet et de janvier de chaque année, au siège de la Société à Athènes et, à l'étranger, dans les maisons de banque qui seront désignées chaque fois par le Conseil d'administration.

Les ayants droit qui n'auraient pas réclamé leurs dividendes en temps utile ne pourraient réclamer d'intérêts à la Société.

ART. 38.

Les bilans de la Société de régie des Revenus affectés au service de la Dette publique hellénique, le rapport du Conseil d'administration et celui des commissaires sont imprimés et distribués aux actionnaires cinq jours avant la réunion de l'assemblée générale.

Chapitre VII.

DISSOLUTION DE LA SOCIÉTÉ.

ART. 39.

Dans le cas où, avec l'autorisation du Gouvernement et de la Commission internationale, la Société viendrait à se dissoudre, la décision prise à cet effet par l'assemblée générale devrait établir en même temps le mode de liquidation des affaires de la Société, nommer, sous réserve des dispositions de l'article 48, les liquidateurs qui pourront être pris parmi les administrateurs et fixer leurs émoluments.

Les liquidateurs ont pleins pouvoirs pour tout ce qui se rapporte à la liquidation des affaires de la Société, au recouvrement des arriérés, aux payements des dettes, à la vente des biens, meubles et immeubles, d'après les décisions prises à cet effet par l'assemblée générale et, en général, pour poursuivre toutes affaires et procès de la Société.

Les liquidateurs sont responsables de leur gestion conformément à la loi.

ART. 40.

La nomination des liquidateurs entraîne la suspension du Conseil d'administration.

ART. 41.

Pendant la durée de la liquidation, l'assemblée générale des actionnaires conserve ses droits et se réunit, sur convocation des liquidateurs, en séance extraordinaire chaque fois qu'ils le jugent utile.

A l'assemblée générale des actionnaires appartient le droit d'approuver les comptes de la liquidation.

ART. 42.

Si, pendant la durée de la liquidation, la réunion de l'assemblée générale est demandée par un groupe d'actionnaires représentant le tiers du capital social, les liquidateurs devront la convoquer à l'effet de délibérer sur les questions qui auront motivé la réunion.

La convocation des assemblées générales ordinaires et extraordinaires pendant la liquidation de la Société est soumise aux prescriptions des articles 26 et 27.

Le Conseil d'administration n'existant pas, l'assemblée est présidée provisoirement par le plus âgé des actionnaires présents, qui prend deux secrétaires parmi les plus jeunes des actionnaires présents, jusqu'à l'élection des autorités présidentielles définitives.

Chapitre VIII.

DU CONTRÔLE EXERCÉ SUR LES OPÉRATIONS DE LA SOCIÉTÉ PAR LA COMMISSION INTERNATIONALE ET PAR LE GOUVERNEMENT HELLÉNIQUE.

ART. 43.

Un membre de la Commission internationale désigné par elle pourra assister aux séances du Conseil d'administration et aux assemblées générales des actionnaires de la Société. Il pourra se faire communiquer les différents registres et documents ainsi que la correspondance.

S'il déclare faire opposition à une mesure décidée par le Conseil d'administration ou par l'un des fonctionnaires de la Société, l'exécution en sera provisoirement suspendue et ne pourra être reprise qu'après un délai de trois jours ouvrables, si la Commission internationale n'a pas fait connaître à la Société, dans le même délai, qu'elle s'oppose définitivement à la mesure comme contraire aux dispositions légales ou réglementaires ou comme préjudiciable aux intérêts qui lui sont confiés.

ART. 44.

Toute nouvelle nomination du Directeur général ou de Sous-Directeur, devra être soumise à l'approbation de la Commission internationale.

ART. 45.

La Commission internationale pourra exiger l'exclusion de tout employé dont la gestion aurait donné lieu à des sujets de plainte. Seront exclus *ipso facto* ceux qui auraient subi une condamnation à une peine afflictive ou infamante.

ART. 46.

Les membres de la Commission internationale ainsi que les agents nommés par elle auront le droit de visiter les agences et dépôts de la Société et de s'assurer de leur fonctionnement régulier.

ART. 47.

Le Commissaire Royal, nommé par le Gouvernement auprès de la Commission internationale, pourra assister aux séances du Conseil d'administration et de l'assemblée générale des actionnaires de la Société et se faire communiquer les différents registres et documents ainsi que la correspondance.

ART. 48.

En cas de dissolution de la Société, la Commission internationale prendra immédiatement les mesures qu'elle jugera nécessaires pour sauvegarder les droits et intérêts qui lui sont confiés.

Elle pourra également prendre toutes les mesures qu'elle jugera convenables en vue de surveiller la liquidation et désigner, si ses intérêts l'exigent, un de ses membres en qualité de co-liquidateur.

ART. 49.

Dans le cas où la Société aurait des réclamations à élever contre la Commission internationale, elle devrait se conformer aux dispositions de l'article 33 de la loi de contrôle.

Elle ne pourra en aucun cas assigner la Commission internationale devant les tribunaux ordinaires du pays.

CHAPITRE IX.

DISPOSITIONS FINALES.

ART. 50.

Les Statuts de la Société de régie des Monopoles de Grèce sont modifiés et remplacés par les présents à dater de l'entrée en vigueur de la loi sur le contrôle.

ART. 51.

La convention ci-après, conclue entre M. le Ministre des finances et le Président du Conseil d'Administration de la Société de régie des Monopoles de Grèce et composée de 47 articles, est approuvée dans toutes ses parties et dans toute sa teneur. Elle entrera en vigueur en même temps que les présents Statuts dont elle est considérée comme faisant partie intégrante.

DISPOSITION TRANSITOIRE.

ART. 52.

Les actionnaires de la Société seront convoqués en assemblée générale, dans le mois de mars 1898, conformément aux dispositions des articles 24 à 34 pour approuver, s'il y a lieu, le bilan de l'exercice de l'année 1897 de la Société de régie des Monopoles de Grèce.

(*Suivent les signatures.*)

PROJET DE CAHIER DES CHARGES
DE LA SOCIÉTÉ DE RÉGIE DES REVENUS
AFFECTÉS AU SERVICE
DE LA DETTE PUBLIQUE HELLÉNIQUE.

A Athènes, cejourd'hui, M. *Etienne Streit*, Ministre des finances, agissant comme représentant de l'État, et M. *Georges Athénogènes*, Président du Conseil d'administration de la Société de régie des Monopoles de Grèce, comme représentant de cette Société,

Ont convenu ce qui suit, en exécution de l'article 14 de la Loi du . . . . relative au Contrôle international.

ARTICLE PREMIER.

La *Société de régie des Monopoles de Grèce*, qui prend désormais le nom de *Société de régie des Revenus affectés au service de la Dette publique hellénique*, continuera à régir, aux conditions suivantes et conformément à la loi relative au Contrôle international et à ses propres statuts, le sel, le pétrole, les cartes à jouer, les allumettes, le papier à cigarettes et l'émeri de Naxos, monopoles donnés en garantie en vertu de la loi du contrôle.

La même Société est chargée, aux clauses ci-après, de la perception des recettes également affectées à provenir des droits sur le tabac, de la vente du papier timbré et des timbres mobiles et des droits d'importation spécifiés par les articles 11 et 12 de la loi du contrôle.

ART. 2.

La Société est obligée de prendre livraison dans les salines, aux époques habituelles de la livraison, du sel qui s'y produit chaque année, ainsi que du sel spontanément formé dans quelques-unes de ces salines et recueilli par les employés nommés à cet effet par le Ministre des finances, en présence d'un préposé de la Commission internationale, dans le cas où elle le jugerait nécessaire.

Le sel dont il est pris livraison par la Société ne doit pas être à l'état humide.

Le sel qui pourrait être clandestinement produit ou recueilli est saisi et transporté aux dépôts de la Société par ceux qui en ont pris possession en vertu de la saisie et livré aux agents de la Société. Procès-verbal est dressé de la livraison et copie en est adressée par la Société à la Commission internationale.

ART. 3.

Le sel qui, au jour fixé pour l'entrée en vigueur de la présente convention, se trouvera dans les dépôts de l'État établis aux salines, sera constaté par les employés nommés à cet effet par le Ministre des finances et par un représentant de la Société, en présence d'un préposé de la Commission internationale, si celle-ci le juge nécessaire.

ART. 4.

Les frais de pesage et de livraison du sel dans les salines, les frais d'emmagasinage dans les dépôts généraux de la Société établis et les frais de préservation du sel en monceaux, dans les cas où il ne peut être emmagasiné, sont à la charge de l'État jusqu'à la réception du sel par la Société.

ART. 5.

Le sel à livrer par l'autorité doit être de bonne qualité et propre à l'usage habituel.

Le sel de mauvaise qualité sera détruit par l'autorité, conformément au décret Royal en date du 24 juin 1886 « sur la destruction du sel de mauvaise qualité se trouvant dans les dépôts », après avis préalable donné à la Commission internationale pour qu'elle assiste, si elle le juge nécessaire, à cette destruction.

Si le représentant de la Société déclare que le sel à livrer se trouve à l'état humide, avis en est donné au Ministre des finances, qui ordonne, ou l'ajournement de la livraison, ou la nomination d'experts pour décider si le sel doit être livré ou si la livraison doit être ajournée. L'un des experts est nommé par le Ministère des finances ou par une des autorités publiques ayant mandat à cet effet, et l'autre par le représentant de la Société.

Si le représentant de la Société ne nommait pas d'expert, ou si l'expert nommé ne se présentait pas pour l'exécution de son mandat aux jour et heure fixés par le représentant de l'État, le second expert serait nommé par le juge de paix compétent.

En cas de désaccord entre les experts, il est nommé un tiers expert par le Président du tribunal de première instance compétent, et ce tiers expert décide en dernier ressort.

Les rapports d'expertise sont rédigés sur les lieux.

Les dépôts de sel de l'État sont placés sous la double garde du Gouvernement et de la Société.

ART. 6.

Il est dressé, pour chaque dépôt, procès-verbal des livraisons effectuées en conformité des dispositions précédentes.

Ce procès-verbal, signé par le fonctionnaire nommé par le Ministre des finances, par le représentant de la Société, ainsi que par l'agent de la Commission internationale qui aurait assisté à la livraison, énonce distinctivement pour chaque dépôt ou chaque monceau le poids en ocques des quantités livrées, et les scellés sont apposés sur chaque dépôt ou chaque monceau.

La Société est débitée provisoirement envers l'État de la quantité de sel dont elle a ainsi pris livraison, et devient responsable de sa valeur, sauf le cas de dommage survenu au sel emmagasiné dans les dépôts centraux de la Société sans négligence ou faute imputable à l'Administration, lequel dommage serait constaté par l'autorité financière la plus voisine et par le juge de paix dans le ressort duquel se trouve le dépôt.

Les représentants de la Société ne pourront se servir en même temps, pour la vente ou pour l'expédition du sel à ses dépôts spéciaux, de plus d'un dépôt ou monceau de chaque saline.

ART. 7.

Les représentants de la Société chargés de la gestion du sel dans les dépôts centraux établis aux salines doivent faire connaître par écrit au Commissaire des finances dans le ressort duquel est situé le dépôt le prochain épuisement des dépôts ou monceaux de sel, par suite de la vente ou des expéditions aux dépôts spéciaux de la Société, afin qu'il puisse assister à la levée des scellés d'un autre dépôt ou monceau de ceux qui leur sont provisoirement livrés, aux termes de l'article précédent, et constater en même temps le dommage qui serait survenu au monceau ou au dépôt dont on enlève les scellés, en rechercher la cause et en déterminer le montant.

En cas de désaccord, le représentant de la Société a le droit de provoquer une expertise, qui aura lieu dans les conditions prévues par l'article 5 de la présente convention.

Si le Commissaire des finances ou l'employé désigné par le Ministre des finances à cet effet ne se présente pas dans les deux jours de l'avis à lui donné, la levée des scellés se fait par le représentant de la Société, s'il juge que le sel y contenu n'a subi aucun dommage. Dans le cas contraire, il provoque la constatation du dommage, conformément aux dispositions des articles 257 et suivants du Code de procédure civile relatifs à la preuve conservatoire.

Cette constatation a force obligatoire.

Ces mêmes représentants doivent, à la fin de chaque mois, soumettre au Commissaire des finances compétent un état des quantités de sel vendues ou transférées dans les dépôts spéciaux, avec mention des dépôts ou des monceaux dont le sel aura été enlevé.

Le Commissaire des finances, ainsi que tout employé nommé spécialement à cet effet par le Ministre des finances, a le droit de contrôler ces états ainsi que la comptabilité des dépôts centraux de sel.

ART. 8.

La vente du sel dans les dépôts centraux et son transfert dans les dépôts spéciaux de la Société pour y être emmagasiné, puis vendu, se font par ses soins et à ses frais, sans que l'État ait à contribuer à ces frais. Il devra seulement pourvoir à la garde par la force armée des dépôts de sel, afin d'en assurer la sécurité et le bon ordre.

ART. 9.

Le droit de commission consenti à la Société pour le transport, la vente et la gestion du sel est fixé à cinq centimes par ocque sur les quantités vendues dans les dépôts centraux ou spéciaux. Elle n'a droit à aucune autre indemnité pour ses dépenses de prise de livraison, transport, vente, déchet du sel, loyer des dépôts et autres frais.

ART. 10.

Tout transport de sel pour compte de la Société, effectué par mer ou par terre des dépôts centraux aux dépôts spéciaux ou des dépôts spéciaux à d'autres dépôts, également spéciaux, doit être accompagné d'un passavant.

Ce passavant est établi par les représentants de la Société chargée de la gestion des dépôts et détaché d'un livre à souche parafé par le Commissaire des finances compétent et par le fonctionnaire désigné à cet effet par le Ministre des finances; il indique la quantité de sel expédiée ainsi que le nom du bateau et du capitaine, si le transport se fait par mer, ou celui du voiturier, si le transport se fait par voie de terre.

ART. 11.

Dans les dépôts centraux il est tenu deux registres, dont l'un constate les expéditions ou les transferts quotidiens du sel dans les dépôts spéciaux, et l'autre sa vente quotidienne. Ces livres sont clôturés à la fin de chaque mois et présentés au contrôle de l'autorité compétente.

ART. 12.

Dans les provinces des départements de Corfou et de Zante, de même que dans l'île de Cérigo, il ne sera pas créé pour le moment de dépôt de sel, mais la Société prend l'engagement d'en créer, lorsqu'elle y sera invitée par le Ministre des finances. Sur la quantité de sel pris dans les dépôts centraux de Leucade, la Société s'oblige, conformément à l'article 3 de la loi XKΘ' « sur l'assujettissement des salines de Leucade au monopole de l'État », à livrer des quantités pouvant s'élever jusqu'à 275,000 ocques par an, au prix de cinq centimes l'ocque pour le compte de l'État, plus deux centimes par ocque pour le compte des communes.

La rémunération de la Société sur ces quantités est fixée à un centime par ocque.

ART. 13.

Lorsque la Société cessera d'administrer le sel conformément aux dispositions contenues dans l'article 14 de la loi du contrôle, dans la présente convention, ainsi que dans les statuts auxquels elle est annexée, le sel qui se trouvera dans les dépôts spéciaux sera remis à l'État moyennant payement à la Société de cinq centimes par ocque.

Si la quantité de sel emmagasinée dans les dépôts spéciaux situés dans le rayon de deux kilomètres d'un port dépasse le chiffre fixé par l'article 24, l'État n'aura à payer pour ce surplus qu'un centime par ocque.

Le sel conservé dans les dépôts centraux sera également remis à l'État, et la Société aura l'obligation de rembourser au prix fixé pour la vente toute perte provenant de déchet ou de toute autre cause.

ART. 14.

L'État peut excepter de la livraison à la Société les quantités de sel exportées hors de l'État, d'après les lois en vigueur, ainsi que les quantités de sel fournies pour l'usage industriel et agronomique, après avoir été dénaturé, conformément aux dispositions de la loi AΦB' du 28 mai 1887 « sur le sel à l'usage industriel et agronomique ».

La Commission internationale peut assister, si elle le veut, à la livraison du sel destiné à l'exportation; elle peut également assister à la dénaturation du sel livré pour l'usage industriel et agronomique.

ART. 15.

L'usage des dépôts et autres bâtiments appartenant à l'État, à l'exception de ceux destinés à l'habitation du personnel de l'exploitation, est laissé à la Société à titre gratuit, avec obligation, de la part de cette dernière, de les restituer à l'État en bon état de conservation, lorsqu'elle cessera d'administrer le sel.

ART. 16.

Dans le cas où les quantités de sel produites dans toutes les salines exploitées par l'État ne suffiraient pas aux besoins de la consommation dans le pays, l'État, après avis préalable de la Société, devrait se procurer du sel par tel moyen qu'il jugerait convenable et le livrer à la Société dans les dépôts centraux deux mois avant l'époque prévue de l'épuisement du sel produit par les salines du pays.

Dans le cas où la livraison de ce sel ne serait pas faite en temps utile, la Société aurait le droit de pourvoir aux frais de l'État à l'approvisionnement du sel nécessaire pour la consommation publique jusqu'à la nouvelle récolte.

Dans le cas d'importation de sel, la Commission internationale sera informée de la quantité du sel introduit.

ART. 17.

Si, d'une façon quelconque, il est introduit par fraude dans les dépôts centraux ou spéciaux de la Société, ou s'il est vendu par ses agents du sel non livré par l'État, la Société, sans préjudice des poursuites édictées par la loi contre ses employés ou agents, sera soumise à une amende égale au double de la valeur du sel introduit ou vendu par fraude. Cette amende sera imposée à la Société par décision du Ministre des finances et sans aucune intervention judiciaire.

ART. 18.

La Société, avec l'approbation de la Commission internationale, adresse aux fournisseurs les commandes d'allumettes, de cartes à jouer, et de papier à cigarettes, conformément aux marchés conclus à cet effet par le Gouvernement, d'accord avec la Commission internationale.

La livraison de ces articles à la Société se fait en présence des représentants du Gouvernement et de la Commission internationale et procès-verbal est dressé de l'opération. La Société est débitée de la valeur des articles livrés.

La Société, après avoir pris ainsi livraison, fournit ses dépôts spéciaux d'allumettes et de cartes à jouer pour la vente aux consommateurs et délivre aux caissiers de l'État, moyennant payement anticipé, le papier à cigarettes tel qu'elle le reçoit, en caisses ou en paquets de cent cahiers chacun, conformément à l'article 37 de la présente convention.

ART. 19.

Le pétrole destiné aux dépôts spéciaux est livré à la Société, sur sa demande, contre récépissé, dans les dépôts de l'État existant pour cet article, tel qu'il s'y trouve renfermé, dans des caisses en bon état et munies de l'estampille légale. Il ne peut être transporté dans les dépôts spéciaux qu'accompagné d'un certificat du gérant du dépôt de l'État.

La Société est débitée provisoirement, au vu de ses récépissés, du pétrole par elle reçu.

Le Ministre des finances peut changer, après entente préalable avec la Société, notifiée à la Commission internationale, le siège des dépôts de pétrole appartenant à l'État.

ART. 20.

Dans le cas où la réserve du pétrole existant dans les dépôts serait insuffisante pour les besoins de la consommation trimestrielle et où l'État, un mois au plus tard après l'invitation que la Société lui aurait adressée à cet effet, n'aurait pas pris des mesures pour renouveler ou compléter l'approvisionnement nécessaire, la Société y pourvoirait elle-même, aux frais de l'État, après entente avec la Commission internationale et notification au Gouvernement du contrat d'achat.

Le pétrole ainsi acheté doit, dès son arrivée en Grèce, être livré par les soins de la Société du navire aux dépôts de l'État.

ART. 21.

La Société devra déclarer les quantités de pétrole, d'allumettes et de cartes à jouer qui se trouveront invendus dans ses dépôts ou qui seront en cours d'expédition au jour qui, conformément à la présente convention, sera fixé pour le commencement du service de la Société pour le compte du Contrôle international. Cette déclaration devra être consignée dans des procès-verbaux qui seront rédigés avec le concours des autorités désignées à cet effet par le Ministre des finances.

ART. 22.

Le droit de commission consenti à la Société pour la gestion et la vente du pétrole, des cartes à jouer et des allumettes est fixé à 2 p. 0/0 sur le prix de vente de ces articles.

Elle a droit, à titre d'indemnité, pour la prise de livraison des dépôts, le transport aux dépôts spéciaux, les loyers des dépôts et le déchet : pour le pétrole, à 5.25 p. 0/0 et, pour les cartes à jouer et les allumettes, à 2 p. 0/0 sur les prix de vente.

Le dommage causé à la Société par le bris des vases pendant le transport et l'écoulement du pétrole est évalué à 1 p. 0/0.

L'indemnité due de ce chef à la Société lui est payée de la même façon que les autres sommes auxquelles elle a droit.

ART. 23.

La Société doit avoir, dans les cent quarante villes et bourgs mentionnés dans le tableau annexé à la présente convention, des dépôts pour la vente du pétrole, des allumettes, des cartes à jouer et du sel.

Aucun changement ne pourra être apporté à ce tableau qu'avec le consentement du Gouvernement et de la Commission internationale. Les dépôts situés dans les salines ne sont pas compris dans le chiffre susmentionné.

La Société peut toutefois, si elle le juge utile, créer et entretenir des dépôts similaires dans d'autres villes ou bourgs, après avis préalable au Ministre des finances et à la Commission internationale.

ART. 24.

La Société doit pourvoir ses dépôts spéciaux d'approvisionnements suffisants aux besoins des acheteurs et, de plus, avoir en réserve dans chaque dépôt spécial la quantité de chaque article de monopole exigée par le tableau ci-annexé.

ART. 25.

Le Ministre des finances modifiera, soit d'office, soit sur la demande de la Commission internationale, d'après les besoins constatés de la consommation, le montant de la réserve dont il est parlé dans l'article précédent.

ART. 26.

La vente dans les dépôts centraux ou spéciaux du sel et des autres articles du monopole, savoir : du pétrole, des allumettes et des cartes à jouer, se fait aux prix fixés par les lois en vigueur.

Le pétrole se vend par boîte ou au moins par bidon, les allumettes dans des boîtes et les cartes à jouer en paquets.

ART. 27.

Dans les dépôts spéciaux, il est tenu deux registres pour l'entrée et la sortie des articles du monopole; dans ces livres sont inscrites, dans des comptes séparés pour chacun de ces articles, une par une, les ventes opérées.

Ces livres sont clôturés à la fin de chaque mois et présentés au contrôle de l'autorité compétente.

ART. 28.

La Société doit communiquer au Ministre des finances, à la Commission internationale et aux autorités du lieu, les noms de ses agents dans chaque dépôt, et leur donner notification de tout changement qui pourrait se produire relativement à ses agents ou à ses dépôts.

Aucun changement ne peut avoir lieu tant qu'il n'a pas été notifié au Gouvernement et à la Commission internationale.

ART. 29.

Si, dans un ou plusieurs dépôts, la réserve d'un des articles des monopoles se trouvait diminuée par n'importe quelle cause et si, dans les quinze jours, la Société, par sa faute, n'avait pas pourvu ces dépôts au moyen de nouveaux envois, elle serait soumise envers l'État à une amende de 25 à 200 drachmes, qui lui serait imposée par le Ministre des finances sans aucune intervention judiciaire.

Si, dans les dix jours après que la première amende lui aura été infligée, la Société n'a pas pourvu à la fourniture du dépôt, l'État, après notification à la Commission internationale, imposera à la Société une nouvelle amende de 200 à 500 drachmes.

Si, par procès-verbal, revêtu des signatures du Commissaire des finances compétent, de l'autorité administrative compétente et du Président du tribunal de première instance ou du juge de paix dans les localités où il n'existe pas de tribunal de première instance, il est constaté que l'agent d'un dépôt spécial refuse la vente des articles du monopole ou y apporte de la mauvaise volonté, il devra être procédé à son remplacement dans les dix jours de l'application de l'amende à la Société. Faute par la Société d'avoir obéi à cette prescription, le Ministre des finances peut, après entente avec la Commission internationale, autoriser la vente des articles du monopole par les soins d'un employé de l'État qui sera rémunéré à la charge de la Société, à raison de 0 fr. 02 par ocque de sel vendu et de 0 fr. 25 par cent drachmes sur les recettes provenant de la vente des autres articles du monopole. Cet employé devra verser ses recettes dans la caisse de la Société et sera soumis vis-à-vis de la Commission internationale aux mêmes obligations que les agents de la Société.

ART. 30.

Tout refus de vendre des articles du monopole, toute vente d'articles falsifiés, toute vente dans des conditions différentes de celles qui sont déterminées par la loi ou à des prix supérieurs à ceux fixés, sera passible d'une amende de 25 à 1,000 drachmes, qui sera infligée à la Société par le Ministre des finances soit d'office, après notification à la Commission internationale, soit sur la demande de celle-ci, sans aucune intervention judiciaire.

ART. 31.

Pour toute falsification avérée de la qualité du sel et pour toute augmentation artificielle du poids de sel par le fait de ses agents, la Société payera une amende de 25 à 1,000 drachmes, qui lui sera infligée par le Ministre des finances. Le sel falsifié sera détruit et procès-verbal sera dressé de l'opération.

L'examen de la qualité du sel s'effectue, soit d'office, soit à la demande de la Commission internationale, par la comparaison avec les échantillons qui sont pris dans les dépôts centraux au moment des livraisons qui leur sont faites et qui, après avoir été scellés par les représentants du Ministre des finances et par ceux de la Société, sont conservés au Ministère des finances.

ART. 32.

Les représentants de la Société gérant les dépôts spéciaux doivent chaque mois soumettre au Ministre des finances et à la Commission internationale, par l'entremise de la Direction de la Société, un état constatant le mouvement de chaque dépôt spécial pendant le mois précédent, ainsi que le solde en magasin.

Les agents qui ne produiraient pas cet état ou qui ne l'adresseraient pas dans le délai fixé seront passibles d'une amende de 150 drachmes perçue au profit de l'État et prononcée par le Ministre des finances sans aucune intervention judiciaire.

La Société est responsable du payement de cette amende.

ART. 33.

Les contraventions aux clauses de la présente convention sont constatées par procès-verbal de l'autorité judiciaire ou financière compétente ou de tout autre fonctionnaire nommé à cet effet par le Ministre des finances.

Les agents de la Commission internationale pourront requérir le concours des autorités ci-dessus désignées pour faire constater par procès-verbal les contraventions qu'ils auraient à signaler.

Les procès-verbaux sont adressés au Ministère des finances et le Ministre, au vu de leur contenu, après avoir demandé les explications de la Société et pris tous autres renseignements, décide, après entente avec la Commission internationale, s'il y a lieu d'appliquer la clause pénale et l'amende, qui est alors recouvrée suivant les règles générales de la perception des recettes de l'État, ou de prendre telle autre mesure prévue par la convention.

ART. 34.

La Société encaisse le prix de vente de l'émeri de Naxos. Les ordres de livraison seront délivrés par le Gouvernement au vu du récépissé de la Société; la Société se fait représenter à Naxos à l'effet de surveiller le pesage et la livraison des quantités vendues; la Commission internationale pourra contrôler l'exploitation de l'émeri.

ART. 35.

Les articles cédés à la Société des Monopoles ne sont pas soumis aux droits de douane, d'octroi, de port ni à aucune autre taxe à raison de leur transport par la Société dans ses dépôts spéciaux.

ART. 36.

Le Ministre des finances communiquera à la Société les contrats qui seront conclus pour la fourniture des allumettes, des cartes à jouer et du papier à cigarettes. La Société devra, pour toute commande faite en vertu de ces contrats, obtenir au préalable l'assentiment de la Commission internationale, en donner avis au Ministère et payer à temps le prix d'achat et les autres frais relatifs à ces articles. Elle payera également les frais d'approvisionnement du papier timbré et des timbres mobiles, des timbres spéciaux de douanes, des banderoles de tabac et des estampilles sur les ordres qui seront concertés à ce sujet entre le Gouvernement et la Commission internationale.

ART. 37.

Les estampilles pour allumettes et cartes à jouer, les papiers timbrés, les timbres mobiles, les timbres spéciaux pour droits de douane, les banderoles de tabac après constatation de leur quantité et de leur valeur nominale par les représentants de l'État et de la Commission internationale, au moment de leur livraison dans le Royaume, sont conservés dans le dépôt de la Commission internationale, lequel est placé sous la garde du Gouvernement hellénique.

En adressant les commandes aux fabriques chargées de la confection des allumettes et des cartes à jouer, la Société leur délivrera, après les avoir reçues du dépôt ci-dessus mentionné, les quantités d'estampilles nécessaires pour être apposées sur les boîtes d'allumettes ou paquets de cartes qui seront l'objet de la commande.

A la demande du Gouvernement, elle recevra du même dépôt les espèces et quantités de papiers timbrés, de timbres mobiles et de banderoles de tabac nécessaires à la consommation.

Elle sera débitée de la valeur nominale de chaque livraison et elle fournira à ces dépôts spéciaux les espèces et quantités demandées par le Gouvernement. Elle fera livraison de ces articles aux caissiers publics contre payement anticipé.

La livraison à la Société des timbres spéciaux de douane sera faite du même dépôt par la Commission internationale à la Société, en présence d'un représentant du Gouvernement, et constatée par un procès-verbal en triple expédition. La Société sera débitée de la valeur nominale de ces timbres spéciaux, que ses agents seront chargés de vendre aux importateurs contre payement comptant aux guichets des douanes dont les revenus sont affectés.

La perception des droits d'importation de la douane du Pirée par la Société commencera à la date prévue par la loi du contrôle; celle des autres douanes visées par l'article 12 de la loi du contrôle serait appliquée successivement dans les cas et aux conditions prévus par le même article.

ART. 38.

Les recettes concentrées dans la caisse de la Société devront être mises à la disposition du Contrôle chaque semaine, ou plus tôt, si elles atteignent la somme de 500,000 drachmes. Les quittances délivrées à la Société seront établies sur des formules dont le modèle sera arrêté par le Ministre des finances de concert avec la Commission internationale.

La Société sera autorisée à retenir sur le montant de son encaisse les sommes qu'elle aura à payer pour achat d'articles de monopoles, plus une somme fixée à 5 p. o/o de l'encaisse, à valoir sur les commissions qui lui sont attribuées par la présente convention.

La Société présentera dans le courant de chaque mois à la Commission internationale le compte définitif de toutes ses opérations pour le mois précédent et opérera immédiatement le versement du solde restant dû au Contrôle international.

Si le versement ainsi opéré par la Société n'atteignait pas le solde établi à sa charge par la Commission internationale, cette dernière pourrait, après avis donné à la Société et sous réserve de l'application des dispositions de l'article 33 de la loi sur le contrôle, réaliser la différence sur les valeurs de la Société qui lui sont affectées à titre de cautionnement.

ART. 39.

La Société devra soumettre dans le courant de chaque mois au Ministère des finances et à la Commission internationale un compte général en matières et en deniers de son administration pendant le mois précédent, savoir :

COMPTE EN MATIÈRES.

Entrée.

I. Le solde existant en nature dans ses dépôts au premier jour du mois précédent en sel, pétrole, allumettes, cartes à jouer, papier à cigarettes, papier timbré, timbres mobiles, banderoles de tabac, timbres spéciaux de douane et estampilles.

II. Quantités des articles susindiqués, livrées à la Société d'après les clauses de la présente convention pendant le mois dont il s'agit.

III. Le montant total du débit en matières à la fin du mois.

Sortie.

IV. Les quantités vendues des mêmes articles, les quantités livrées à l'État contre payement anticipé, ainsi que les quantités d'estampilles envoyées aux fabriques pour être appliquées sur les boîtes d'allumettes et paquets de cartes à jouer.

V. Les décharges de la Société approuvées par le Ministre des finances, de concert avec la Commission internationale, pour pertes d'articles susmentionnés, par suite de force majeure.

VI. Le solde résultant de la balance entre les entrées et les sorties.

COMPTE EN DENIERS.

Débit.

I. Le solde en argent resté au débit de la Société par suite de l'administration du mois antérieur.

II. Les encaissements opérés dans le mois pour chacun des articles soumis à l'administration de la Société.

Crédit.

I. Le montant des versements effectués pendant le mois à la Commission internationale.

II. Les avances faites en vertu de l'article 36.

III. Les sommes retenues par la Société pour les droits de commission et indemnités qui lui sont dues, d'après la présente convention, sur les ventes réalisées et recettes perçues dans le mois précédent.

IV. Le solde débiteur résultant de la balance entre le débit et le crédit.

Cet état est contrôlé par le Ministère des finances et par la Commission internationale.

Le Ministère des finances et la Commission internationale se communiqueront réciproquement, dans le mois qui suivra la réception de chaque compte général, le résultat de leur examen et en informeront la Société.

ART. 40.

Le Ministre des finances se réserve le droit de demander à la Société toutes les pièces justificatives qui lui seront nécessaires pour le service de la comptabilité de l'État.

ART. 41.

Sur les recettes provenant du prix du papier timbré, des timbres mobiles, des banderoles de tabac, des timbres spéciaux de douane, du papier à cigarettes et de l'émeri de Naxos, il est accordé à la Société, indépendamment de ses droits de commission et d'indemnités dont il est parlé aux articles 9, 12 et 22 de la présente convention, 1/3 p. 100 à titre de rémunération pour ses services et d'indemnité pour loyers de dépôts, frais de transports et pertes par suite d'administration.

ART. 42.

La Société cessera de jouir des franchises qui lui avaient été accordées à l'époque de sa constitution. Elle sera à l'avenir soumise à tous les impôts et droits auxquels les lois existantes soumettent les sociétés anonymes. Mais la franchise postale et télégraphique lui est accordée pour toutes les opérations de son service. Elle sera, en outre, exempte des droits de timbre pour la correspondance, comptes et autres actes qu'elle aura à adresser au Gouvernement ou aux autorités publiques.

ART. 43.

En vertu de l'article 25 du décret Royal du 9 décembre 1884, les employés et agents de la Société dans l'exercice de leurs fonctions sont assimilés aux fonctionnaires publics.

ART. 44.

Sur le capital de la Société, deux millions de francs effectifs seront convertis, après entente avec la Commission internationale, en valeurs de l'État hellénique payables en or et formeront la garantie de la Société vis-à-vis du Contrôle international. Les titres qui représenteront cette somme seront déposés à l'étranger dans un ou plusieurs établissements désignés par la Commission.

Les deux millions formant le reste du capital social seront placés en valeurs de l'État hellénique et formeront la garantie de la Société vis-à-vis du Gouvernement. Les titres qui représenteront cette somme seront déposés dans l'établissement désigné par le Gouvernement.

ART. 45.

Si le bénéfice industriel de l'année dépasse 7 p. o/o du capital social, le surplus sera partagé, conformément à l'article 36 des statuts, par moitié entre le Gouvernement et les actionnaires.

ART. 46.

La Convention en date du 3/15 janvier 1888 est abrogée et remplacée, à partir de l'entrée en vigueur de la loi du contrôle, par la présente convention.

ART. 47.

La présente convention, les statuts ainsi que les trente-deux mille actions à émettre sont exempts de tous droits.

(*Suivent les signatures.*)

ANNEXES

AU RAPPORT DE LA COMMISSION.

ANNEXE N° 1.

NOTE
SUR LES RECETTES DE L'ÉTAT HELLÉNIQUE.

OBSERVATIONS PRÉLIMINAIRES.

Les recettes de l'État hellénique sont réparties par le budget entre douze chapitres, savoir :

Chapitre I. Impôts directs.
——— II. Douanes et impôts de consommation.
——— III. Timbre et taxes diverses.
——— IV. Monopoles.
——— V. Revenus des domaines.
——— VI. Produits des aliénations domaniales.
——— VII. Recettes en atténuation de dépenses.
——— VIII. Recettes accidentelles.
——— IX. Droits des phares.
——— X. Taxes télégraphiques appartenant à des Compagnies étrangères.
——— XI. Contributions des monastères pour l'instruction publique.
——— XII. Part contributive des communes aux dépenses de la police.

Pour l'étude de ces diverses branches de revenus, la Commission s'est divisée en trois Sous-Commissions.

La première, composée de MM. de Suzzara et Law, s'est occupée spécialement des chapitres I et VII à XII.

La seconde, composée de MM. Testa et Smirnow, des chapitres II et III.

La troisième, composée de MM. Dubois de l'Estang et Bodio, des chapitres IV, V et VI.

Les Sous-Commissions ont fait de nombreux emprunts aux rapports rédigés en 1893 par M. Georges Roux, Inspecteur général des finances, délégué en Grèce par le Gouvernement français, ainsi que par M. le major Law, secrétaire de la Légation britannique pour affaires de commerce et de finances.

CHAPITRE I.

IMPÔTS DIRECTS.

ASSIETTE ET PERCEPTION EN GÉNÉRAL.

La constatation et l'assiette de l'impôt direct sont confiées, dans chaque province, à un Commissaire des finances appelé : *Οἰκονομικὸς ἔφορος*, et le recouvrement est effectué par des percepteurs placés sous les ordres d'un Caissier, chef de service. Les impôts sont perçus en général au moyen de rôles dressés par le Commissaire, d'après les déclarations que les contribuables sont tenus de faire dans les mairies.

Le Commissaire fait effectuer des recensements pour contrôler l'exactitude des déclarations.

Si le Commissaire a des raisons de supposer que la déclaration n'est pas sincère, il dresse un acte qui est signifié au contribuable. Celui-ci peut réclamer dans un délai de vingt jours devant le juge de paix qui prononce sans appel; si le contribuable est condamné, il doit payer double taxe.

Les rôles sont transmis au Caissier, qui peut y opérer lui-même les rectifications qu'il juge nécessaires et qui les transmet ensuite au Ministère des finances.

Les rôles une fois dressés d'une façon définitive, le contribuable a ordinairement un délai de six mois pour s'acquitter. Ce délai expiré, l'impôt est augmenté de 20 p. o/o, plus un intérêt de retard de 8 p. o/o à partir de la date de l'exigibilité.

En cas de non-payement, le Caissier peut procéder à la vente des immeubles du débiteur, ou le faire arrêter et garder en prison.

L'emprisonnement est suspendu pendant les quinze jours qui précèdent et les huit jours qui suivent les élections.

Il n'existe pas encore de cadastre en Grèce et, par suite, il n'y a pas d'impôt foncier proprement dit.

On y supplée, en partie, au moyen de taxes ou impôts particuliers qui frappent les animaux servant à l'agriculture et une série de produits agricoles. Plusieurs de ces taxes sont perçues par la douane à l'exportation.

Si on envisage ces impôts dans leur ensemble, on arrive aisément à reconnaître que leur base est encore primitive et que, par contre, leur application est trop compliquée pour les moyens administratifs dont dispose actuellement le pays.

En effet, l'assiette de la plus grande partie des impôts directs, surtout de ceux qui sont destinés à remplacer l'impôt foncier, est encore fondée sur le système en vigueur avant l'établissement du Royaume.

Le Gouvernement a fait, il est vrai, quelques efforts pour y introduire des améliorations; mais, soit qu'il n'ait pas voulu heurter les habitudes du pays, soit qu'il n'ait pas pu, pour des raisons parlementaires, remédier aux vices de la situation, la Grèce est encore loin des principes généralement reconnus et adoptés dans les autres pays.

La constatation des impôts est d'une extrême complication.

Tout y est déféré aux recensements des agents du fisc et à l'avis d'innombrables commissions. Ces modalités sont loin d'offrir une garantie absolue d'impartialité.

Il est généralement admis que l'assiette des impôts est le champ où s'exercent de la manière la plus sensible les influences politiques, influences auxquelles les employés de l'État eux-mêmes, mal rétribués et dépourvus de garanties pour leur avenir, ne réussissent pas toujours à se soustraire. La lenteur des opérations de constatation, conséquence fatale de tout le système, entraîne de longs retards dans la perception des impôts, au détriment évident, non seulement du fisc qui n'encaisse pas ses revenus à temps, mais aussi du contribuable qui se voit quelquefois dans la nécessité de payer plusieurs termes à la fois.

Par suite de ces retards inévitables, l'exercice du budget grec s'étend à une période de vingt-deux mois, du 1er janvier au 31 octobre de l'année suivante; ce qui ne peut manquer de créer des difficultés dans la comptabilité.

Il n'a pas été possible à la Commission, dans le temps dont elle disposait, de pénétrer dans tous les détails des finances helléniques, d'autant plus que les travaux de la Cour des comptes sont en retard de près de dix ans.

Mais, pour se convaincre des défectuosités que présente la législation sur les impôts directs ainsi que l'application qui en est faite, il suffit de jeter un coup d'œil sur le tableau ci-annexé qui fait ressortir l'ensemble des arriérés sur impôts et revenus publics.

De 1892 à 1896 inclusivement, c'est-à-dire dans un espace de cinq ans seulement, il y a eu 48,651,165 drachmes d'arriérés sur constatations, Sur cette somme, le Gouvernement a encaissé, pendant la même période, 16,664,913 drachmes. Il reste, par conséquent, 31,986,252 drachmes d'impôts non perçus, et cette somme s'augmente chaque année d'une moyenne de 6,594,504 drachmes.

TABLEAU INDIQUANT LES ARRIÉRÉS DES EXERCICES 1892-1896, ET LES ARRIÉRÉS PERÇUS DURANT CES MÊMES EXERCICES.

CLASSIFICATION.	1892.			1893.			1894.		
	ARRIÉRÉS sur les constatations.	ARRIÉRÉS perçus.	RESTE.	ARRIÉRÉS sur les constatations.	ARRIÉRÉS perçus.	RESTE.	ARRIÉRÉS sur les constatations.	ARRIÉRÉS perçus.	RESTE.
	drachmes.	drachmes.	drachmes.	drachmes.	drachmes.	drachmes.	drachmes.	drachmes.	drachmes.
Impôt foncier sur les animaux de labour	278,032	153,071	324,961	489,479	152,774	336,705	589,184	127,525	461,659
Impôt foncier sur les potagers et les pâturages	135,280	-	135,280	123,223	-	123,223	132,133	-	132,133
Impôt foncier sur l'huile	1,147	-	1,147	19,333	-	19,333	2,955	-	2,955
Impôt foncier sur le vin	492,390	129,588	362,802	611,280	135,318	475,962	863,116	137,169	725,947
Impôt sur les bestiaux	579,317	160,197	419,120	477,712	173,336	304,376	571,359	118,800	452,559
Impôt sur les patentes	1,368,109	683,850	684,259	1,463,954	1,052,855	411,099	1,533,611	263,750	1,269,861
Impôt sur les édifices	484,119	656,260	172,141	584,711	366,344	218,367	615,115	284,129	330,986
Impôt sur le revenu net des sociétés anonymes	-	-	-	11,900	-	11,900	-	-	-
Usufruit du domaine de l'État	115,563	32,357	83,206	125,633	23,863	101,770	92,096	19,100	72,986
Versements provisoires et définitifs sur aliénation de terrains et plantations de l'État	1,808,815	427,991	1,410,819	2,250,518	373,605	1,876,913	2,079,532	291,530	1,788,002
Taxes pénales, frais et amendes	728,121	236,630	491,491	1,060,912	207,640	853,272	1,346,210	204,373	1,141,837
Contributions des monastères pour l'instruction primaire	798,389	-	798,389	604,497	235,196	369,301	506,940	307,966	198,974
Contributions des communes aux dépenses de la police	-	-	-		-	-	401,916	-	401,916
TOTAL	7,049,280	2,479,956	4,569,324	7,916,152	2,730,931	5,185,221	8,735,190	1,755,271	6,979,919
Arriérés provenant d'autres impôts et recettes budgétaires	2,553,518	1,464,418	1,089,100	1,454,308	1,086,994	367,314	1,060,331	1,092,807	29,976
TOTAL	9,602,798	3,944,374	5,658,424	9,370,460	3,807,925	5,562,535	9,795,651	2,848,078	6,947,573

CLASSIFICATION.	1895.			1896.			TOTAL.			MOYENNE.		
	ARRIÉRÉS sur les constatations.	ARRIÉRÉS perçus.	RESTE.	ARRIÉRÉS sur les constatations.	ARRIÉRÉS perçus.	RESTE.	ARRIÉRÉS sur les constatations.	ARRIÉRÉS perçus.	RESTE.	ARRIÉRÉS sur les constatations.	ARRIÉRÉS perçus.	RESTE.
	drachmes.	drachmes.	drachmes.	drachmes.	drachmes.	drachmes.	drachmes.	drachmes.	drachmes.	drachmes.	drachmes.	drachmes.
Impôt foncier sur les animaux de labour	462,773	130,042	332,731	656,817	226,597	430,220	2,676,585	790,310	1,886,275	535,317	158,062	377,255
Impôt foncier sur les potagers et les pâturages	115,285	-	115,285	116,406	-	116,406	622,327	-	622,327	124,465	-	124,465
Impôt foncier sur l'huile	5,794	-	5,794	-	-	-	29,229	-	29,229	7,307	-	7,307
Impôt foncier sur le vin	724,073	101,662	622,411	888,880	266,416	622,464	3,579,730	770,155	2,809,584	715,948	154,031	561,917
Impôt sur les bestiaux	511,619	170,811	340,838	752,792	164,087	588,705	2,892,829	787,235	2,105,598	578,566	157,447	421,119
Impôt sur les patentes	1,640,856	157,132	1,483,722	1,570,411	232,675	1,337,736	7,576,939	2,390,272	5,186,667	1,515,387	478,054	1,037,333
Impôt sur les édifices	549,009	253,253	295,756	609,920	304,819	305,101	2,813,204	1,865,127	978,077	568,641	373,025	195,616
Impôt sur le revenu net des sociétés anonymes	-	-	-	-	-	-	11,900	-	11,900	11,900	-	11,900
Usufruit du domaine de l'État	73,958	21,673	53,585	122,570	19,085	103,485	534,119	116,088	418,031	106,824	23,217	83,607
Versements provisoires et définitifs sur aliénation de terrains et plantations de l'État	1,903,704	193,350	1,710,354	2,533,977	313,609	2,220,368	10,606,844	1,600,450	9,066,394	2,133,360	320,090	1,813,279
Taxes pénales, frais et amendes	1,075,167	186,925	889,242	1,425,802	272,521	1,153,281	5,636,542	1,107,391	4,529,151	1,127,308	221,478	905,830
Contributions des monastères pour l'instruction primaire	505,030	341,230	163,800	-	321,929	321,929	2,504,856	1,206,322	1,298,534	626,214	301,580	324,634
Contributions des communes aux dépenses de la police	495,549	62,189	433,360	459,245	136,308	322,937	1,356,704	198,497	1,158,207	452,234	99,248	352,986
TOTAL	8,094,415	1,617,567	6,476,878	9,136,820	2,258,106	6,878,714	40,931,817	10,831,816	30,099,971	8,503,180	2,286,232	6,217,248
Arriérés provenant d'autres impôts et recettes budgétaires	1,081,192	806,667	274,525	1,559,799	1,382,179	177,620	7,719,346	5,833,067	1,886,281	1,543,869	1,166,613	377,256
TOTAL	9,175,637	2,424,234	6,751,403	10,696,619	3,640,285	7,056,334	48,651,165	16,664,913	31,986,252	10,047,349	3,452,815	6,594,504

ARTICLE PREMIER.

Impôt sur les bêtes de labour.

Jusqu'en 1880, l'impôt foncier sur les terrains cultivés en céréales était perçu sous forme de dîme. Plusieurs tentatives avaient été faites en vue de modifier ce système défectueux.

Ainsi, en 1860, le Gouvernement avait proposé une loi ayant pour objet de remplacer la dîme par un impôt de répartition établi sur la moyenne du revenu perçu pendant les sept dernières années.

A l'absence de cadastre on devait obvier par des déclarations des contribuables. Une commission d'experts aurait eu à classer les cultures similaires dans les différents villages et à en fixer le revenu net en argent d'après l'étendue des terrains.

Mais ce projet se heurta à la résistance de l'opinion publique. On lui reprochait de ne pas atteindre son but qui était d'arriver à l'égalité proportionnelle de l'impôt, et le Gouvernement dut renoncer à mettre la loi en vigueur.

Ce n'est qu'en 1880 qu'on a substitué à la dîme le système de l'impôt sur les bêtes de labour (bœufs, vaches, chevaux, mulets, buffles, ânes).

Cet impôt est réglé d'après la proportion entre la production d'une certaine étendue de sol et les bêtes de labour employées à sa culture.

La moyenne de la production en céréales de chaque village a été estimée et fixée par une commission mixte sur la base des feuilles d'impôt des cinq dernières années.

Ce résultat a été ensuite divisé par le nombre des bêtes de labour déclarées et constatées dans le même village. Le quotient ainsi obtenu pour chaque village sert de base à une échelle d'après laquelle l'impôt est appliqué.

Cette échelle, qui compte 21 degrés, commence par un impôt de 2 dr. 40 par bête, pour une production de 1 à 20 kilés (le kilé représente 44 ocques) et finit par un maximum de 30 drachmes par bête, pour une production de 221 kilés et au delà.

Ce système a sans doute réalisé un certain progrès pour les cultivateurs; mais il ne laisse pas d'être défectueux à différents points de vue.

Ce qu'on lui reproche avant tout, c'est que son application met trop de commissions en mouvement et que les membres de ces commissions ne font pas toujours preuve d'une impartialité absolue. C'est, en outre, que l'unité de prestation étant fixe pour chaque village, l'impôt ne tient compte ni des pertes de bétail survenues pour une cause quelconque ni de la diminution du produit à la suite d'une mauvaise récolte.

On fait aussi remarquer qu'il pèche par un certain défaut de logique, puisqu'il frappe dans une égale mesure, non seulement toutes les céréales sans distinction de qualité, mais aussi toutes les bêtes de labour sans faire de différence entre les forces physiques qu'ils développent, et qui évidemment varient d'une espèce à l'autre.

Enfin, — et cette dernière critique a son importance pour un pays agricole comme la Grèce, — ce mode d'imposition semble jusqu'à un certain point nuisible aux intérêts de l'agriculture, puisqu'il n'encourage pas le paysan à s'adonner à l'élevage du bétail, complément nécessaire de la culture du sol.

Il faut constater toutefois que, par comparaison avec le montant de l'impôt foncier en d'autres pays, cet impôt n'est pas très lourd puisqu'il ne représente que 3 à 4 p. o/o du produit brut.

Le Gouvernement s'est occupé tout récemment encore de réformer ce système. Il était question de lui substituer, en commençant l'essai par la Thessalie, un impôt direct de 6 p. o/o sur le produit et de charger une banque spéciale de la perception.

Le tableau suivant donne un aperçu du nombre des animaux employés au labour, d'après les constations de l'année 1896.

	BOEUFS.	VACHES.	BUFFLES.	CHEVAUX.	MULETS.	ÂNES.
Thessalie	39,729	82	4,208	3,319	151	"
Phtiotis	5,744	994	11	707	8	"
Autres provinces	103,215	32,949	177	17,797	8,064	469
TOTAL	148,688	34,025	4,396	21,823	8,223	469

ART. 2.

Potagers et pâturages.

Les potagers sont imposés d'après le produit correspondant à une certaine superficie. L'unité de superficie est le stremme qui mesure environ un dixième d'hectare et le tarif divise les terres en quatre catégories respectivement imposées à raison de 4, 8, 12 et 16 drachmes par an.

D'après les déclarations faites au mois de mai par les contribuables et les constatations des agents du fisc, il est confectionné une espèce de cadastre dont le Ministre peut, à son gré, ordonner le renouvellement.

Depuis 1893, les potagers plantés de citronniers et d'orangers sont exempts de cet impôt ; ces produits payent leur redevance à la douane au moment de leur exportation.

La rédaction des rôles pour les jardins doit avoir lieu en juin; le payement est exigible de septembre à février suivant.

L'impôt sur les pâturages est fixé à 6 p. o/o, soit de la valeur locative du terrain, soit de la valeur estimative du pâturage, lorsqu'il sert aux bestiaux du propriétaire, cas du reste assez rare.

Les déclarations des contribuables se font au mois de décembre, mois où se passent ordinairement les baux. L'impôt est exigible immédiatement, c'est-à-dire dans le mois de l'avertissement adressé par le Caissier.

ART. 3.

Huile et olives.

L'impôt frappe l'huile fabriquée par les particuliers et les olives comestibles exportées d'une commune à n'importe quelle destination. Les olives consommées sur place sont exemptes.

L'impôt est affermé par commune.

L'adjudication est annuelle; elle a lieu en automne, au moment des récoltes, devant une commission réunie au chef-lieu de la province.

L'impôt est de 9 p. o/o sur l'huile sortie du pressoir. Le contribuable peut, s'il le préfère, se libérer en nature.

Les olives fraiches sont soumises à un droit de 2 lepta et demi par ocque (1 kilogr. 280). Le fermier perçoit ce droit exclusivement en argent. Si, pour une raison quelconque, il ne s'est pas trouvé de fermier, le Gouvernement perçoit directement l'impôt par ses agents à raison de 10 lepta par ocque en argent.

Le produit de cet impôt dépend naturellement de la récolte; il atteint en moyenne 1,400,000 drachmes par an et s'est élevé jusqu'à 2,334,353 drachmes en 1893.

D'après un calcul approximatif, on peut admettre deux bonnes récoltes sur cinq et deux récoltes exceptionnellement abondantes sur sept. On peut se demander si la transformation de cet impôt en un impôt direct sur l'arbre, même calculé d'une façon équitable d'après la moyenne des bonnes et des mauvaises années, ne donnerait pas au Gouvernement une base plus sûre pour ses estimations budgétaires, en écartant le système compliqué des affermages qui n'exclut pas les abus.

ART. 4.

Vin.

Le vin paye un double impôt : un impôt direct et un droit de consommation. On ne s'occupera ici que du premier.

L'impôt direct est de 2 lepta 40 par ocque de vin sorti du pressoir. Les propriétaires doivent déclarer à la mairie, en octobre, les quantités mises par eux en tonneaux. Les déclarations sont vérifiées ensuite par les agents de l'État qui jaugent les fûts en défalquant 20 p. o/o pour dépôts et lies. Cette taxe ne tient pas compte de la qualité du vin; bon ou mauvais, le vin paye le même tarif.

Mais le vice capital de l'impôt est dans l'impossibilité où se trouve l'Administration de faire les constatations en temps utile. Les agents fiscaux ne suffisent pas pour achever dans un délai déterminé leurs opérations dans toute l'étendue du Royaume. De là des inconvénients nombreux préjudiciables au fisc comme aux contribuables.

Pour obvier aux fausses déclarations, le Gouvernement afferme l'impôt sur les quantités non déclarées.

L'adjudication se fait chaque année dans chaque village.

L'Administration crée ainsi dans la personne de cet adjudicataire, qui est toujours un habitant de la localité au courant de ce que font ses voisins, un contrôleur en état de connaître la fraude et intéressé à la découvrir.

Les déclarations inexactes ou fausses sont déférées par le fermier du droit à une commission locale.

Les actes de constatations sont dressés en trois expéditions, dont l'une est remise au redevable qui a vingt jours pour réclamer.

Au vu de ces actes, le Commissaire établit un rôle spécial adressé au Caissier, qui effectue la perception pour le compte du fermier.

Les chiffres ci-après permettent de se rendre compte de l'importance que cet affermage présente pour le fisc.

1893	345,440 dr.
1894	411,467
1895	478,211
1896	252,154

Dans le cas où il ne se trouve pas de fermier pour cet impôt, c'est l'Administration elle-même qui cherche à établir les quantités soustraites à la constatation.

De ce chef, le Gouvernement a encaissé :

En 1893	28,200 dr.
En 1894	43,500
En 1895	39,500
En 1896	74,200

Malgré toutes ces précautions, les perceptions sont bien loin d'atteindre le chiffre des constatations.

Il résulte en effet des renseignements recueillis que les recettes réalisées sur l'impôt du vin ont fait ressortir les moins-values ci-après :

1892	362,802 dr.
1893	475,962
1894	725,947
1895	622,411
1896	622,464

soit une moyenne de 561,917 drachmes par an perdues pour le fisc.

Ici, comme pour plusieurs autres articles de recettes, un changement complet dans le système de la constatation et de la perception semble s'imposer, si le Gouvernement veut rentrer dans la plénitude de ses droits.

T. 5.

Raisins secs.

Parmi les produits du sol qui contribuent le plus à la richesse du pays, le raisin sec occupe la première place.

Les raisins consommés en Grèce sont exempts de tout impôt.

Par contre, le raisin sec, dont la presque totalité est achetée par l'étranger, paye un droit qui est perçu par le service des douanes au moment de l'exportation.

L'impôt est calculé sur une quantité de 1,000 livres vénitiennes (la livre vénitienne vaut 480 kilogr.). La loi de 1892 a fixé l'impôt à 16 dr. 50 pour les provenances des districts de Kalamata, Messénie, Pylos, Olympie, Hélie et Lacédémone et à 19 drachmes pour les provenances des autres provinces, parmi lesquelles il faut signaler plus spécialement les districts de Patras et de Corinthe, producteurs des meilleures qualités.

Pour donner une idée de l'influence que ce produit peut exercer sur la balance économique du pays, le tableau suivant fait ressortir les quantités exportées depuis 1891, leur valeur, ainsi que le rapport entre ces deux facteurs et le chiffre total de l'exportation de la Grèce :

	1891.	1892.	1893.	1894.	1895.	1896.
Quantités de raisins secs exportées en milliers de livres vénitiennes.	318	253	294.75	319.38	347.37	287.23
Valeur en millions de drachmes..	60.5	40.5	47.25	22.50	21.75	23.25
Exportation générale en millions de drachmes..............	107.5	82.25	80	74.25	71.25	70.75

On voit que depuis l'année 1891, qui a été, sous tous les rapports, une année exceptionnelle, la valeur du raisin a constamment baissé, de sorte que ce produit, qui formait autrefois la moitié de l'exportation totale de la Grèce, n'en représente plus à présent que le tiers.

Les années 1894 et 1895 ont été particulièrement défavorables.

Le manque de demandes de la part du commerce anglais, acheteur principal de cette denrée, ainsi que les restrictions apportées par la France à l'emploi du raisin sec dans la fabrication des vins, avaient amené une véritable crise sur le marché grec.

Le Gouvernement, justement ému de cette situation, a cherché à y remédier par des dispositions législatives, qui avaient pour but d'alléger les producteurs et d'enfermer en même temps l'exportation dans des limites permettant d'assurer un gain suffisant aux propriétaires.

A cet effet, l'impôt a été réduit de 4 drachmes pour les deux catégories, savoir : de 19 à 15 et de 16.50 à 12.50 par 1,000 livres vénitiennes. Cette différence en moins de 4 drachmes a été remplacée par un impôt en nature de 15 p. o/o sur les quantités exportées.

La loi interdit cependant au Gouvernement de vendre le produit de cette retenue à l'étranger; il est obligé de le livrer à la consommation intérieure pour la fabrication de l'alcool et des sirops, industries auxquelles la loi imposait en même temps l'obligation de se servir exclusivement du raisin sec comme matière première.

Les quantités perçues en nature par le Gouvernement sont vendues par adjudication publique, et les sommes en provenant sont employées d'abord à couvrir la différence de 4 drachmes dont l'impôt primitif a été abaissé. Le reste est affecté aux améliorations à introduire dans la production.

Dès lors, le revenu fiscal provenant du raisin sec doit être envisagé sous ces deux points de vue différents : droits perçus à l'exportation et produit des ventes à l'intérieur.

Le tableau ci-après donne une idée approximative des résultats qu'a donnés jusqu'à présent la retenue en nature.

TABLEAU indiquant la quantité de raisins secs exportée pendant les années 1894-1896 et approximativement la quantité retenue par l'État.

	1894.	1895.	1896.	TOTAL pour LES TROIS ANS.	MOYENNE.
	Du 16 août de chaque année jusqu'au 15 août de l'année suivante.				
Raisin sec exporté de tous les ports (en livres vénitiennes)	319,384,390	347,374,089	287,230,666	953,989,145	317,996,382
Déduction de l'exportation des îles Ioniennes	41,379,561	38,923,461	34,108,252	114,411,274	38,137,091
RESTE	278,004,829	308,450,628	253,122,414	839,577,871	279,859,291
Moyenne de la quantité retenue par l'État (15 p. 0/0)	....	....	....	....	41,979,000

Au prix moyen de 50 drachmes par mille livres, le produit annuel ressort à . . . . 2,098,900 dr.

De ce chiffre, il y a lieu de déduire :

1° 4 drachmes par mille livres sur toute la quantité exportée (279,859,291), soit . . . . 1,119,437 dr.

2° Les frais d'emmagasinage, etc. 200,000

Soit, ensemble 1,319,437

Il reste définitivement au profit de l'État une somme de 779,463

qui, d'après la loi, sera consacrée à l'amélioration de la production.

Ce calcul suppose la vente de toute la quantité retenue.

ART. 6.

Figues.

L'impôt sur les figues est constaté et perçu comme celui sur le raisin sec par le service des douanes au moment de l'exportation.

La loi de 1892 a fixé cet impôt à 2 drachmes par statère. Le statère vaut 56 kilogr. 32.

ART. 7.

Produits divers perçus par la Douane.

Sous ce titre, on comprend le montant de diverses taxes applicables aux produits de certaines contrées, notamment de la Laconie.

Cette province jouit depuis la guerre de l'Indépendance de privilèges particuliers; elle ne paye pas d'impôts directs, et il n'est perçu de droits que sur les produits qu'elle exporte par mer ou par terre.

Ces droits sont fixés :

Pour l'huile.... à 12 lepta et demi par ocque;

Pour les vins.... à 12,5 p. o/o de la valeur;

Pour les céréales. à 10,10 p. o/o de la valeur, etc.

Parmi les produits compris dans cet article, il faut citer les cocons de soie, qui payent 70 lepta par ocque, et la vallonée (pour le tannage), qui est imposée à raison de 3 lepta et demi par ocque, si elle est exportée des provinces de Laconie, Attique, Andros, Kéas, Karystias, Naxos, Tinos, Patras et Hélie, et de 6 lepta et demi, si elle provient des autres provinces.

Un traitement de faveur est également appliqué aux exportations des îles de Thira et Thirasia.

Le revenu de l'article 7 du chapitre premier est du reste peu important.

ART. 8.

Produits des îles Ioniennes.

Les Sept Îles, ou Îles Ioniennes, sont placées sous un régime exceptionnel.

Elles sont exemptes d'impôts directs en vertu des lois qui étaient en vigueur à l'époque de la domination anglaise.

A titre d'impôt foncier, elles ne payent que des droits sur certains produits au moment de leur exportation de l'île à destination d'une autre île du Royaume ou de l'étranger.

Ces droits sont les suivants :

4 lepta et demi par ocque sur les olives;

18 p. o/o de la valeur commerciale sur les huiles;

2 lepta par ocque sur les résidus de la fabrication des huiles;

20 lepta par 100 ocques sur le bois à brûler;

5 lepta par ocque sur le savon;

18 p. o/o de la valeur commerciale sur le raisin;

6 p. o/o de la valeur commerciale sur le vin.

La faiblesse relative de ces taxes est généralement reconnue.

ART. 9.

Bestiaux.

L'impôt sur les bestiaux en général est établi à peu près de la même manière que l'impôt sur les bêtes de labour, c'est-à-dire sur la double base des déclarations faites par les contribuables et des vérifications opérées par des commissions mixtes, dont les pouvoirs à cet égard paraissent assez étendus. Les fausses déclarations sont frappées du double droit.

La perception a lieu, à partir du 15 mai pour les animaux autres que les porcs, et à partir du 15 novembre pour cette dernière catégorie de bétail. Les contribuables ont jusqu'au 1er février suivant pour se libérer.

En Laconie, l'impôt ne frappe que les animaux exportés dans d'autres parties du Royaume. Les produits des animaux sont imposés à raison de 12,50 p. o/o de leur valeur, s'ils sont exportés.

Le tarif est établi de la manière suivante :

42 lepta pour les moutons et les chèvres;

1 dr., 20 pour les ânes;

2 drachmes pour les bœufs, vaches et buffles;

2 dr., 25 pour les chevaux, les mulets et les chameaux;

2 dr., 55 pour les porcs.

L'impôt ne frappe ni les animaux déjà imposés comme bêtes de labour, ni les animaux de petite taille à la mamelle, ni les grands animaux (bœufs, vaches, chevaux, ânes) ayant moins de deux ans.

Cet impôt, il faut le reconnaître, ne constitue pas une charge bien lourde pour le pays; il est donc doublement à regretter que les arriérés sur cette branche de revenus soient aussi constants et atteignent des chiffres aussi élevés.

Ils représentent une moyenne de 578,566 drachmes par an, dont le Gouvernement réussit à peine à encaisser le quart. Les trois autres quarts restent perdus pour le Trésor.

Le tableau ci-après fait ressortir le nombre des bestiaux constatés en Grèce d'après les rôles de 1896, ainsi que le montant des taxes correspondantes.

TABLEAU INDIQUANT LES ANIMAUX DE LABOUR ET LES BESTIAUX SELON LES CONSTATATIONS DE L'ANNÉE 1896.

	BESTIAUX.										ANIMAUX DE LABOUR.					
	BREBIS.	CHÈVRES.	ÂNES.	BŒUFS.	VACHES.	BUFFLES.	CHEVAUX.	MULETS.	CHAMEAUX.	PORCS.	BŒUFS.	VACHES.	BUFFLES.	CHEVAUX.	MULETS.	ÂNES.
Thessalie	995,800	402,366	26,177	15,124	37,851	5,020	28,063	11,563	"	4,784	39,729	82	4,208	3,319	151	"
Phtiotis	126,165	107,387	2,666	1,326	3,911	4	4,919	1,063	24	810	5,744	994	11	707	8	"
Autres provinces	1,871,733	1,645,857	64,336	10,360	33,231	337	60,245	36,575	29	41,348	103,215	32,949	177	17,797	8,064	469
TOTAL	2,993,698	2,155,610	93,179	26,810	74,993	5,361	93,227	49,201	53	46,942	148,688	34,025	4,396	21,823	8,223	469

RÉPARTITION DE L'IMPÔT SUR LES BESTIAUX.

	42 lepta,		1 dr. 20 l.	2 drachmes.			2 dr. 25 lepta.			2 dr. 55 l.
	BREBIS.	CHÈVRES.	ÂNES.	BŒUFS.	VACHES.	BUFFLES.	CHEVAUX.	MULETS.	CHAMEAUX.	PORCS.
Thessalie	418,236	168,993	31,412	30,248	75,702	10,040	63,141	26,016	"	12,199
Phtiotis	52,989	45,102	3,199	2,652	7,822	8	11,067	2,391	54	2,065
Autres provinces	786,127	691,259	77,203	20,720	66,462	674	135,551	82,293	69	105,437
TOTAL	1,257,352	905,354	111,814	53,620	149,986	10,722	209,759	110,700	123	119,701

TOTAL de la Thessalie	835,987 dr.
TOTAL de la Phtiotis	127,369
TOTAL des autres provinces	1,965,775
TOTAL GÉNÉRAL	2,929,131

La forte proportion des chèvres (2,155,200) dans un pays aussi dépourvu de végétation que la Grèce semble quelque peu surprenante au premier abord. Cette anomalie trouve son explication dans une disposition de la loi qui accorde l'exemption d'une chèvre et d'une brebis par famille.

ART. 10.

Patentes.

Les patentables sont répartis en trois catégories :

1° Dans la première, divisée en six classes, la contribution est établie d'après la population des villes et villages où s'exerce la profession;

2° Dans la seconde, également divisée en six classes, le tarif est combiné d'après la population et la valeur locative. Une loi de 1892 a remplacé pour les villes de plus de 10,000 âmes et pour les chefs-lieux de préfecture la valeur locative par le chiffre des affaires.

Pour ces deux catégories, l'importance du commerce ou de l'industrie est déterminée tous les trois ans par une commission qu'élit l'ensemble des commerçants de la même localité.

Le rôle dressé par cette commission est transmis au Commissaire des finances qui, avec le Caissier et le Directeur des douanes, s'il y en a, ou, à son défaut, un employé désigné par le Ministre, revise le classement.

Le rôle est déposé à la mairie pendant quinze jours pour recevoir les réclamations. Celles-ci sont jugées par une commission composée du préfet ou de son délégué, du président du tribunal, du président du conseil municipal, d'un inspecteur des finances, délégué du Ministre, et d'un patentable;

3° Dans la troisième catégorie, l'imposition est fixée sans avoir égard à la population ni au chiffre des affaires.

Dans les villes ou villages autres que les chefs-lieux de province, les rôles sont annuels et sont dressés par le Commissaire des finances avec le concours du maire.

Dans les chefs-lieux de province et les chefs-lieux de préfecture, les rôles de toutes les catégories sont établis tous les trois ans.

Les déclarations doivent être effectuées par les patentables à la mairie au mois d'août pour l'année qui suit; des rôles supplémentaires sont dressés pour les patentables qui commencent dans les intervalles.

Le service de recensement paraît organisé d'une manière défectueuse. Il fonctionne du moins avec des retards fort considérables.

On peut en effet citer des cas où les rôles d'une année déterminée n'ont été émis qu'après l'expiration de l'année suivante, et quelquefois même plus tard.

C'est dans la loi elle-même qu'il faut chercher la principale cause de cette insuffisance des recouvrements et la perception de cet impôt est certainement un des points les plus défectueux des finances grecques.

La moyenne annuelle des arriérés sur constatations ne s'élève pas à moins de 1,515,387 drachmes, sur lesquelles le Gouvernement perçoit en moyenne 478,054 dr., de sorte qu'une somme de 1,037,333 drachmes reste en souffrance et peut êtr considérée comme totalement perdue.

Le tarif, avec les nombreuses classifications et subdivisions qu'il comporte, l mode de constatation, avec toutes les commissions qu'il met en mouvement, formen un système beaucoup trop compliqué pour l'état actuel du pays.

ART. 11.

Propriétés bâties.

L'impôt sur les propriétés bâties est établi d'après l'estimation du loyer ou de l valeur locative.

Le tarif est le suivant :

Valeurs locatives inférieures à 240 drachmes	exempts.
Valeurs locatives de 240 à 1,000 drachmes	5 p. o/o.
Valeurs locatives de 1,000 à 3,000 drachmes	6 p. o/o.
Valeurs locatives de 3,000 à 8,000 drachmes	7 p. o/o.
Valeurs locatives supérieures à 8,000 drachmes	8 p. o/o.

L'impôt est payable dès la fin de la construction.

Les estimations sont faites et les rôles rédigés par une commission composée du Commissaire des finances, d'un conseiller municipal et d'un ingénieur.

Les rôles sont établis pour cinq ans. Ils sont déposés aux mairies et il est accordé u délai de quinze jours pour les réclamations, qui sont jugées par une autre commission, composée du préfet ou de son délégué, du président du conseil municipal et du juge de paix.

Le recensement des propriétés bâties d'Athènes pour la période 1884-1888 a donné lieu à des réclamations assez vives pour que le Ministère se soit décidé à renouveler l'opération.

Les troubles profonds qui en sont résultés ont obligé le Gouvernement à modifier les délais de payement pour plusieurs exercices, au grand détriment de l'équilibre du budget, sans qu'on soit néanmoins parvenu à satisfaire les contribuables. Ceux-ci, en effet, qui avaient joui d'une exemption temporaire depuis 1884, ont eu à payer en 1891 et 1892 les impôts de deux et trois années à la fois.

On prétend que les constatations de cet impôt ne se font pas toujours d'une façon tout à fait impartiale et qu'il n'est pas rare de voir appliquer la même cotisation à des édifices très différents entre eux tant au point de vue de la valeur vénale qu'à celui de la valeur locative.

Le produit de cet impôt marque une tendance à l'augmentation, qui s'explique par le développement des constructions dans les villes en général, et à Athènes en particulier. Il y aurait lieu de prévoir de ce chef une plus-value budgétaire assez notable, s'il n'y avait à tenir compte des arriérés non perçus, qui atteignent une moyenne de près de 200,000 drachmes par an.

ART. 12.

Revenu net des sociétés anonymes.

La taxe sur le revenu net des sociétés anonymes est la seule qui, dans la législation financière de la Grèce, présente le caractère bien défini d'un impôt sur le revenu.

Elle est de 5 p. o/o du revenu net, plus un droit supplémentaire de 2 p. o/o sur les dividendes distribués aux actionnaires.

Pour la Banque nationale, le taux de l'impôt est fixé à 3 p. o/o, au lieu de 5 p. o/o. Il serait évidemment à souhaiter, dans l'intérêt de la situation économique du pays, que l'esprit d'association se développât en Grèce. Cet esprit malheureusement a jusqu'à présent fait presque totalement défaut; c'est ce qui explique le peu d'importance de la taxe sur le revenu des sociétés.

Évaluation des recettes du chapitre Ier.

L'évaluation des recettes du chapitre Ier est fournie par les trois tableaux qui suivent :

Le premier fait ressortir la moyenne des produits pour les années 1892 à 1896.

Le second rectifie cette moyenne d'après la proportion des augmentations ou diminutions constatées pendant la période. Il indique, en outre, la moyenne des moins-values à prévoir pour les exercices 1898 à 1902, par suite des désastres occasionnés en Thessalie par les événements de guerre. Une dernière colonne fait ressortir les produits probables de l'année 1903.

Le troisième tableau résume les indications des deux autres.

Tableau I.

Classifications.		Exercices 1892.	1893.	1894.	1895.	1896.	Total.	M
		drachmes.	drachmes.	drachmes.	drachmes.	drachmes.	drachmes.	
Impôt foncier sur les animaux de labour	Perceptions	2,168,142	2,261,779	2,112,237	2,209,635	a) 2,055,492	10,807,285	
	Arriérés perçus	153,072	152,774	127,825	130,042	226,597	790,310	
	Total	2,321,214	2,414,553	2,240,062	2,339,677	2,282,089	11,597,595	
Impôt foncier sur les potagers et les pâturages	Perceptions	150,473	149,062	121,971	153,083	84,377	658,966	
	Arriérés perçus	"	"	"	"	"	"	
	Total	150,473	149,062	121,971	153,083	84,377	658,966	
Impôt foncier sur l'huile	Perceptions	969,135	2,334,353	1,078,438	1,144,523	2,353,360	7,879,809	
	Arriérés perçus	"	"	"	"	"	"	
	Total	969,135	2,334,353	1,078,438	1,144,523	2,353,360	7,879,809	
Impôt foncier sur le vin	Perceptions	1,895,530	1,894,667	1,950,414	2,065,306	1,583,602	9,389,519	
	Arriérés perçus	129,589	135,318	137,169	101,663	266,416	770,155	
	Total	2,025,119	2,029,985	2,087,583	2,166,969	1,850,018	10,159,674	
Impôt foncier sur le raisin sec (perçu dans les douanes)	Perceptions	4,082,989	4,415,144	4,756,220	4,422,396	3,459,727	21,136,476	
	Arriérés perçus	"	"	"	"	"	"	
	Total	4,082,989	4,415,144	4,756,220	4,422,396	3,459,727	21,136,476	
Impôt foncier sur les figues	Perceptions	390,535	392,360	472,535	480,794	477,736	2,223,000	
	Arriérés perçus	"	"	"	"	"	"	
	Total	390,535	392,360	472,535	480,794	477,736	2,223,000	
Impôt foncier sur divers produits (perçu dans les douanes)	Perceptions	148,114	194,163	184,250	177,739	178,360	882,626	
	Arriérés perçus	"	"	"	"	"	"	
	Total	148,114	194,163	184,250	177,739	178,360	882,626	
Impôt foncier sur les produits des îles Ioniennes	Perceptions	1,929,514	2,124,282	1,671,308	1,304,265	1,504,080	8,623,449	1
	Arriérés perçus	"	"	"	"	"	"	
	Total	1,929,514	2,124,282	1,671,308	1,304,265	1,504,080	8,623,449	1
Impôt sur les bestiaux	Perceptions	2,157,659	2,248,390	2,197,298	2,280,880	2,259,770	11,143,997	2
	Arriérés perçus	160,197	173,337	118,800	170,812	164,088	787,234	
	Total	2,317,856	2,421,727	2,316,098	2,451,692	2,423,858	11,931,231	2
Impôt sur les patentes	Perceptions	2,239,537	2,374,387	2,197,995	2,145,523	1,775,868	10,733,310	2
	Arriérés perçus	683,859	1,052,855	263,751	157,132	232,675	2,390,272	
	Total	2,923,396	3,427,242	2,461,746	2,302,655	2,008,543	13,123,582	2
Impôt sur les édifices	Perceptions	2,149,403	2,109,231	2,170,750	2,405,956	2,323,223	11,158,563	2
	Arriérés perçus	656,260	366,345	284,449	253,254	304,819	1,865,127	
	Total	2,805,663	2,475,576	2,455,199	2,659,210	2,628,042	13,023,690	2
Impôt sur le revenu des sociétés anonymes	Perceptions	298,740	220,293	231,464	217,817	260,429	1,228,743	
	Arriérés perçus	"	"	"	"	"	"	
	Total	298,740	220,293	231,464	217,817	260,429	1,228,743	
Total	Perceptions	18,579,791	20,718,111	19,144,900	19,106,917	18,316,024	95,865,743	19.
	Arriérés perçus	1,782,977	1,880,629	931,994	812,903	1,194,595	6,603,098	1.
	Total	20,362,768	22,598,740	20,076,894	19,919,820	19,510,619	102,468,841	20,

Observation générale sur les arriérés. — Selon la loi A R A de l'année 1883, les arriérés provenant des exercices antérieurs à 1876 ont tous été rattachés cice 1876 et confondus dans un chapitre général.

a) Estimations sur la base des constatations et perceptions actuelles pendant 20 mois, c'est-à-dire jusqu'au 31 août 1897.

Tableau II.

Classification.	Estimation de la moyenne d'après les perceptions des exercices 1892-1896, y compris les perceptions arriérées.		Estimation de la moyenne à percevoir pendant les années 1898-1902.		Estimation des perceptions en 1903.	
		drachmes.		drachmes.		drachmes.
t foncier sur les animaux de our.	Perceptions............. Arriérés perçus.......... Pénalités avec les arriérés..	2,200,000 150,000 35,000	Moyenne établie......... Déduire pour la Thessalie.. Ajouter moyenne de rétablissement............... Ajouter moyenne du tiers des arriérés...........	2,385,000 900,000 1,485,000 300,000 50,000	Moyenne établie......... Tiers des arriérés.........	2,385,000 120,000
	Total......	2,385,000	Total......	1,895,000	Total......	2,505,000
t foncier sur les potagers et les urages.	....	140,000	....	150,000	....	150,000
t foncier sur l'huile.........	....	1,400,000	....	1,400,000	Moyenne établie.......... Augmentation probable....	1,400,000 100,000
					Total......	1,500,000
t foncier sur le vin..........	Perceptions............. Arriérés perçus.......... Pénalités avec les arriérés..	1,900,000 150,000 35,000	Moyenne établie.......... Ajouter moyenne du tiers des arriérés.............	2,085,000 110,000	Moyenne établie.......... Tiers des arriérés.........	2,085,000 185,000
	Total......	2,085,000	Total......	2,195,000	Total......	2,270,000
t foncier sur le raisin sec (perçu ns les douanes).	Perceptions............ Prix de vente du raisin retenu	3,400,000 800,000	....	4,200,000	....	4,200,000
	Total......	4,200,000				
t foncier sur les figues.......	....	450,000	....	450,000	....	450,000
t foncier sur divers produits erçu dans les douanes).	....	175,000	....	175,000	....	175,000
t foncier sur les produits des s Ioniennes.	....	1,750,000	....	1,750,000	....	1,750,000
t sur les bestiaux...........	Perceptions............. Arriérés perçus.......... Pénalités avec les arriérés..	2,300,000 155,000 35,000	Moyenne établie......... Déduire pour la Thessalie.. Ajouter moyenne de rétablissement............. Ajouter moyenne du tiers des arriérés..............	2,490,000 700,000 1,790,000 280,000 55,000	Moyenne établie.......... Tiers des arriérés.........	2,490,000 145,000
	Total......	2,490,000	Total......	2,125,000	Total......	2,635,000
t sur les patentes...........	Perceptions............ Arriérés perçus.......... Pénalités avec les arriérés..	2,200,000 480,000 110,000	Moyenne établie......... Déduire pour la Thessalie.. Ajouter moyenne de rétablissement............. Ajouter moyenne du tiers des arriérés..............	2,790,000 340,000 2,450,000 135,000 135,000	Moyenne établie.......... Tiers des arriérés.........	2,790,000 345,000
	Total......	2,790,000	Total......	2,720,000	Total......	3,135,000
t sur les édifices...........	Perceptions............. Arriérés perçus.......... Pénalités avec les arriérés...	2,400,000 370,000 80,000	Moyenne établie......... Déduire pour la Thessalie... Ajouter moyenne de rétablissement.............. Ajouter moyenne du tiers des arriérés............... Ajouter moyenne de l'augmentation normale......	2,850,000 190,000 2,660,000 75,000 25,000 150,000	Moyenne établie.......... Tiers des arriérés......... Augmentation normale.....	2,850,000 65,000 250,000
	Total......	2,850,000	Total......	2,910,000	Total......	3,165,000
t sur le revenu net des sociétés nymes.	....	250,000	....	250,000	....	250,000
Total.........	....	20,965,000	....	20,220,000	....	22,185,000

TABLEAU III.

CLASSIFICATION.	MOYENNE ACTUELLE.	MOYENNE CORRIGÉE d'après l'appréciation des chiffres.	ESTIMATION de LA MOYENNE à percevoir pendant les années 1898-1903.	ESTI[illegible] perce[illegible] en
	drachmes.	drachmes.	drachmes.	dra[illegible]
Impôt foncier sur les animaux de labour...........	2,319,519	2,385,000	1,895,000	2,5[illegible]
Impôt foncier sur les potagers et les pâturages......	131,793	140,000	150,000	[illegible]
Impôt foncier sur l'huile....................	1,575,961	1,400,000	1,400,000	1,5[illegible]
Impôt foncier sur le vin......................	2,031,934	2,085,000	2,195,000	2,2[illegible]
Impôt foncier sur le raisin sec (perçu dans les douanes)	4,227,295	4,200,000	4,200,000	4,2[illegible]
Impôt foncier sur les figues....................	444,600	450,000	450,000	4[illegible]
Impôt foncier sur produits divers (perçu dans les douanes)..................................	176,525	175,000	175,000	1[illegible]
Impôt foncier sur les produits des îles Ioniennes.....	1,724,689	1,750,000	1,750,000	1,7[illegible]
Impôt foncier sur les bestiaux..................	2,386,246	2,490,000	2,125,000	2,6[illegible]
Impôt foncier sur les patentes..................	2,624,716	2,790,000	2,720,000	3,1[illegible]
Impôt foncier sur les édifices...................	2,604,737	2,850,000	2,910,000	3,[illegible]
Impôt foncier sur le revenu net des sociétés anonymes.	245,748	250,000	250,000	2[illegible]
TOTAL........................	20,493,763	20,965,000	20,220,000	22,[illegible]

CHAPITRE II.

DOUANES ET IMPÔTS DE CONSOMMATION.

Ce chapitre comprend les quatre articles suivants :

ARTICLE 1. Droits d'entrée des douanes;

——— 2. Droits de consommation du tabac;

——— 3. Droits de consommation sur les spiritueux et la bière;

——— 4. Droits de consommation sur le débit en détail du vin.

ARTICLE PREMIER.

Droits d'entrée des douanes.

Les droits d'entrée sur les marchandises importées en Grèce sont réglés par la loi du 30 décembre 1892/11 janvier 1893, qui a édicté un tarif général et un tarif conventionnel (Art. 2 et 29).

La Grèce a des traités de commerce avec l'Allemagne, la Belgique, la France et la Grande-Bretagne.

La clause de la nation la plus favorisée a été accordée aux États-Unis, à l'Autriche-Hongrie, au Danemark, à l'Italie, à la Hollande, à la Russie, à la Suède, à la Suisse, à la Turquie et à la Perse.

Toute marchandise importée de l'étranger en Grèce est assujettie à un droit d'entrée, à l'exception des articles pour lesquels la franchise résulte soit du tarif, soit de lois spéciales et de conventions (Art. 1 et 13).

Dans le tarif et dans les conventions, les droits d'entrée sont spécifiés par classes de marchandises (Art. 2). Les articles qui ne peuvent être rattachés par voie d'assimilation à une des classes du tarif acquittent un droit *ad valorem* de 20 p. o/o, établi sur la base de leur prix courant dans la localité où ils sont importés (art. 3).

Un décret Royal, rendu sur la proposition du Conseil des Ministres, peut appliquer une surtaxe égale à 30 p. o/o des droits établis par le tarif aux marchandises et produits provenant d'États qui frapperaient la navigation ou les marchandises et produits de provenance grecque de droits plus élevés que ceux imposés aux navires et aux marchandises d'autres nations. Les marchandises qui, d'après le tarif en vigueur, ne sont pas passibles d'un droit d'entrée peuvent, en vertu du même décret, être frappées d'un droit ne dépassant pas 15 p. o/o de leur valeur (art. 9).

D'après l'article 26 de la loi, les droits d'entrée spécifiés et le droit *ad valorem* sont perçus en espèces; tout payement fait en billets de banque à cours forcé est perçu avec une majoration fixée à 32 1/4 p. o/o pour le tarif général et 32 p. o/o pour le tarif conventionnel. L'agio étant actuellement, par suite du cours forcé, d'environ 60/100, les droits d'entrée sont, en fait, diminués de 17 à 18 p. o/o.

Les articles d'importation les plus importants sont les céréales et les fils et tissus. Dans un rapport de la légation anglaise à Athènes sur les finances de la Grèce, la valeur totale des marchandises importées dans le pays en 1895 était évaluée à 106,600,000 francs, celle des céréales à 27,600,000 francs et celle des fils et tissus à 20,300,000 francs. (Report the of Greece 1895-1896, n° 1782, table 9.) Pendant la même année, les principales recettes de douane ont porté sur les articles suivants :

NUMÉROS des classes du tarif.		SOMMES PERÇUES en drachmes-papier.
19.	Blé et méteil en grains	5,811,564
137.	Sucre de toutes qualités	4,365,489
184.	Tissus de laines ou de poils	1,318,626
33.	Café en général	1,128,290
50.	Bois brut, etc.	862,128
159.	Tissus de coton fabriqués avec des fils teints ou imprimés	797,833
23.	Riz et châtaignes	762,364
185.	Tissus de laine ayant la chaîne en coton	749,370
158.	Tissus de coton blanchis	480,791

L'annexe A présente le tableau des droits d'entrée perçus dans les différents ports de la Grèce pendant les années 1894, 1895, 1896.

L'annexe B fait ressortir, pour les années 1892 à 1896 et pour les huit premiers mois de l'année 1897, le chiffre mensuel des droits d'entrée perçus. Enfin l'annexe C fournit spécialement pour la douane du Pirée le détail des recettes mensuelles.

La contrebande s'exerce principalement sur les sucres, les articles de monopoles, les gants et les rubans de soie. On évalue à 2 millions de drachmes la perte qu'elle fait subir chaque année au Trésor. Cette estimation paraît fort au-dessous de la vérité.

Annexe A.

Relevé par douane des droits d'importation perçus durant les années 1894, 1895 et 1896.

DÉSIGNATION DES DOUANES.	1894.	1895.	1896.
	drachmes.	drachmes.	drachmes.
Pirée	11,292,873	11,569,667	12,085,088
Laurium	1,343,802	1,437,332	1,837,655
Kalamata	576,696	581,475	789,050
Patras	2,435,360	2,417,406	2,569,454
Corfou	1,758,731	1,543,035	1,642,454
Volo	1,889,082	1,702,552	1,797,970
Zante	628,545	383,748	454,806
Syra	2,820,677	2,649,046	2,678,599
Nauplie	271,711	270,604	275,089
Gythion	141,369	113,908	114,933
Santorin	51,919	43,408	46,388
Corinthe	33,031	167,904	429,597
Cerigo	17,662	9,977	14,288
Missolonghi	211,050	232,912	245,170
Scopelos	6,797	7,222	7,873
Stylis	88,580	84,672	94,758
Galaxidi	37,043	30,829	40,132
Hydra	28,114	23,996	28,579
Velemisto	23,867	23,268	26,777
Arta	19,902	21,915	24,122
Spetzia	15,958	14,914	21,515
Naxos	6,383	4,690	5,374
Aigion	70,941	102,916	109,402
Ligaria	69,420	72,073	79,379
Andros	68,026	68,947	78,957
Amphissa	86,715	78,165	78,619
Nisi	27,231	35,038	40,275
Lixouri	29,919	20,167	30,902
Poros	11,524	9,874	13,765
Milo	4,641	2,159	10,519
Coprena	105,461	86,506	92,739
Triphylie	6,944	23,474	26,204
Egine	4,071	4,513	8,367
Karysto	749	726	5,162
Oréos	5,276	2,192	4,339
T. Plataniès	52,673	62,214	112,689
Grizanou	29,704	30,792	52,410
Aspri Ecclisia	26,006	33,076	36,698
Naupacte	9,901	8,002	27,996
Vitrinitsa	465	603	16,734
Levkimi	19,090	8,304	8,482
Kyparissia	4,523	8,217	8,465
Hélion	8,505	4,927	8,273
Astros	348	〃	6,014
Agrias	84	3,392	5,402
A reporter	24,341,369	24,000,757	26,091,472

DÉSIGNATION DES DOUANES.	1894.	1895.	1896.
	drachmes.	drachmes.	drachmes.
Report	24,341,369	24,000,757	26,091,472
Same	7,077	2,033	4,945
Skyros	2,239	1,217	4,534
Phukias	4,556	3,695	3,832
Vasiliki	3,206	3,283	3,366
Dyo Dendra	1,901	2,628	3,075
Aliveri	962	1,021	1,990
Kalavryta	647	1,034	1.228
Voïon	137	503	1,114
Atalanti	20	492	1.084
Mytica	〃	903	910
Kymasiou	〃	615	704
Parikias	16	139	694
Avlemonos	10	421	532
Kryoneri	〃	〃	231
Céphalonie	819,708	750,684	680,890
Catacolo	360,275	388,753	374,286
Larisse	126,855	99,839	88,964
Leucade	133,889	111,813	105,347
Chalcis	203,485	184,413	164,930
Tinos	42,423	38,416	36,974
Kimi	30,660	52,637	36,856
Ithaque	44,258	37,834	36.494
Paxos	6,955	14,326	9,947
Pylos	8,132	9,566	9,469
Vonitsa	9,778	6,893	6,794
Astacos	8,861	9,065	5,704
Tchayesi	1,734	9,283	4,653
Bey-Milos	58,557	49,421	34,657
Karvassaras	62,238	45,704	45,093
Aetolicon	34,475	30,828	30,817
Skiathos	7,434	12,202	8,391
Zéa	3,228	6,113	4,409
Kyllêné	240	3,181	1,558
Léonidios	31,950	40,956	20,414
Marathos	7,950	9,426	9,264
Phiscardou	3,635	10,143	8,797
Siphnos	5,302	6,940	3,693
Agia Euphimia	8,650	5,806	3,217
Koroni	4,040	2,854	2,824
Malacassi	6,434	2,876	2,790
Limeni	2,763	2,323	2.060
Myconos	1,877	1,956	1,742
Plaka	1,109	1,021	675
Agios Ioannis	3,620	594	418
Panormos	825	278	138
Total	26,403,480	25,964,885	27,861,970

Annexe B.

Tableau des droits d'importation perçus mensuellement du 1er janvier 1892 au 31 août 1897.

	1892.	1893.	1894.	1895.	1896.	1897.
	drachmes.	drachmes.	drachmes.	drachmes.	drachmes.	drachme[s.]
Janvier	1,586,722	1,458,732	1,492,493	1,621,011	2,002,656	1,803,[illegible]
Février	2.137,481	1,753,184	1,779,138	1,474,282	2,309,109	1,616,[illegible]
Mars	1,998,146	2,094,264	2,438,903	1.905,060	2,304,031	1,654,[illegible]
Avril	1,461,109	2,185,727	1,939,806	1,834,780	2,456,327	1,204,[illegible]
Mai	1,651,299	1,580,437	1,934,516	1,992,442	2,207,462	1,710,[illegible]
Juin	1,730.167	1,825,295	1,821,918	1,989,859	1,771,704	1,765,[illegible]
Juillet	2,075.164	1,812,576	2,040,677	2,011.164	2,057,110	1,949,[illegible]
Août	2,288,948	1,744,926	2,403,339	2,490.104	2,431,343	2,065,[illegible]
Septembre	2,809,571	1,850,033	2,890,625	2,732,189	2,891,918	"
Octobre	3.217,700	2,127,801	2,498,282	2,819,992	2,787,271	"
Novembre	3,360,090	2,048,648	2,948,203	2,784,495	2,296,665	"
Décembre	2,769,007	2,177,134	2,787,331	2,353,842	2,253,801	"
Total	27,085.464	22,658,757	26.975,231	26,009,220	27,769,307	13,770,[illegible]

Annexe C.

Tableau des recettes mensuelles de la douane du Pirée du 1er janvier 1892 au 31 octobre 1897.

	1892.	1893.	1894.	1895.	1896.	1897
	drachmes.	drachmes.	drachmes.	drachmes.	drachmes.	drachm[es.]
Janvier	605,775	687,031	559,021	747,754	881,712	898,[illegible]
Février	835,501	808,381	750,757	570,561	1,022,156	758,[illegible]
Mars	728,935	983,101	1,038,490	737,312	1,066,616	819,[illegible]
Avril	537,667	972,369	762,564	842,289	1,199.223	668,[illegible]
Mai	688,323	598,685	834,581	850,871	1,002,509	954,[illegible]
Juin	672,080	770,648	853,529	947,797	764.337	1,075,[illegible]
Juillet	727,254	747,154	875,110	890,069	955,814	1,102,[illegible]
Août	846.508	672,289	1.041,463	1,063,984	966,544	1,106,[illegible]
Septembre	1,228,902	764,072	1.359,282	1,174,293	1,138,517	1,560,[illegible]
Octobre	1.433,914	1,420,369	1,047,679	1,289,902	1,116,293	2,022,[illegible]
Novembre	1,698.189	798,151	1,456,531	1,331,706	1,018,730	"
Décembre	1,082,902	1,074,720	1,283,488	1,128,452	951,065	"
Total	11,085,950	10,302,970	11,862,495	11,574,990	12,083,516	10,965,[illegible]

ART. 2.

Droits sur le tabac.

Les droits sur le tabac ont été réglés en dernier lieu par la loi du 22 décembre 1889.

Les producteurs de tabac sont exempts de toute taxe. — L'impôt sur le tabac est un droit de consommation à la charge des négociants de tabac.

Les feuilles de tabac ne peuvent être hachées que dans les fabriques de l'État. Les machines employées au hachage dans ces fabriques étaient, jusqu'en 1893, la propriété exclusive de l'État. Depuis cette époque, les négociants ont été autorisés à se servir, dans les fabriques, de machines leur appartenant; mais le droit de coupe n'est pas modifié dans ce cas. C'est également dans les fabriques que sont confectionnées les cigarettes.

La coupe des feuilles, la confection des cigarettes, la mise en paquets ou en boîtes du tabac haché et des cigarettes, la fermeture de ces boîtes au moyen de banderoles sont opérées dans les ateliers de l'État par les ouvriers des négociants de tabac, sous la surveillance d'employés de l'État qui effectuent le pesage du tabac coupé. L'État vend les banderoles contre payement comptant et les fait estampiller après que la banderole a été appliquée sur la boîte ou le paquet. La couleur et le prix des banderoles varient suivant la dimension des boîtes ou paquets.

Le papier à cigarettes étant un monopole de l'État, les négociants de tabac sont obligés d'acheter et de payer, par ocque de tabac coupé, une quantité proportionnelle de papier à cigarettes, qui leur est livrée par l'État dans les fabriques et qui doit être, ou employée immédiatement à la confection de cigarettes, ou enfermée dans les boîtes ou paquets de tabac coupé.

Les négociants de tabac ont à payer à l'État pour chaque ocque de tabac coupé :

1. Droit de consommation	5 dr.	20
2. Droit de pesage	0	20
3. Prix de la banderole	0	40
4. Prix du papier à cigarettes	2	40
	8	20

Le tabac importé de l'étranger paye, outre le droit de consommation de 5 dr. 20 et le prix du papier à cigarettes de 2 dr. 40 par ocque, un droit d'entrée qui, d'après le tarif général établi par la loi du 30 décembre 1892, est fixé ainsi qu'il suit :

1. Tabac en feuilles pour 100 ocques .... 600 dr.
2. Toumbeki (tabac persan) 500
3. Tabac coupé 1,100
4. Tabac en carottes, à priser 800
5. Cigares de toute espèce, par ocque 14

Le droit de consommation sur le tabac importé est payé à la douane d'entrée; celle-ci, à la fin de chaque mois, restitue à la fabrique d'État de la circonscription les sommes perçues de ce chef.

L'exportation du tabac en feuilles est libre. Le tabac coupé, exporté de Grèce, acquitte le droit de coupe; mais il ne paye ni le droit de consommation, ni le prix de la banderole, ni celui du papier à cigarettes.

L'exportation a lieu sur un permis de l'éphore et après que le tabac a été pesé.

Il résulte du tableau A ci-annexé que la consommation taxée et les recettes du tabac ont augmenté, de 1892 à 1895, de plus de 50 p. o/o :

1892. Consommation intérieure.	719,864 ocq.	Transit.	64,285 ocq.	Recettes.	4,295,446 dr.
1895. —	—	1,182,220	—	34,263	—	6,858,325

Mais en 1896 il y a eu, par comparaison avec 1895, une diminution de recettes de près de 5 p. o/o, le total des recettes de 1896 ne s'étant élevé qu'à 6,537,360 drachmes. La diminution sera encore plus sensible en 1897. D'après l'état provisoire des recettes constatées et perçues du 1er janvier au 30 septembre, les encaissements de ces neuf mois ne dépassent pas 4,417,463 drachmes, alors que dans la période correspondante de 1896 ils s'étaient élevés à 4,684,488 drachmes, soit une diminution d'environ 6 p. o/o.

Il y a, en Grèce, 59 manufactures de tabac et 3 manufactures de transit. Le personnel de ces manufactures, (catégories, nombre d'employés et gages), est fixé par la loi. Les frais du service sont indiqués au tableau B.

La grande différence en moins qui ressort, pour les frais de coupe et de pesage, entre l'année 1892 et les années suivantes s'explique par une modification de la loi. Jusqu'en 1892, l'État percevait un droit de coupe et de pesage de 50 lepta par ocque et payait lui-même les ouvriers. Depuis 1893, l'État ne reçoit que 20 lepta par ocque; mais le payement des ouvriers est à la charge des négociants.

D'après les lois en vigueur, les producteurs de tabac n'ont aucune déclaration à faire au Gouvernement aussi longtemps que le produit reste en leur possession et dans les limites de la commune où le tabac a été produit. La surveillance et le contrôle de l'administration ne commencent qu'au moment où le tabac a changé de propriétaire ou a été transporté dans une autre localité. Pour prendre possession du tabac et pouvoir le transporter, les négociants doivent obtenir un permis de l'éphore compétent et fournir un garant solvable. L'administration a le droit à tout moment de peser le tabac emmagasiné. Si, après déduction des quantités coupées dans les manufactures de l'État ou exportées en vertu d'un permis de l'éphore, on constate une différence en moins, le négociant est condamné à une amende équivalant au sextuple du droit de consommation et il est en outre poursuivi pour vol, conformément aux dispositions du Code pénal.

Il est généralement reconnu qu'un grand nombre d'infractions aux lois sur l'impôt du tabac restent impunies, parce que le système est défectueux et le contrôle inefficace. Il y aurait sans doute moyen d'améliorer considérablement la surveillance en organisant un contrôle supplémentaire qui serait confié à la Société des Monopoles et à ses agents. A cet effet, il conviendrait d'intéresser la Société, par une commission qu'on lui allouerait, à un rendement aussi élevé que possible de l'impôt sur le tabac.

Les banderoles de tabac devraient être fournies à l'avenir exclusivement par la Commission de contrôle dont elles porteraient le filigrane ou l'estampille. La Commission cèderait à la Société, contre payement comptant, la quantité voulue de banderoles. La Société aurait dans les manufactures de l'État, un guichet où elle débiterait aux marchands de tabac les banderoles; celles-ci seraient estampillées par les employés de l'État et les agents de la Société, au fur et à mesure de leur application sur les boîtes ou les paquets de tabac.

Si on suppose que la Société reçoive une commission de 1 p. o/o sur les banderoles achetées par elle et si on évalue la valeur moyenne des banderoles achetées par mois à 500 ou 550,000 drachmes, la commission qui reviendrait par an à la Société serait de 60 à 66,000 drachmes.

Les frais qui résulteraient pour la Société de ce service consisteraient :

1° Dans la perte d'intérêts sur les sommes payées comptant pour l'acquisition des banderoles;

2° Dans le traitement du caissier préposé aux guichets de la Société dans les différentes manufactures de tabac;

3° Dans les frais de transport des banderoles.

Comparativement à d'autres pays, le tabac est à bon marché en Grèce, puisque l'ocque de la meilleure qualité n'est pas payé plus de 15 drachmes. D'autre part, l'usage du tabac est tellement dans les habitudes du pays qu'on ne peut guère prévoir une diminution de la consommation, même en cas de renchérissement du prix de vente. Les droits sur le tabac pourraient donc être augmentés sans danger. Il est évident, d'ailleurs, que l'introduction de la régie des tabacs en Grèce, ou même une assiette d'impôt plus rationnelle et permettant un contrôle plus efficace, augmenterait considérablement le revenu actuel. Mais ce n'est pas le moment de faire des expériences et ces questions doivent être réservées pour un avenir plus ou moins rapproché. En tout cas, on pourrait aisément porter dès aujourd'hui les droits de consommation sur le tabac de 5 dr. 20 à environ 7 drachmes par ocque, sans avoir à redouter une diminution tant soit peu sensible de la consommation. Ce relèvement des droits donnerait immédiatement une augmentation de produit de 1,800,000 drachmes.

Tableau A.

Tableau indiquant la quantité de tabac et toumbeki hachés dans les manufactures de l'État p
les années 1892, 1893, 1894, 1895, 1896 et les recettes effectuées pendant les mêmes an

ANNÉES.	CONSOMMATION INTÉRIEURE.							TRANSIT.		TC
	TABAC HACHÉ.			RECETTES.						
	Tabac.	Toumbeki.	Total.	du droit de consommation.	de frais pour la coupe.	des banderoles.	Total.	TABAC haché.	DROITS de coupe.	REC effe
	ocques.	ocques.	ocques.	drach.	drach.	drach.	drach.	ocques.	drach.	d
1892	695,924	23,940	719,864	3,743,279	243,229	281,836	4,268,344	64,285	27,082	4,2
1893	907,210	26,866	994,076	5,169,185	198,810	418,402	5,786,397	41,537	8,304	5,7
1894	1,012,422	36,672	1,049,094	5,860,889	225,419	467,973	6,554,281	44,597	8,928	6,5
1895	1,142,392	39,828	1,182,220	6,147,544	236,444	467,485	6,851,473	34,263	6,852	6,8
1896	1,087,819	37,007	1,124,826	5,849,095	224,905	454,806	6,528,806	42,409	8,494	6,5

Tableau B.

Tableau indiquant les frais des manufactures de tabac pendant les années 1892, 1893
1894, 1895 et 1896.

ANNÉES.	TRAITEMENT du PERSONNEL.	FRAIS DE SERVICE À SAVOIR : Allocation des directeurs, frais de déplacements, etc. des employés des manufactures ; loyers ; frais d'encre, de sceaux ; meubles, livres, imprimés ; réparation de bâtiments, éclairage, etc.	FRAIS POUR LE PESAGE du tabac haché dans les manufactures de l'État.	TOTAL des FRAIS.
	drach. lept.	drach. lept.	drach. lept.	drach.
1892	140,382 02	74,627 32	216,095 13	431,104 4
1893	162,725 07	55,134 39	38,020 58	255,880 0
1894	173,917 97	61,406 04	38,182 59	273,506 6
1895	177,796 18	61,370 52	38,981 46	278,148 1
1896	180,054 26	60,698 54	46,317 11	287,069 9

ART. 3.

Droits de consommation sur les spiritueux et la bière.

§ 1er. — *Spiritueux.*

La circulation et la vente des alcools sont libres. Leur fabrication seule est soumise à un ensemble de prescriptions légales. La loi du 30 novembre 1892 a créé trois catégories de redevables.

1° *Les bouilleurs de cru.* — Sont exempts de toute taxe ceux qui travaillent avec un appareil d'une contenance inférieure à 150 ocques. Si l'appareil a une capacité de 150 à 500 ocques, la taxe est de 250 drachmes par an; mais le redevable ne peut faire de l'alcool qu'avec le produit de la vigne ou avec des substances sucrées, comme les figues etc. Au-dessus de 500 ocques, le droit est de 1 drachme par ocque. La fabrication n'est pas limitée; mais, si le propriétaire ne veut pas fabriquer, il doit en faire la déclaration à l'éphore, qui ferme l'appareil. Dans les appareils ne dépassant pas 150 ocques, le bouilleur a le droit de fabriquer directement, avec de l'alcool non rectifié, une liqueur appelée *Ouzo* qui est une sorte de mastic consommé spécialement par les paysans de Thessalie. Si les appareils dépassent 150 ocques, les bouilleurs ne peuvent ni rectifier l'alcool, ni faire de liqueur.

2° *Les rectificateurs.* — Ils ne peuvent rectifier que l'alcool de vin ou de substances sucrées. Le droit annuel est de 2,000 drachmes pour les appareils ayant jusqu'à 1,000 ocques de contenance et travaillant directement au feu, de 4,000 drachmes pour les appareils travaillant à la vapeur et de 6,000 drachmes si l'appareil ne chôme pas.

Si les appareils ont plus de 1,000 ocques, le droit est de 2 drachmes par ocque, pour ceux à feu direct, et de 3 drachmes pour les autres.

3° *Les fabricants qui travaillent sur les grains et sur les mélasses.* Ils ne peuvent employer que des appareils munis de compteurs Siemens et paient 1 dr. 50 par ocque d'alcool à 100°.

Ce dernier mode de travail est aujourd'hui abandonné.

Les fabricants qui font des liqueurs, soit avec un appareil n'ayant pas plus de 500 ocques, soit sans appareil, payent 1,000 drachmes par an; le droit est de 3 drachmes par ocque si l'appareil est d'une contenance supérieure à 500 ocques. Ceux qui appartiennent à deux des catégories ci-dessus, ou qui sont en même temps liquoristes, payent les droits afférents à chacune des catégories ou professions.

L'alcool supporte, en outre, à l'entrée en Grèce, des droits que perçoit la Douane et qui sont :

1° A titre d'impôt de consommation, de 1 drachme par ocque jusqu'à 70° et de 1 dr. 50 au delà de 70°.

2° A titre de droit d'entrée, de 0 fr. 70 par ocque jusqu'à 70° et de 1 drachme au-dessus de 70°.

§ 2. — *Bières.*

Le droit est de 0 dr. 30 par ocque; il est réglé d'après la durée du travail et la capacité des chaudières, calculée brute et sans déduction. Les employés de l'éphore ont les clés des chaudières et sont chargés de les ouvrir et fermer. Les droits de douane sont de 0 dr. 35 par ocque pour les bières en baril et de 0 dr. 60 pour les bières en bouteilles.

§ 3. — *Pénalités.*

Les fabricants (alcool, liqueurs, bières) qui travaillent sans autorisation ou dans des conditions autres que celles de la catégorie pour laquelle ils ont fait des déclarations paient huit fois l'impôt, plus une amende pouvant atteindre 5,000 drachmes; en outre, les marchandises sont confisquées. Le montant de l'amende est fixé par l'éphore, dont la décision est revisée par le Conseil judiciaire du Ministère des finances. En cas de non-payement des droits, les appareils sont scellés par l'éphore. L'existence chez les fabricants d'appareils non autorisés, entraîne l'application des mêmes pénalités.

Art. 4.

Droit sur la vente en détail du vin.

Outre l'impôt dont il a été parlé au chapitre 1er, la loi du 21 décembre 1892, a établi un droit de consommation sur les vins vendus en détail, c'est-à-dire, en quantités inférieures à 100 ocques. Ce droit est constaté et perçu en même temps que l'impôt dit foncier, dans les formes indiquées plus haut. Il a été fixé :

à 1/2 lepta, par ocque, dans les centres de 1,000 à 5,000 habitants.
à 1 — — de 5,000 à 20,000 —
à 1 1/2 — — de 20,000 à 40,000 —
à 2 — — de plus de 40,000 —

Les vins vendus dans les villages de moins de 1,000 habitants, sont exempts de ce droit de consommation.

Tableau I.

ARTICLES.	CLASSIFICATION.	EXERCICES					TOTAL.	MOYENNE.
		1892.	1893.	1894.	1895.	1896.		
		drachmes.	drachmes.	drachmes.	drachmes.	drachmes.	drachmes.	drachmes.
1	Droits d'entrée des douanes....	25,641,108	22,335,537	26,705,866	25,660,010	27,411,432	127,753,953	25,550,790
2	Droits de consommation du tabac.	4,295,446	5,794,701	6,563,209	6,858,325	6,537,360	30,049,041	6,009,808
3	Droits de consommation sur les spiritueux et la bière.......	222,480	353,531	90,741	97,760	126,419	890,940	178,188
4	Droits de consommation sur le débit en détail du vin......	"	228,575	281,607	303,917	264,440	1,078,539	215,708
	Total.............	30,159,034	28,712,344	33,641,423	32,920,021	34,339,651	150,772,473	31,954,494

TABLEAU II.

Note sur les moyennes du chapitre III.

ANNÉES 1898 À 1902. | ANNÉE 1903.

Droits d'entrée des douanes.

Années 1898 à 1902	drachmes.	Année 1903	drachmes.
Moyenne établie	26,310,000	Moyenne établie	26,310,000
Déduction pour la Thessalie	2,052,000		
	24,258,000		
Ajouter moyenne pour rétablissement de Thessalie	1,230,000		
	25,488,000		

Droits de consommation du tabac.

Années 1898 à 1902	drachmes.	Année 1903	drachmes.
Moyenne établie	6.650,000	Moyenne établie	6,650,000
Déduction pour la Thessalie	1,180,000	Ajouter augmentation normale	375,000
	5,470,000		7,025,000
Ajouter moyenne pour rétablissement de Thessalie	720,000		
Ajouter moyenne pour augmentation normale	150,000		
	6,340,000		

TABLEAU III.

ARTICLES.	CLASSIFICATION.	MOYENNE ACTUELLE.	MOYENNE CORRIGÉE d'après l'appréciation des chiffres.	ESTIMATION de LA MOYENNE à percevoir pendant les années 1898-1902.	ESTIMATION des PERCEPTIONS en 1903.
		drachmes.	drachmes.	drachmes.	drachmes.
1	Droits d'entrée des douanes	25,550,790	26,310,000	25,488,000	26,310,000
2	Droits de consommation du tabac	6,009,808	6,650.000	6,340,000	7,025,000
3	Droits de consommation sur les spiritueux	178,188	105.000	105,000	105.000
4	Droits de consommation sur le débit en détail du vin	215,708	271,000	271,000	271,000
	TOTAL	31,954,494	33,336,000	32,204,000	33,711,000

Chapitre III.

TIMBRE ET DROITS DIVERS.

Le chapitre III contient les articles suivants :

Article 1. Droits de timbre.
——— 2. Droits des Chancelleries consulaires.
——— 3. Taxes postales.
——— 4. Taxes télégraphiques.
——— 5. Droits de douane à l'exportation.
——— 6. Taxes pénales, frais et amendes.
——— 7. Pénalités pour contrebande.
——— 8. Pénalités pour infraction aux lois d'imposition.
——— 9. Rentrée des recettes publiques arriérées et pénalités pour arriérés.
——— 10. Taxe d'exonération militaire.
——— 11. Contributions diverses.
——— 12. Droits d'ancrage et des phares.
——— 13. Marques de fabrique.

Aux produits de la télégraphie la Commission a réuni les taxes télégraphiqu[e] perçues pour le compte des Compagnies étrangères qui font l'objet du chapitre X.

Les droits de douane à l'exportation sont d'importance secondaire. Leur moyen[ne] ne dépasse pas 7,300 drachmes.

Les recouvrements sur arriérés et pénalités ont été rattachés par la Commission [à] chacun des articles qu'ils concernent. En conséquence, les tableaux récapitulatifs d[u] chapitre III ne contiennent aucune somme pour l'article 9.

Les droits d'ancrage et des phares sont partagés par moitié entre l'État et la Cais[se] des phares pour la couvrir de ses dépenses. La part revenant à l'État figure seule a[u] chapitre III. La part versée à la Caisse des phares fait l'objet du chapitre IX.

On se bornera ici à fournir quelques explications sur les droits de timbre et la ta[xe] d'exonération militaire.

ARTICLE PREMIER.

Droits de timbre.

Les droits de timbre sont réglés en Grèce par la loi du 31 décembre 1887, laquelle quelques modifications et additions ont été apportées par les lois des 29 d[é]cembre 1889, 15 avril 1892 (billets de théâtre), 31 décembre 1892 (augmentati[on] des frais de justice) et 12 juillet 1895 (timbre pour l'instruction publique).

Sont soumis au droit de timbre :

Tout papier adressé à une autorité publique, ou se rapportant à des actes jud[i]ciaires et civils, ainsi que tout papier de nature à être produit en justice ou deva[nt] une autorité quelconque pour y faire foi.

Toute transmission de biens par suite de décès;

Les cartes d'entrée, marques et billets de bateaux à vapeur, chemins de fer, représentations, concerts et bals.

La perception du droit de timbre s'effectue :

Par la rédaction de la pièce, acte ou contrat sur papier timbré;

Par l'apposition de timbres mobiles sur le papier et l'oblitération de ces timbres;

Par timbrage spécial;

Moyennant une quittance délivrée par les caissiers de l'État dans les cas prévus par la loi.

Il est de règle que tous les actes soumis au timbre doivent être écrits dès le principe sur du papier timbré du type prescrit.

Dans certains cas prévus par l'article 38 de la loi, il est permis aux particuliers de se servir de timbres mobiles. Dans tous les autres cas où l'application du timbre mobile devient nécessaire, les pièces et actes doivent être présentés avant tout usage à la Trésorerie centrale ou aux caisses d'arrondissements, qui perçoivent la taxe et procèdent à l'apposition du timbre mobile (art. 40).

Les cas dans lesquels la loi exige un timbrage spécial sont mentionnés dans l'article 42. Ce sont principalement :

a) Les billets de théâtre, concerts, bals publics. Le montant du timbre est payé contre reçu.

b) Les actions des sociétés helléniques, pour lesquelles la taxe doit être avancée lors de l'émission des titres provisoires, en raison de la valeur nominale des titres définitifs soumis au timbrage extraordinaire.

c) Les lettres de change et les billets à ordre, les chèques sur l'étranger, les obligations et, en général, toutes les pièces qui contiennent une promesse où un ordre de payement pour des sommes déterminées et qui sont en circulation en Grèce.

Le timbre spécial est apposé à l'Atelier national du timbre ou dans tout autre endroit fixé par un décret royal qui détermine en même temps l'empreinte des poinçons et le procédé du timbrage (art. 8).

Le timbre moyennant quittance est payé aux caisses de l'État pour les billets de bateaux à vapeur et de chemins de fer, ainsi que pour les coupons d'intérêts et de dividendes des sociétés par actions. De même, pour les contrats dont la valeur dépasse la somme de 150,000 drachmes, la taxe pour le surplus de cette somme est payée directement contre quittance aux caisses de l'État.

Les taxes sur les héritages sont également payées à l'État contre quittance.

Enfin, pour certains actes judiciaires énumérés dans les articles 33 à 36, les taxes sont payées à l'État directement, sans papier timbré, timbre mobile ou timbrage spécial.

La loi, dans son article 11, accorde une provision de 1 p. o/o aux fonctionnaires chargés de la vente en détail du timbre. Elle alloue en outre un droit légal, variant selon les cas, au profit des conservateurs des hypothèques, des huissiers et des notaires.

Il y a lieu, par conséquent, de définir d'une manière précise les droits de timbre que le Gouvernement affecte au service de la Dette et de décider si à l'avenir les provisions nécessaires de papiers timbrés et de timbres mobiles seront livrées par la Commission internationale au Gouvernement contre payement comptant, ou à la Société anonyme qui serait alors chargée par le Contrôle du débit du timbre. Dans le premier cas, le Contrôle percevrait le revenu brut; mais cette combinaison pourrait offrir des inconvénients, puisque le gage ne serait pas indépendant de l'action du Gouvernement.

La vente du papier timbré et des timbres mobiles paraît être le seul mode de perception qui puisse se prêter au contrôle de la Commission internationale. Afin de ne pas trop réduire le revenu affecté du timbre, il conviendrait de modifier la loi actuelle en supprimant le timbrage spécial et le payement du timbre moyennant quittance, et en décidant que dorénavant le payement du timbre se fera en toute circonstance soit par emploi de papiers timbrés, soit par application de timbres mobiles.

ART. 10.

Taxe d'exonération militaire.

1. — *Principe de l'exonération.*

D'après les articles 121, 122 et 123 de la loi sur le recrutement de l'armée, toutes les personnes exonérées du service militaire doivent payer une somme d'argent à la Caisse publique.

2. — *Prix de l'exonération.*

L'article 33 de la loi établit différentes catégories parmi les exonérés du service militaire et fixe le montant de la taxe.

Celle-ci varie selon la catégorie à laquelle appartient l'exonéré : elle est, suivant les cas, de 50, 100 ou 150 drachmes par personne. Les hommes mis en disponibilité payent une taxe de 150 drachmes.

3. — *Nombre des jeunes gens reconnus tous les ans aptes au service.*

Le nombre des jeunes gens obligés de se présenter au recrutement est presque le même tous les ans. En 1896, il s'est élevé à 24,960.

4. — *Nombre des jeunes gens non reconnus aptes au service.*

Ont été trouvés invalides	443
Ont été exonérés	9,735
Ont été jugés aptes pour les services auxiliaires	969
Ont été dispensés comme élèves des écoles militaires	191
TOTAL	11,338

Il reste ainsi 13,622 hommes, dont 11,000 ont été enrôlés pour compléter la force organique de l'armée; le reste, soit 2,622 hommes, a été mis en disponibilité.

Total de la taxe perçue en 1896...... 1,628,667 drachmes.

Suivent les tableaux faisant ressortir les moyennes du chapitre III.

Tableau I.

Articles.	Classification.	Exercices 1892.	1893.	1894.	1895.	1896.	Total.	Moyenne.	Observations.
1	Droits de timbre	11,108,446	12,607,477	12,462,415	11,679,758	12,074,267	59,932,363	11,986,472	
2	Droit des Chancelleries consulaires	503 626	487,644	547,094	538,493	529,830	2,606,687	521,336	
3	Taxes postales	1,554,059	1,544,700	1,583,981	1,612,117	2,091,921	8,380,778	1,677,356	
4	Taxes de télégraphie	1,399,145	1,514,718	1,497,924	1,577,427	1,645,022	7,634,236	1,526,848	
5	Droits des douanes à l'exportation	6,050	5,404	9,381	8,761	6,792	36,388	7,277	
6	Taxes pénales, frais et amendes	594,691	849,554	982,820	833,973	737,416	3,998,454	799,690	
7	Pénalités pour contrebande	149,772	108,661	76,804	77,810	76,428	489,475	97,895	
8	Pénalités pour infraction aux lois d'imposition	157,712	64,114	31,738	35,526	35,391	324,481	64,896	
9	Pénalités sur les arriérés des recettes publiques	〃	〃	〃	〃	〃	〃	〃	Ces pénalités sont rattachées aux arriérés de chaque article.
10	Taxe d'exonération militaire	1,832,960	1,582,492	1,513,497	1,688,825	1,631,062	8,248,836	1,649,767	
11	Contributions diverses	83,871	86,312	102,064	138,351	123,424	534,022	106,804	
12	Droits d'ancrage et des phares	〃	302,147	347,908	352,017	357,912	1,359,984	271,997	
13	Marques de fabrique	〃	3,480	6,060	1,800	2,340	13,680	2,736	
	Total	17,390,332	19,156,703	19,161,686	18,544,858	19,311,805	93,565,384	18,713,074	

TABLEAU II.

Note sur les moyennes du chapitre III.

Droit de timbre.

MOYENNE DES ANNÉES 1898 À 1902.		MOYENNE DE 1903.	
Moyenne établie	12,000,000	Moyenne établie	12.000,(
Déduction pour la Thessalie	1,258,000		
	10,742,000		
Ajouter moyenne pour rétablissement de Thessalie	750,000		
	11,492,000		

Taxes postales.

MOYENNE DES ANNÉES 1898 À 1902.		MOYENNE DE 1903.	
Moyenne établie	1,635,000	Moyenne établie	1,635,0
Déduction pour la Thessalie	128,000	Augmentation normale	100,0
	1,507,000		1,735,0
Ajouter moyenne pour rétablissement de Thessalie	98,000		
Ajouter moyenne d'augmentation normale	40,000		
	1,645,000		

Taxes de télégraphie.

(Y compris les taxes appartenant à des compagnies étrangères.)

MOYENNE DES ANNÉES 1898 À 1902.		MOYENNE DE 1903.	
Moyenne établie	1,600,000	Moyenne établie	1,600,0
Déduction pour la Thessalie	82,000	Augmentation normale	55,0
	1,518,000		1.655,0
Ajouter moyenne pour rétablissement de Thessalie	32,000		
	1,550,000		

Taxes pénales, frais et amendes.

MOYENNE DES ANNÉES 1898 À 1902.		MOYENNE DE 1903.	
Moyenne établie	800,000	Moyenne établie	800,0
Déduction pour la Thessalie	80,000		
	720,000		

Taxe d'exonération militaire.

MOYENNE DES ANNÉES 1898 À 1902.		MOYENNE DE 1903.	
Moyenne établie	1,650,000	Moyenne établie	1,650,0
Déduction pour la Thessalie	195,000		
	1,455,000		
Ajouter moyenne pour rétablissement de Thessalie	80,000		
	1,535,000		

Tableau III.

ARTICLES.	CLASSIFICATION.	MOYENNE ACTUELLE.	MOYENNE CORRIGÉE d'après l'appréciation des chiffres.	ESTIMATION de LA MOYENNE à percevoir pendant les années 1898-1902.	ESTIMATION des PERCEPTIONS en 1903.	OBSERVATIONS.
		drachmes.	drachmes.	drachmes.	drachmes.	
1	Droits de timbre	11,986,482	12,000,000	11,492,000	12,000,000	
2	Droits des Chancelleries consulaires	521,336	521,300	521,000	521,000	
3	Taxes postales	1,677,356	1,635,000	1,645,000	1,735,000	
4	Taxes de télégraphie	1,526,848	1,600,000	1,550,000	1,655,000	
5	Droits des douanes à l'exportation	7,277	7,300	7,300	7,300	
6	Taxes pénales, frais et amendes	799,690	800,000	720,000	800,000	
7	Pénalités pour contrebande	97,895	80,000	80,000	80,000	
8	Pénalités pour infraction aux lois d'imposition	64,896	36,000	36,000	36,000	
9	Pénalités sur les arriérés des recettes publiques	"	"	"	"	Ces pénalités sont rattachées aux arriérés de chaque article.
10	Taxe d'exonération militaire	1,649,767	1,650,000	1,535,000	1,650,000	
11	Contributions diverses	106,804	120,000	120,000	120,000	
12	Droits d'ancrage et des phares	271,997	350,000	350,000	350,000	
13	Marques de fabrique	2,736	2,000	2,000	2,000	
	TOTAL	18,713,084	18,801,600	18,058,300	18,956,300	

CHAPITRE IV.

MONOPOLES.

Les monopoles établis par le Gouvernement hellénique sont au nombre de six; ils ont pour objet le sel, le pétrole, les allumettes, les cartes à jouer, le papier à cigarettes et l'émeri de Naxos.

Ces impôts ont été affectés à la garantie de l'emprunt de 135 millions de francs 4 p. 0/0, dont l'émission a été autorisée par la loi du 28 mai/9 juin 1887.

Les quatre premiers produits sont administrés par la Société de régie des Monopoles de Grèce, qui se conforme, sauf quelques modifications, aux conditions déterminées par ses statuts et par la convention du 3 janvier 1888, approuvée par décret royal du 6 du même mois.

La vente du papier à cigarettes est placée sous un régime spécial.

Quant au produit de l'émeri de Naxos, à raison de son mode d'exploitation, il est confondu dans les redevances des mines, minières ou carrières.

ARTICLE PREMIER.

Sel.

Le monopole du sel a été établi dès la constitution du Royaume.

L'importation du sel venant de l'étranger est prohibée. La loi du 9 janvier 1886 interdit en outre la culture, la récolte et la vente clandestine du sel, ainsi que le fait de posséder du sel ne provenant pas des dépôts publics.

Le prix de vente du sel est fixé à 15 lepta par ocque (1,280 grammes).

Parmi les îles Ioniennes, celles de Leucade, Céphalonie, Ithaque et Paxos sont seules soumises au monopole, avec cette réserve que le sel y est vendu à raison de 5 lepta l'ocque.

A Corfou, à Zante et à Cérigo, l'exploitation des salines constitue un revenu local.

Le sel destiné aux usages industriels peut être vendu directement par le Gouvernement au prix de 2 lepta par ocque, à la condition d'avoir été préalablement dénaturé; mais il n'a été fait, jusqu'à présent, aucun usage de cette faculté.

Le sel livré à la consommation est exclusivement du sel marin.

Les salines servant à l'approvisionnement du monopole sont au nombre de dix, dont la production respective varie entre 50,000 et 7 millions d'ocques par an. Elles sont exploitées par l'État, qui conclut à cet effet des marchés d'entreprise. Le travail s'effectue sous la surveillance des agents du Gouvernement. Dans les salines importantes, le personnel comprend deux surveillants, trois ou quatre gardiens et cinq ou six gendarmes. Il existe également dans chaque saline un représentant de la Société, chargé de prendre livraison du sel aussitôt qu'il est reconnu propre à la consommation.

L'opération est constatée par un procès-verbal dressé en trois expéditions, dont l'une reste sur place, tandis que les deux autres sont adressées, l'une à la Société et l'autre au Ministère. Au vu de cette dernière, la Société est débitée de la valeur du sel qu'elle a reçu.

Elle règle ensuite, chaque mois, son compte avec l'État, en lui versant le produit de ses ventes, sous déduction de la commission qui lui est due.

Cette commission est uniformément de cinq lepta par ocque, sauf dans les îles Ioniennes, où elle est réduite à 1 lepta.

Moyennant cette somme, la Société se charge de maintenir l'approvisionnement réglementaire prévu par son cahier des charges dans les 167 dépôts qu'elle possède dans les différentes parties du territoire hellénique, en dehors des dix dépôts généraux établis dans les salines mêmes.

Les frais de transport, ainsi que les salaires fixes ou les remises proportionnelles qu'elle doit payer aux chefs de ses agences, les déchets et les pertes, représentent pour la Société une dépense moyenne de près de 4 lepta.

La vente du sel, qui ne dépassait pas 12,609,000 ocques en 1887, a été de 16,511,000 en 1896, après s'être élevée à 16,894,000 en 1894. De 1887 à 1896, l'augmentation moyenne annuelle ressort à un peu plus de 3 p. o/o.

La consommation annuelle dépend principalement de l'importance de la récolte des olives et du succès de l'industrie du bétail.

D'après les représentants de la Société, la contrebande ne dépasserait pas 5 p. o/o de la consommation taxée.

ART. 2 À 4.

Pétrole, allumettes, cartes à jouer.

Les monopoles sur le pétrole, les allumettes et les cartes à jouer ont été établis par les lois des 19, 27 et 22 mars 1884.

Le prix de vente du pétrole, fixé d'abord à 24 drachmes la caisse contenant 2 bidons et pesant 23 ocques ou 29 kilogrammes, a été porté à 30 drachmes, à partir de 1893, par la loi du 22 février 1892.

Le Gouvernement fait ses achats au cours du marché de New-York, par l'intermédiaire de la maison Ralli brothers, de Londres. Les lieux de réception sont le Pirée, Patras et Volo. L'État possède, en outre, des dépôts centraux à Lamia, Syra, Kalamata et Corfou.

Les allumettes sont vendues au prix du tarif suivant :

CATÉGORIES.	NOMBRE par boîte.	TOLÉRANCE.	PRIX. en lepta.
1° Allumettes en cire	40	5 p. o/o	10
2° Allumettes en cire	90	*Idem.*	20
3° Allumettes en bois (sans soufre)	300	*Idem.*	40
4° Allumettes en bois (luxe)	350	10 p. o/o	40
5° Allumettes en bois (inférieur)	150	*Idem.*	10
6° Allumettes suédoises (en bois)	55	*Idem.*	5
7° Allumettes en bois (avec soufre)	80	*Idem.*	5
8° Allumettes en bois (avec soufre)	170	5 p. o/o	10
9° Allumettes en papier	100	*Idem.*	10
10° Amadou phosphoré	50	*Idem.*	10

Le Gouvernement achète en Italie les allumettes des cinq premières catégories;

celles des 6e et 7e catégories sont fournies par une fabrique du Pirée; celles des trois dernières catégories sont achetées en Italie et en Allemagne.

Le dépôt central de l'État est au Pirée.

Le tarif des cartes à jouer a été plusieurs fois modifié; il a été fixé en dernier lieu, par la loi du 6 décembre 1896, aux prix ci-après :

Cartes fabriquées en France :

Portrait français, jeu de 32 cartes, simple	1f 50c
Portrait français, jeu de 32 cartes, avec coins dorés ou coloriés	2 00
Portrait français, jeu de 52 cartes, simple	2 50
Portrait français, jeu de 52 cartes, avec coins dorés ou coloriés	2 50

Cartes fabriquées en Grèce :

Portrait vénitien, jeu de 52 cartes, simple	0 70
Portrait vénitien, jeu de 52 cartes, avec coins dorés ou coloriés	1 00
Portrait français, jeu de 32 cartes, simple	0 50
Portrait français, jeu de 32 cartes, avec coins dorés ou coloriés	0 70
Portrait français, jeu de 52 cartes, simple	0 70
Portrait français, jeu de 52 cartes, avec coins dorés ou coloriés	1 00
Portrait anglais, jeu de 32 cartes	2 00
Portrait anglais, jeu de 52 cartes	3 00

Les cartes fabriquées en France sont fournies par la maison Grimaud, de Paris; celles fabriquées en Grèce, par une fabrique de Corfou, dont le contrat expire cette année même.

Le dépôt central de l'État est à Athènes.

La Société n'est tenue par son cahier des charges d'avoir des approvisionnements de pétrole, d'allumettes et de cartes à jouer que dans 73 de ses agences. Elle en envoie néanmoins dans tous ses dépôts, afin de lutter contre la contrebande et de faciliter la consommation.

Elle adresse ses demandes au Ministère des finances, et les ordres de livraison, envoyés par celui-ci aux directeurs des dépôts centraux, déterminent les sommes dont la Société est débitée. Les dépôts spéciaux délivrent récépissé des quantités qui leur sont livrées.

La Société règle mensuellement son compte avec le Trésor.

Les diverses commissions qui lui sont allouées s'élèvent, pour le pétrole, à 8 dr. 25 p. 0/0; pour les allumettes et les cartes à jouer, à 4 p. 0/0 des prix de vente.

La consommation du pétrole a passé de 153,600 caisses en 1887, à 183,000 en 1896. Elle avait atteint jusqu'à 183,800 caisses en 1892; mais elle avait sensiblement fléchi à partir de cette époque, par l'effet du relèvement de tarif.

Celle des allumettes a passé de 11,000,000 de boîtes en 1887 à 19,000,000 en 1895 et 1896.

Celles des cartes à jouer, après s'être élevée à 263,000 jeux en 1887, à 463,000 en 1891, est tombée à 251,000 en 1894, 277,000 en 1895 et 286,000 en 1896.

De 1887 à 1896, l'augmentation moyenne annuelle, à peu près nulle sur les cartes à jouer, est d'un peu moins de 2 p. o/o sur le pétrole et d'environ 7 p. o/o sur les allumettes.

La contrebande sur ces différents articles offre, avec de dangereuses facilités, l'appât d'un bénéfice important. Il est à craindre qu'elle n'atteigne, sur le pétrole surtout, des proportions considérables. Corfou et le groupe des Cyclades ont été signalés à la Commission comme étant des centres de contrebande assez active.

ART. 5.

Papier à cigarettes.

Le papier à cigarettes a été déclaré monopole de l'État par la loi du 29 avril 1883. Il forme, en quelque sorte, un accessoire des différents droits établis sur le tabac; il est vendu, à raison de 0 dr. 20 les 100 feuilles, soit aux fabricants qui confectionnent les cigarettes dans les ateliers de l'État, soit aux acheteurs de tabac haché : le cahier de papier à cigarettes, dans ce dernier cas, est collé sur le paquet de tabac mis en vente, à l'intérieur de la banderole. La quantité de papier à cigarettes correspondant à une ocque de tabac avait d'abord été fixée à 1,200 feuilles, représentant une valeur vénale de 2 dr. 40. Cette proportion a été, avec raison, jugée excessive, et la loi du 9 avril 1896 l'a réduite à 960 feuilles (valeur 1 dr. 92).

L'État achète directement le papier à cigarettes et le livre à une fabrique de Corfou, chargée de le couper en feuilles de la dimension voulue et de réunir ces feuilles en cahiers.

Aux termes de la loi du 28 mai 1887, la Société des Monopoles doit revêtir la feuille extérieure des cahiers de papier à cigarettes d'une estampille spéciale. De plus, le directeur de la fabrique doit exécuter sur le papier même l'empreinte de la marque de l'État.

A cet effet, les travaux de la fabrique sont surveillés à la fois par un représentant de l'État et par un représentant de la Société.

Les caisses contenant les cahiers de papier à cigarettes sont expédiées revêtues du cachet du représentant du Gouvernement au bureau de la Société, à Athènes; elles sont ensuite placées dans un dépôt de l'État désigné par le Ministre des finances et fermées par deux clés, dont l'une reste entre les mains du représentant du Gouvernement et l'autre, entre les mains du représentant de la Société.

Au fur et à mesure des besoins, le caissier du dépôt du papier timbré prend livraison des mains du représentant de la Société, en présence d'un représentant du Ministre des finances, du nombre de cahiers qui lui est nécessaire, après procès-verbal rédigé en double et signé par lui, ainsi que par les représentants du Ministre et de la Société.

D'après la Convention du 3 janvier 1888, le Caissier central du Trésor devait verser à la Société la valeur du prix de vente du papier à cigarettes livré.

Aujourd'hui que la Société des Monopoles a cessé d'effectuer ses recouvrements pour le compte des créanciers de l'État hellénique, toutes les formalités qui viennent d'être décrites ont été maintenues. Mais la Société verse à l'État comme numéraire les récépissés qui lui sont délivrés par le caissier du papier timbré.

Elle ne perçoit d'ailleurs aucune commission pour sa participation à la livraison du papier à cigarettes.

D'après ce qui a été expliqué plus haut, le monopole du papier à cigarettes constitue une sorte de surtaxe sur le tabac et pourrait être, à la rigueur, remplacé par une augmentation des droits perçus au hachage. Il a paru toutefois que le système fonctionnait régulièrement et qu'il pouvait, jusqu'à un certain point, offrir une garantie contre la contrebande.

La vente du papier à cigarettes a subi les mêmes fluctuations que les droits sur le tabac. De 2,205,665 drachmes en 1887, elle est tombée, sous l'influence des circonstances politiques, à moins de 1,500,000 drachmes en 1891, pour remonter à 2,760,000 drachmes en 1895 et 2,600,000 drachmes en 1896.

Moyenne des recettes.

Les recettes brutes moyennes réalisées pendant les années 1892 à 1896, sur les cinq articles qui viennent d'être énumérés, se sont élevées aux chiffres ci-après :

Sel	2,373,141 dr.
Pétrole	5,257,714
Allumettes	971,900
Cartes à jouer	303,538
Papier à cigarettes	2,432,038
Ensemble	11,338,331

Il convient d'observer que ces moyennes comprennent :

D'une part, l'année 1892 pendant laquelle le pétrole se vendait encore à l'ancien tarif.

D'autre part, l'année 1893 défavorablement influencée par la crise financière, qui a abouti à la loi de faillite du 10 décembre.

Il a paru qu'on arriverait à plus d'exactitude en limitant le calcul aux trois années 1894, 1895 et 1896.

Les moyennes obtenues par ce procédé sont les suivantes :

Sel	2,411,701 dr.
Pétrole	5,264,700
Allumettes	1,003,219
Cartes à jouer	293,374
Papier à cigarettes	2,701,066
Ensemble	11,674,060

Le produit de ces cinq articles pourrait, d'après la Société, s'élever d'un dixième en cinq ans par suite de l'accroissement normal de la consommation.

La progression des ventes de la Société pendant la dernière période décennale paraît justifier cette appréciation. Néanmoins, pour éviter autant que possible tout mécompte, on supposera que l'augmentation de 10 p. 0/0 se produira, non en cinq, mais en dix ans. On admettra, en outre, que les moins-values qui résulteront de la situation actuelle de la Thessalie atteindront, pour la première année, environ 2 millions et s'atténueront d'année en année pour disparaître au bout de cinq ans.

On obtient ainsi les résultats suivants :

Moyenne actuelle	11,700,000 dr.
Moyenne des années 1898 à 1902	11,261,000
Année 1903	12,325,000
Année 1908	12,870,000

Une répression plus active de la contrebande contribuerait à relever encore ces moyennes. Le Gouvernement pourrait, en outre, mettre à l'étude un certain nombre de mesures dont l'effet se traduirait sans doute par une augmentation de produits.

C'est ainsi que des essais pourraient être tentés en vue d'exporter une partie du sel produit par les salines de l'État.

La qualité de certains articles, tels que les allumettes et les cartes à jouer, paraît nuire à leur vente. Le Gouvernement, à l'expiration des marchés en cours, pourrait chercher à se procurer de meilleures fournitures.

Le pétrole n'est actuellement débité que par bidons de 11 ocques et demie. Pour le mettre à la portée des petites bourses, il y aurait avantage à le détailler par quantités inférieures.

Il semble, d'un autre côté, que l'exploitation de l'émeri de Naxos soit susceptible d'un accroissement notable de produit.

Émeri de Naxos.

L'émeri, dont il existe à Naxos des gisements considérables, est une substance minérale employée, comme on le sait, à divers usages industriels, tels que le bouchage des bouteilles et le polissage des métaux et du riz. L'émeri de Naxos passe pour être de meilleure qualité et pour exiger moins de frais d'extraction que l'émeri de Smyrne qui alimente aujourd'hui 85 p. 0/0 environ de la consommation totale, évaluée à environ 22,000 tonnes.

L'État est propriétaire de la plus grande partie des gisements. Il s'est d'ailleurs réservé la vente exclusive du produit par les lois des 10 juin 1857 et 21 août 1859, en frappant l'exportation par les particuliers d'un droit prohibitif de 5 drachmes par kantar (44 ocques), soit environ 88 drachmes par tonne, et en punissant comme faits de contrebande l'exportation et le transport d'émeri sans autorisation.

L'exportation des gisements domaniaux est laissée aux habitants de l'île qui doivent vendre le produit au Gouvernement d'après un prix fixé par la loi à 2 dr. 25 le kantar, soit environ 40 drachmes la tonne.

La vente de l'émeri acquis par le Gouvernement faisait primitivement l'objet d'une concession par adjudication. Le prix perçu par l'État était en dernier lieu de 446,780 drachmes. Comme ce système ne paraissait pas favoriser suffisamment le développement de la vente, M. Tricoupis eut l'idée, en 1891, de confier à la Société des Monopoles le soin de créer des dépôts pourvus d'approvisionnements suffisants dans les principaux centres de consommation, Londres, Paris, Hambourg et Trieste. Le minerai y était vendu à un prix fixe de 100 francs par tonne, que la Société versait au Gouvernement, sous déduction d'une commission de 1,50 p. o/o et de ses frais divers, tels que loyers, salaires, transports, etc. Il revenait au Trésor de 65 à 70 francs par tonne.

Le Gouvernement s'était d'ailleurs réservé la faculté d'effectuer dans l'île même, aux risques de l'acheteur, des ventes directes au prix de 65 francs la tonne; mais il ne parvint à écouler par ce moyen qu'une faible quantité de produits.

La Société, au début de ces opérations, éprouva quelques difficultés, par suite des stocks dont le commerce était approvisionné. Ses ventes cependant s'élevèrent à :

1,195 tonnes, pendant les derniers mois de 1892;

3,789 — en 1893;

3,509 — en 1894;

3,346 — pendant les cinq premiers mois de 1895.

A cette époque, M. Delyannis proposa une nouvelle loi ayant pour objet de mettre en adjudication l'exportation et la vente de l'émeri. L'adjudication n'a pu avoir lieu à cause des événements politiques et le Gouvernement a fixé à 106 fr. 50 le prix de la tonne d'émeri livrée à Naxos. L'application de ce nouveau régime, qui venait arrêter les opérations de la Société au moment où elles commençaient à porter leurs fruits, a déterminé une baisse assez sensible du produit.

Les recettes de l'émeri de Naxos se perçoivent en francs.

Elles se sont élevées, en 1893, à	437,617f 00c
— — 1894, à	383,765 00
— — 1895, à	399,218 00
— — 1896, à	319,677 00
Ensemble	1,540,277 00

La moyenne annuelle ressort à	385,070f 00c
soit en drachmes, à raison de 160 p. o/o, à	616,112 dr.

On supposera, comme pour les autres monopoles, que les recettes augmenteront de 5 p. o/o pendant la période quinquennale de 1899 à 1908.

En cumulant ces évaluations avec celles qui ont été faites pour le produit des autres monopoles, on obtient les résultats développés dans les tableaux ci-après.

Tableau I.

CLASSIFICATION.	1892.	1893.	1894.	1895.	1896.	TOTAL.	MOYENNE ACTUELLE.	MOYENNE CORRIGÉE.
	drachmes.	drachmes.	drachmes.	drachmes.	drachmes.	drachmes.	drachmes.	drachmes.
Sel	2,503,970	2,126,631	2,355,758	2,420,325	2,459,020	11,865,704	2,373,141	2,410,000
Pétrole	5,344,115	5,150,353	5,045,007	5,383,125	5,365,970	26,288,570	5,257,714	5,300,000
Allumettes	931,384	918,459	933,458	1,040,457	1,035,743	4,859,501	971,900	1,000,000
Cartes à jour	326,145	311,422	297,425	308,487	274,213	1,517,692	303,539	290,000
Papier à cigarettes	1,681,630	2,375,365	2,723,907	2,759,882	2,619,409	12,160,193	2,432,039	2,700,000
	10,787,244	10,882,230	11,355,555	11,912,276	11,754,355	56,091,660	11,338,332	11,700,000
Émeri	231,169	700,187	614,024	638,748	511,483	2,695,611	539,122	600,000
Total	11,018,413	11,582,417	11,969,579	12,551,024	12,265,838	59,387,271	11,877,454	12,300,000

Tableau II.

Note sur les moyennes du chapitre IV.

Sel.

Moyenne des années 1898 à 1902.	drachmes.	Moyenne de l'année 1903.	drachmes.
Moyenne établie	2,410,000	Moyenne établie	2,410,000
A déduire pour la Thessalie	450,000	Ajouter augmentation normale	125,000
	1,960,000		2,535,000
Ajouter moyenne pour rétablissement de la Thessalie	270,000		
Ajouter moyenne d'augmentation normale	75,000		
	2,305,000		

Pétrole.

Moyenne des années 1898 à 1902.	drachmes.	Moyenne de l'année 1903.	drachmes.
Moyenne établie	5,300,000	Moyenne établie	5,300,000
A déduire pour la Thessalie	900,000	Ajouter augmentation normale	250,000
	4,400,000		5,550,000
Ajouter moyenne pour rétablissement de la Thessalie	540,000		
Ajouter moyenne d'augmentation normale	150,000		
	5,090,000		

Allumettes.

Moyenne des années 1898 à 1902.	drachmes.	Moyenne de l'année 1903.	drachmes.
Moyenne établie	1,000,000	Moyenne établie	1,000,000
A déduire pour la Thessalie	120,000	Ajouter augmentation normale	100,000
	880,000		1,100,000
Ajouter moyenne pour rétablissement de la Thessalie	70,000		
Ajouter moyenne d'augmentation normale	60,000		
	1,010,000		

Cartes à jouer.

Moyenne des années 1898 à 1902.	drachmes.	Moyenne de l'année 1903.	drachmes.
Moyenne établie	290,000	Moyenne établie	290,000
A déduire pour la Thessalie	25,000		
	265,000		
Ajouter moyenne pour rétablissement de la Thessalie	15,000		
	280,000		

Papier à cigarettes.

Moyenne des années 1898 à 1902.	drachmes.	Moyenne de l'année 1903.	drachmes.
Moyenne établie	2,700,000	Moyenne établie	2,700,000
A déduire pour la Thessalie	535,000	Ajouter augmentation normale	150,000
	2,165,000		2,850,000
Ajouter moyenne pour rétablissement de la Thessalie	321,000		
Ajouter moyenne d'augmentation normale	90,000		
	2,576,000		

Émeri de Naxos.

Moyenne des années 1898 à 1902.	drachmes.	Moyenne de l'année 1903.	drachmes.
Moyenne établie	600,000	Moyenne établie	600,000
Moyenne d'augmentation normale	20,280	Ajouter augmentation normale	50,700
	620,280		650,700

TABLEAU III.

CLASSIFICATION.	MOYENNE ACTUELLE.	MOYENNE CORRIGÉE.	ESTIMATION de la MOYENNE À PERCEVOIR pendant les années 1898 à 1902.	ESTIMATION des PERCEPTIONS en 1903.
	drachmes.	drachmes.	drachmes.	drachmes.
Sel	2,373,141	2,410,000	2,305,000	2,535,000
Pétrole	5,257,714	5,300,000	5,090,000	5,550,000
Allumettes	971,900	1,000,000	1,010,000	1,100,000
Cartes à jouer	303,538	290,000	280,000	290,000
Papier à cigarettes	2,432,039	2,700,000	2,576,000	2,850,000
	11,338,332	11,700,000	11,261,000	12,325,000
Émeri	539,122	600,000	633,400	650,700
TOTAL	11,877,454	12,300,000	11,894,400	12 975,700

Administration de la Société de régie des Monopoles.

Les résultats obtenus dans les dix dernières années font honneur à l'Administration de la Société de régie des Monopoles. Malgré les critiques dont cette institution a été l'objet à son origine, on ne saurait contester les services qu'elle a rendus, d'une part à l'État, en développant dans des proportions notables la vente des articles de monopoles, d'autre part au public, en uniformisant les prix de ces articles et en les mettant à la disposition de tous, jusque dans les localités les plus reculées et les moins accessibles. Les transports de la Société n'exigent pas moins de 20 à 25,000 affrètements de bateaux et de 300,000 voyages de bêtes de somme.

Mais, malgré l'organisation intelligente et pratique qu'elle a su donner à ses services, elle n'a pas atteint le but en vue duquel elle avait été créée et qui devait être d'assurer l'efficacité du gage consenti par le Gouvernement hellénique aux souscripteurs de l'emprunt 4 p. o/o 1887.

Aux termes de l'article 21 de ses statuts et de l'article 33 de son cahier des charges, elle était tenue de verser au Comptoir d'escompte de Paris, chargé du service de cet emprunt, les provisions nécessaires au payement des intérêts et de l'amortissement, et, à cet effet, elle devait convertir en or ou en traites sur l'étranger, jusqu'à due concurrence, le montant de ses recettes nettes, à moins que le Ministre des finances ne lui eût annoncé l'intention d'effectuer lui-même le versement.

Ces dispositions formelles n'ont pas préservé des atteintes du Gouvernement hellénique le gage dont l'administration était confiée à la Société.

Celle-ci a allégué, pour son excuse, la situation irrégulière dans laquelle se trouvait le service de l'emprunt de 1887 depuis la chute du Comptoir d'escompte de Paris, survenue en 1889.

Par une lettre du 6/18 juin 1889, elle avait été autorisée à remettre au nouveau Comptoir, qui prenait la suite des opérations de l'ancien, la provision nécessaire au service du coupon de juillet. Mais, cette autorisation ne lui avait été donnée que provisoirement et sans engagement pour l'avenir, et elle avait été renouvelée pour chaque semestre jusqu'au mois de décembre 1893.

Voici en quels termes le Conseil d'administration de la Société, dans son rapport sur l'exercice 1893, a rendu compte aux actionnaires des événements de cette dernière époque :

« En ce qui concerne le dépôt de 3,860,061 dr. 17 (provenant des recettes effec- « tuées par la Société du 20 mai au 19 novembre), nous croyons qu'il est de notre « devoir de porter, Messieurs les actionnaires, ce qui suit à votre connaissance :

« Ce dépôt, destiné au service de l'emprunt de 135 millions de drachmes pour le « second semestre de 1893, en vertu de l'article 13 de la Convention du 3/15 juin « 1887, combiné avec l'article 33 de la Convention du 3 janvier 1888 et avec l'ar- « ticle 21 des statuts, ce dépôt, disons-nous, devait être rendu au Trésor si le Ministère « des finances avait, jusqu'à la fin du cinquième mois du trimestre, versé la somme « en or nécessaire au payement de l'intérêt et de l'amortissement de l'emprunt. En « cas contraire, le Ministère des finances devait parfaire la somme en tant qu'elle était « insuffisante au service de l'emprunt, et cette somme en billets de banque devait « être convertie par la Société en change sur l'étranger pour le payement du dou- « zième versement du susdit emprunt.

« Ainsi, pendant cinq mois nous gardions ce dépôt dans nos caisses, attendant, « comme c'était notre devoir, la déclaration du Ministre des finances touchant la dé- « cision qu'il avait prise ou qu'il comptait prendre pour les remises à nous faire pour « le payement du versement de l'emprunt.

« Cependant, le 20 novembre, jour fixé pour l'expiration du délai précité, appro- « chait et la Société n'avait encore reçu aucune communication sur la résolution du « Ministre des finances. Aussi avons-nous jugé qu'il était temps d'agir, et, nous « conformant à l'article 24 des statuts, nous nous empressâmes de provoquer la « déclaration qui nous était nécessaire et qu'il n'avait pas encore cru devoir nous « faire.

« A cet effet, nous avons adressé le 17 novembre 1893, au Ministre des finances, « notre office sub n° 15,019 portant cette même date. Et, pour éviter tout retard dans « notre action ultérieure, nous avons prié, en même temps et par le même office, le « Ministère que, s'il ne voulait faire lui-même les remises nécessaires, il daignât prendre « en considération que les recettes qui se trouvaient dans les caisses de la Société ne « suffisaient pas pour le payement du coupon et de l'amortissement indiqués plus « haut[1]. Nous le priions aussi de parfaire la somme afin que nous puissions en faire « remise, dans les délais déterminés, au Comptoir national d'escompte de Paris. Notre « action ne s'est pas bornée là. Nous avons aussi attiré à diverses reprises, verbalement « et par écrit, l'attention du Ministère sur les droits conférés aux obligataires par des

---

[1] L'insuffisance était d'environ 400,000 francs.

« conventions et nous avons persisté dans nos réclamations. Mais le Ministère des « finances refusa non seulement de parfaire la somme nécessaire au service de l'emprunt; « mais il nous défendit formellement de faire remise au Comptoir national d'escompte « de Paris du montant des susdits dépôts, alléguant qu'après la dissolution du Comptoir « d'escompte, avec lequel le Gouvernement avait primitivement traité, lui seul avait « le droit de désigner la maison de banque pour le service de l'emprunt. Il ajoutait, de « plus, que le fait d'avoir chargé, depuis 1889, provisoirement d'ailleurs et avec des « réserves expresses pour l'avenir, le Comptoir national d'escompte de ce service « n'avait pas substitué celui-ci au lieu et place du Comptoir d'escompte, pour ce qui « concerne l'emprunt de 135 millions de drachmes.

« C'est ainsi que le Ministère des finances, le seul mandataire existant après la « dissolution du Comptoir d'escompte, nous défendit l'envoi de nos recettes au « Comptoir national. Aussi, malgré toutes les représentations que nous avons faites « dans la suite, il s'abstint de nous indiquer une autre maison de banque à laquelle « nous aurions pu envoyer nos recettes et refusa de parfaire la somme nécessaire au « service de l'emprunt. Cela mit notre Société dans l'impossibilité absolue d'exécuter « les dispositions de la convention, indépendamment même de l'observation du « Ministère que, le montant du versement ne se trouvant pas tout entier dans nos « caisses, il n'est permis à personne de procéder à une répartition proportionnelle de « la somme existante.

« Une fois établi que la Société avait fait tout ce qui dépendait d'elle pour la dé- « fense des droits des obligataires de l'emprunt de 135 millions de drachmes, nous « avons protesté pour l'impuissance où l'avait réduite les mesures du Ministère des « finances et nous avons formellement déclaré qu'elle se dégageait de toutes les res- « ponsabilités envers les obligataires.

« Le dépôt du Gouvernement à la caisse de la Société en étant en ce point, nous avons « demandé aussi l'avis de cinq jurisconsultes distingués du pays, que nous avons appelés « en consultation, pour savoir ce qu'il nous restait encore à faire en faveur des obli- « gataires. Leur consultation nous ayant convaincus qu'il ne nous restait plus rien à « faire, nous nous sommes forcément limités à garder dans les caisses de la Société « les recettes provenant de la gestion des garanties. Nous n'avons pas d'ailleurs négligé « de porter ces faits à la connaissance des maisons qui avaient fait jusqu'ici le service « de l'emprunt, c'est-à-dire au Comptoir national d'escompte de Paris, à « M. C.-J. Hambro de Londres et à la Nationalbank d'Allemagne, à Berlin, qui avaient « entrepris, non avec raison, de faire tomber sur nous des responsabilités. Les choses « en étaient là pour ce qui concerne les dépôts précités lorsque survint la loi du « 10 décembre 1893 sur le service des emprunts. Cette loi nous obligea à nous sou- « mettre aux mesures prévues dans les dispositions du Gouvernement et à répondre « à l'invitation qu'il nous adressait par son office sub n° 13,072 du 23 décembre « d'avoir à verser nos recettes dans les caisses du Trésor. C'est ainsi que nous avons « été forcés de rendre au Trésor (ce que nous avons fait au début de janvier 1894) « le dépôt de 3,860,061 dr. 07 dont il s'agit. »

Ainsi, non seulement le Gouvernement hellénique avait refusé de parfaire la somme nécessaire au service de l'échéance de janvier 1894; mais encore, il défendait à la

Société d'effectuer la remise de ces recettes, aussi bien au Comptoir national d'escompte qu'à toute autre maison de banque qui aurait pu lui être substituée et il la contraignait, en janvier 1894, à lui verser les sommes qu'elle conservait en dépôt dans ses caisses pour le compte des créanciers.

Depuis cette époque, la Société a continué à effectuer ses versements au Gouvernement.

Le capital de la Société est fixé à 10 millions de francs or et divisé en 20,000 actions au porteur de 500 francs, sur lesquelles le quart seulement a été versé.

Les diverses commissions encaissées par la Société ressortent à une moyenne annuelle de près de	1,200,000 dr.
les frais divers à une moyenne d'environ	880,000
d'où un bénéfice net de	320,000

représentant au cours actuel du change un dividende de 8 p. 0/0, en sus de l'intérêt produit par le placement du capital.

Du 30 juin 1880 au 30 décembre 1893, les sommes distribuées en fin de semestre ont varié de 12 à 5 francs par action, et leur moyenne annuelle ressort à 14.60 p. 0/0 du capital.

Depuis le 31 juin 1894, les distributions semestrielles ont été uniformément fixées à 3 francs par action; elles ne représentent pas tout à fait l'intérêt à 5 p. 0/0 du capital versé.

La Société, en effet, a été obligée d'opérer sur son compte *profits et pertes* des prélèvements qui se sont élevés successivement au chiffre d'un million de drachmes, en vue d'amortir les pertes réalisées sur les valeurs d'état helléniques, qui, aux termes de l'article 24 des statuts, devaient constituer le placement du capital-actions.

La situation actuelle est la suivante :

Passif :

Capital versé : 2,500,000 francs, soit au cours de 160 p. 0/0	4,000,000 dr 00
Réserve statutaire	109,582 38
Fonds d'assurance	200,000 00
Excédent au 30 juin des soldes débiteurs sur les soldes créditeurs	1,100,000 00
TOTAL	5,409,582 38
ou en nombre rond	5,400,000 00
A reporter	5,400,000 00

Report		5,400,000^dr^00
Actif :		
En caisse au 30 juin	912,000^dr^00	
Fonds en dépôt	346,000 00	
Valeurs en portefeuille d'après le cours actuel	3,400,000 00	
Total		4,658,000 00
Insuffisance d'actif		742,000 dr.
Soit, au cours de 160 p. 0/0		464,000 fr.

Ainsi, non seulement le passif absorbe les réserves spéciales s'élevant ensemble à 309,582 dr. 38; mais il entame encore le capital primitif jusqu'à concurrence de 432,000 drachmes, ou 270,000 francs or.

Il semble, en résumé, que le concours d'une société d'exploitation peut être utilement employé pour l'administration des revenus affectés au service de la dette,

que pour donner à ce système toute son efficacité, et prévenir le retour de faits semblables à ceux qui se sont produits en 1893, il est de toute nécessité que l'administration de la Société soit placée sous la surveillance directe et absolue du Contrôle international,

que la Société de régie des Monopoles, investie par la convention du 3 janvier 1888 d'une concession dont la durée n'est limitée que par celle de l'emprunt 4 p. 0/0 1887, étant d'ailleurs en possession du personnel et des moyens d'action nécessaires pour l'exploitation des monopoles, est naturellement désignée, à la condition d'introduire dans sa constitution les transformations nécessaires, pour être chargée de la perception de l'ensemble des revenus affectés,

qu'elle devra être intéressée aux nouvelles opérations qui lui seront confiées.

que ses statuts devront être revisés, en vue de déterminer ses obligations vis-à-vis du Contrôle international,

que la portion versée de son capital devra garantir l'exécution de ses obligations,

que, à cet effet, les titres qui représentent le capital devront être déposés dans un établissement désigné par la Commission internationale,

enfin que la Société doit être astreinte à reconstituer l'intégralité du capital versé, ainsi que les sommes figurant tant à la réserve statutaire qu'au fonds d'assurance.

Il y aura également lieu d'examiner si la portion versée du capital ne devrait pas être supérieure au quart.

Chapitre V.

REVENUS DES DOMAINES.

Le chapitre V comprend les revenus des domaines qui sont répartis entre les huit articles suivants :

Article 1. Revenus de la propriété immobilière de l'Etat;
——— 2. Revenus des biens ecclésiastiques;
——— 3. Redevances des mines, minières et carrières;
——— 5. Revenus des œuvres et institutions entretenues par l'État;
——— 6. Loyers des bains et établissements thermaux;
——— 7. Forêts;
——— 8. Pêcheries;
——— 9. Contributions des chemins de fer.

Les recettes inscrites sous les numéros 5, 6 et 9 sont peu importantes et les règles qui les concernent n'offrent qu'un intérêt secondaire.

On se bornera donc à fournir des explications sur les cinq autres articles.

ARTICLES 1 et 2.

Revenus de la propriété immobilière de l'État et des biens ecclésiastiques.

L'origine des biens immeubles appartenant à l'État remonte à la formation du Royaume de Grèce. Ont été déclarés propriété de l'État tous les biens qui, au moment de la conquête de l'Indépendance, n'étaient pas occupés par des particuliers munis d'un titre régulier de propriété émanant des autorités turques. Les biens immeubles de l'État se divisent en domaine public (routes, fortifications, fleuves, etc.) et biens patrimoniaux.

L'État possède, en outre, et administre les biens provenant des monastères fermés. Une maison religieuse est fermée, en vertu de la loi du 25 février 1834, quand la corporation se trouve réduite à moins de six membres; les religieux qui restent sont alors transférés dans un autre couvent, et l'État incorpore les biens du couvent supprimé dans une Administration générale ayant une personnalité civile distincte et dont les revenus sont affectés à des objets de culte et d'instruction publique.

Les revenus des biens patrimoniaux de l'État comme ceux provenant des corporations religieuses peuvent être cédés pour la culture à des particuliers à titre, comme on dit improprement, d'usufruit.

Tous ceux qui cultivent une terre de l'État ou de l'Administration des biens ecclésiastiques sont considérés comme des possesseurs de bonne foi et ne sont pas obligés de restituer les fruits perçus. La déclaration du terrain occupé doit se faire chaque année au mois de mai et le cultivateur doit payer à l'État 5 p. o/o du prix de la terre, déterminé par une commission de la manière suivante :

La déclaration doit être faite à l'éphore des finances de la province qui la fait contrôler par un ingénieur. Celui qui a cultivé une étendue supérieure à celle qu'il a déclarée ou qui a cultivé une terre de l'État non déclarée par lui, doit payer le triple du droit qu'il aurait dû acquitter s'il avait fait une déclaration régulière.

Pour ceux qui occupent, non une terre, mais une plantation existante, le droit à payer à l'État est calculé à raison de 4 drachmes par stremme ou dixième d'hectare. A défaut de déclaration, le droit est porté au triple de cette somme.

En dehors des cas d'occupation déclarée des biens appartenant à l'État ou à l'Administration des biens ecclésiastiques, le Gouvernement peut donner les terres en location, par voie d'enchères publiques suivant les règles établies par le décret Royal du 20 août 1892. Le terme de la location est ordinairement de cinq ans.

L'Administration fait signer d'avance, pour l'acquittement du prix de location, des bons payables à échéances annuelles et constituant des titres exécutoires. Or on sait que les droits du fisc pour le recouvrement des impôts vont jusqu'à la contrainte par corps. A ces droits s'ajoute ordinairement une garantie hypothécaire sur les biens immeubles appartenant au fermier ou à son garant.

Les terres cultivées dans les conditions indiquées ci-dessus, tant en usufruit qu'en location, mesurent ensemble environ 150,000 stremmes, équivalents à 15,000 hectares.

ART. 3.

Redevances des mines, minières et carrières.

L'exploitation des mines est réglée par les lois des 22 août 1861 et 13 mars 1897 [1].

Le principe fondamental de la législation en vigueur est que la propriété de la mine est séparée de celle du sol. La concession à un individu ou à une société constitue la mine à l'état de propriété transmissible et perpétuelle. L'inventeur de la mine a un droit de préférence, pourvu qu'il justifie de moyens suffisants pour l'exploiter utilement. S'il ne remplit pas cette condition, la concession est donnée à une autre personne et l'acte de concession établit la récompense ou indemnité à payer à l'inventeur par le concessionnaire.

Le propriétaire du sol a droit à une part du produit de l'exploitation qui est fixée par l'acte de concession, cette part ne pouvant dépasser 5 p. o/o du produit net de la mine.

Le concessionnaire paye une redevance à l'État, à raison de 5 p. o/o du produit net, déclaré par lui chaque année et contrôlé par une commission composée du préfet de la province, du directeur de la douane, du receveur des finances et du maire de la commune.

Il est imposé, en outre, sur le produit net un lepta par drachme pour former

---

[1] Cette dernière loi établit que, pour certains minéraux et métaux, la concession doit être accordée par acte législatif.

un fonds destiné à secourir les ouvriers et leurs familles en cas d'accident survenu dans le travail.

L'exploitant de la mine est tenu d'indemniser le propriétaire de la surface dans le cas où le sol aurait été endommagé; et, si l'occupation doit se prolonger au delà d'un an, il doit acheter la surface endommagée ou occupée au prix établi par une expertise.

ART. 7.

Forêts.

§ 1. — *Etendue des forêts de la Grèce.*

Le chiffre de 820,000 hectares, indiqué dans le rapport de M. G. Roux en 1893 comme représentant la superficie boisée du Royaume, n'est pas le résultat d'une véritable statistique, mais une simple estimation faite par un forestier distingué, M. Chloros, ancien directeur des Forêts, mort en 1895. A défaut d'un cadastre de la propriété non bâtie, on ne saurait avoir une évaluation suffisamment exacte de l'étendue des forêts. D'ailleurs, il n'existe pas à proprement parler de forêts dans le pays, mais des surfaces boisées d'arbres de divers âges, avec de grandes clairières, sans routes forestières ni autres voies de transport.

§ 2. — *Régime forestier.*

Il n'y a pas en Grèce de régime forestier. L'État ne vend pas les produits des forêts, par adjudication; il les cède; contre un droit de coupe, calculé à raison de 30 p. o/o pour les bois sciés ou travaillés à la hache, et de 24 p. o/o pour les bois ronds en tronc ou sans écorce. Il en est de même pour les forêts privées; mais, pour celles-ci en général, les droits sont respectivement fixés à 18 et 12 p. o/o. Moyennant ce droit, le bûcheron obtient la permission de couper et, une fois entré dans la forêt, il abat les arbres sur pied qu'il trouve à sa convenance. Les arbres à couper ne sont pas marqués par le service forestier, et c'est ainsi que la destruction des forêts se poursuit sans cesse, en quelque sorte sous la protection des lois.

Le seul contrôle exercé sur les coupes consiste à mesurer le cube des bois coupés et à y apposer le marteau. Si le volume reconnu est supérieur à celui qui est porté dans le permis, le bûcheron est obligé de payer un nouveau droit, et même un double droit, dans le cas où l'excédent est supérieur à 20 p. o/o.

Toutefois, quand il s'agit de bois à brûler, la loi n'exige ni un droit de coupe, ni même un permis de couper; la coupe de ces bois et leur transport par terre sont libres pour tous les habitants des villages jusqu'à trois charges par individu. Presque tous les paysans pauvres coupent du bois à brûler, qu'ils transportent pour le vendre aux villes voisines. Il est vrai que la loi défend de couper d'autres arbres que les arbres morts ou impropres à la construction; mais les abus ne se comptent pas.

La régénération des bois coupés sans règle est toujours une œuvre très difficile, surtout à cause des chèvres qui détruisent les jeunes pousses. L'interdiction de faire paître dans les bois n'a pas pu être appliquée avec rigueur, étant donnés d'une part l'état nomade dans lequel vit la plus grande partie du bétail, et d'autre part l'absence d'une bonne administration forestière.

Parmi les produits accessoires des forêts, on citera les droits perçus sur le charbonnage, sur les bois de chauffage, sur la résine et sur la vallonée (cupule du gland de chêne utilisée pour le tannage); ce dernier droit est perçu par la douane à l'exportation. La vallonée consommée dans le pays et transportée par terre est jusqu'à présent exempte de droit.

§ 3. — *Produits et revenus forestiers.*

L'Administration forestière publie annuellement une statistique des produits et revenus forestiers. Les résultats des années 1894 et 1895 sont les suivants :

CONSOMMATION.	1894. Mètres cubes.	1895. Mètres cubes.
Bois de construction	83,683	75,237
Bois de construction navale	671	414
Bois de machines, de meubles, etc	748	910
Charbon de bois	119,700	118,255
Bois à brûler soumis à un droit de 0 fr. 24 centimes pour un poids de 100 ocques (128 kilogr.).	21,661	24,474
TOTAL	226,463	219,290

Cette consommation a procuré au Trésor un revenu de 1,143,574 drachmes en 1894 et de 1,124,392 drachmes en 1895. A ces produits principaux s'ajoutent les revenus accessoires qui portent le total à 1,842,059 drachmes pour 1894 et à 1,754,216 pour 1895.

Pour l'année 1896, le revenu a été de 1,807,119 drachmes. La diminution de cette dernière année porte principalement sur l'exportation de la vallonée. Les recettes de la douane pour la vallonée exportée ont été :

pendant l'année 1894, de.......................... 311,824 dr.
pendant l'année 1895, de.......................... 240,811
pendant l'année 1896, de.......................... 218,472

Les chiffres de la statistique ne représentent pas exactement la consommation annuelle des bois de construction. D'un côté, la quantité consignée à la statistique représente les bois travaillés. Mais la coupe et l'exploitation des bois, telles qu'elles sont pratiquées en Grèce, ont pour résultat une perte d'environ 50 p. 0/0. Pour avoir le volume réel du bois détruit, il faut doubler les quantités ci-dessus indiquées; ce qui fait monter le total, pour l'année 1895, à 295,853 mètres cubes. Il se consomme, en outre, une certaine quantité de bois pour d'autres usages, par exemple, pour les plantations de vignes. Il faut encore ajouter les bois à brûler qui ne sont pas soumis à un droit et la quantité de bois de construction que la loi donne gratis aux habitants des villages situés dans les environs d'une forêt domaniale. On arrive ainsi à un volume total de 2,500,000 mètres cubes. Il est certain que la production naturelle du bois dans le pays est loin de faire équilibre à la quantité détruite chaque année; en d'autres termes, on détruit une partie du capital des forêts existantes pour subvenir aux besoins annuels de la consommation.

§ 4. — *Administration forestière.*

D'après le budget de l'année 1897, les frais de cette Administration s'élèvent à 146,240 drachmes. Le territoire a été divisé par une loi de 1897 en 30 districts forestiers. Le personnel se compose d'un chef pour chaque district, 52 gardes chefs et 298 gardes. Ce personnel est insuffisant, tant au point de vue du nombre qu'à celui des connaissances techniques; car il se recrute entièrement dans la gendarmerie. Ce sont des officiers, des sous-officiers et des gendarmes qui remplissent les fonctions de forestiers. La Grèce a, par conséquent, une police des forêts, mais non une administration forestière; et on comprend facilement que les gendarmes se trouvent ordinairement dans les villages, hors des forêts. Cette police, avec la solde militaire du personnel, coûte à l'État environ 310,000 drachmes.

L'Administration centrale a été organisée par une loi de 1893. La section des forêts créée au Ministère des finances comprend :

un chef de section (qui n'existe pas en fait depuis 1895);

un secrétaire (chef de bureau de 1re classe, directeur par intérim);

un géomètre, un copiste de plans et deux expéditionnaires (il n'existe actuelle- qu'un géomètre et un expéditionnaire).

Pour le service départemental, la loi a institué quatre places d'inspecteurs (il n'en existe actuellement qu'un). Ces inspecteurs sont d'anciens élèves d'une école forestière.

Il serait exagéré de parler de la Grèce comme d'un pays entièrement déboisé. La vérité est que les incendies ont détruit beaucoup de forêts et que la hache fait continuellement des ravages dans ce qui subsiste. Car les forêts ne sont pas aménagées en vue du rendement annuel; elles sont exploitées au gré des marchands de bois.

§ 5. — *Réformes à introduire.*

La Chambre s'est occupée, en 1896, de trois projets de loi se rapportant à la réorganisation de l'Administration forestière et à l'introduction d'un régime rationnel dans l'exploitation des bois. Le premier de ces projets a été adopté au commencement de l'année 1896. Cette loi concerne le personnel subalterne des forêts. Les gendarmes et les sous-officiers de gendarmerie devront être restitués à leur corps et remplacés par des gardes forestiers sortis d'une école secondaire spéciale fondée à Vytina, au centre de la Morée. Deux forestiers appelés de l'étranger dirigent l'école et appliquent un régime forestier dans les forêts de la commune de Nymphassia

(Vytina). Les frais de l'école sont payés par le Ministère de l'intérieur (legs Tryandaphillides). Après deux ans d'études, les élèves de cette école subissent un examen qui leur permet d'entrer au service de l'État. Il ne serait guère possible d'obtenir d'un seul coup la substitution des gardes forestiers aux gendarmes, puisque le nombre des gardes sortis de cette école ne dépasse pas 25 par an. C'est seulement dans six ans qu'on pourra arriver au renouvellement complet du personnel des gardes et des gardes chefs.

Une autre loi, adoptée déjà par la Chambre, permet au Gouvernement d'envoyer, aux frais de l'État, à l'étranger, par exemple à Nancy, six jeunes gens déjà munis d'un diplôme d'ingénieur à la suite d'un concours.

Un troisième projet se rapporte à la conservation et à la protection des forêts. Dans ce projet, on trouve des dispositions qui soumettent à un régime forestier et à une gestion technique les forêts domaniales, ainsi que les forêts appartenant aux communes ou aux établissements publics. Un chapitre spécial a trait aux forêts *protectrices*. Enfin le projet de loi comprend le code forestier pénal, c'est-à-dire les dispositions relatives aux délits forestiers. La Chambre, pendant l'année courante, a adopté ce projet en première lecture.

§ 6. — *Forêts privées.*

Les forêts domaniales constituent la plus grande partie des forêts en Grèce, sauf en Thessalie, où une grande quantité des forêts est la propriété des communes.

Les forêts des particuliers et celles des communes, faute d'une gestion régulière, sont soumises à des coupes destructives.

La gestion des forêts privées est libre sous la réserve des conditions suivantes prescrites par la loi :

1° L'Administration a un droit de surveillance sur les forêts privées, sans toutefois que l'étendue de cette faculté soit exactement définie.

2° L'Administration a le droit de couper dans les forêts privées des arbres pour l'usage de la marine et autres besoins publics, en payant le prix des bois aux propriétaires, après déduction du droit de coupe.

3° Le pâturage et le défrichement sont interdits dans les bois, même privés, qui ont été brûlés depuis moins de dix ans. L'autorité peut aussi défendre le pâturage dans les bois qui se trouvent en état de reproduction.

4° Pour les forêts délimitées, l'aliénation des biens enclavés est obligatoire.

5° Les propriétaires de bois d'une étendue supérieure à 300 hectares sont obligés d'accepter un garde forestier.

On ne saurait dire dans quelle mesure ces prescriptions sont exécutées.

Il n'existe pas de dispositions légales pour assurer la conservation des forêts sur les hauteurs et pour encourager le reboisement des terrains en montagne, en vue de modérer la violence des torrents et d'empêcher, autant que possible, les inondations.

Le tableau ci-après fait ressortir le produit des forêts pour les années 1894, 1895 et 1896.

TABLEAU COMPARATIF DES ANNÉES 1894, 1895 ET 1896.

PRODUITS FORESTIERS.	1894		1895.		1896.	
	SOMMES DES PRODUITS.	DROITS.	SOMMES DES PRODUITS.	DROITS.	SOMMES DES PRODUITS.	DROITS.
		drach. lept.		drach. lept.		drach. lept.
PRODUITS PRINCIPAUX.						
1°. — *Bois de construction.*						
Bois tendres de forêts domaniales	30,196,254 mètres cubes.	340,169 81	25,025,423 mètres cubes.	322,311 60	28,974,631 mètres cubes.	377,708 26
Bois tendres de forêts privées	48,456,073 *idem.*	355,954 95	44,002,807 *idem.*	347,397 03	31,253,708 *idem.*	247,748 32
Bois durs de forêts domaniales	1,168,434 *idem.*	22,876 36	1,418,959 *idem.*	24,076 71	2,007,402 *idem.*	43,596 42
Bois durs de forêts privées	3,862,756 *idem.*	47,231 10	4,790,047 *idem.*	52,189 79	5,116,850 *idem.*	62,943 58
TOTAL	83,683,517 *idem.*	766,232 22	75,237,236 *idem.*	745,975 13	67,352,591 *idem.*	731,996 58
2°. — *Bois de constructions navales.*						
Bois tendres de forêts domaniales	241,029 mètres cubes.	3,936 26	176,430 mètres cubes.	2,994 22	175,530 mètres cubes.	2,879 05
Bois tendres de forêts privées	237,350 *idem.*	3,471 75	212,295 *idem.*	2,009 19	173,242 *idem.*	1,963 29
Bois durs de forêts domaniales	74,442 *idem.*	1,184 28	800 *idem.*	12 00	64,474 *idem.*	1,249 91
Bois durs de forêts privées	118,680 *idem.*	1,068 43	24,923 *idem.*	499 14	24,788 *idem.*	375 38
TOTAL	671,501 *idem.*	9,660 72	414,348 *idem.*	5,574 55	438,034 *idem.*	6,467 63
3°. — *Bois de machines, meubles, etc.*						
De forêts domaniales	525,063 mètres cubes.	10,309 39	565,529 mètres cubes.	11,394 49	523,483 mètres cubes.	11,073 20
De forêts privées	222,762 *idem.*	3,312 89	344,577 *idem.*	6,300 64	225,973 *idem.*	3,743 29
TOTAL	747,825 *idem.*	13,622 28	910,106 *idem.*	17,695 13	749,456 *idem.*	14,816 49
4°. — *Charbons de bois.*						
De forêts domaniales	10,279,809 ocques.	195,846 98	7,743,171 ocques	157,757 53	6,385,766 ocques.	129,475 08
De forêts privées	10,253,719 *idem.*	125,718 06	12,539,672 *idem.*	162,074 94	9,912,628 *idem.*	137,787 75
TOTAL	20,533,528 *idem.*	321,565 04	20,282,843 *idem.*	319,832 47	16,298,394 *idem.*	267,262 83
5°. — *Chaux.*						
De forêts domaniales	397,584 statères.	68,686 14	436,489 statères	74,357 01	416,740 statères.	73,931 08
De forêts privées	187,195 *idem.*	31,947 80	151,726 *idem.*	27,234 77	175,835 *idem.*	32,210 58
TOTAL	584,779 *idem.*	100,633 94	588,215 *idem.*	101,591 78	592,575 *idem.*	106,141 66
6°. — *Tannins.*						
De forêts domaniales	351,130 ocques.	6,897 82	418,920 ocques.	10,460 15	443,220 ocques.	8,796 18
De forêts privées	1,827,426 *idem.*	47,364 33	1,606,634 *idem.*	38,134 94	265,141 *idem.*	6,409 65
TOTAL	2,178,556 *idem.*	54,262 15	2,025,554 *idem.*	48,595 09	708,361 *idem.*	15,205 83
7°. — Déficit		3,508 51		3,060 05		9,173 63
PRODUITS ACCESSOIRES						
8°. — Résine, etc.		201,062 57		204,840 07		213,001 00
9°. — Loyer de scieries		10,408 75		8,915 84		21,912 41
10°. — Vallonée		311,824 15		240,811 32		193,620 08
11°. — Bois à brûler transportés par mer		25,352 91		21,393 03		52,005 09
12°. — Bois à brûler transportés par terre		7,140 84		12,922 60		21,862 10
13°. — Bois de délits		16,785 88		20,009 80		153,653 70
TOTAL		1,842,059 96		1,751,216 86		1,807,119 03

ART. 8.

Pêcheries.

Les pècheries de l'État sont affermées suivant les règles établies par les lois des 23 mars 1839 et 9 mai 1853. D'après le décret Royal du 20 août 1892, le contrat est conclu à la suite d'enchères publiques. On compte trente-cinq pêcheries de quelque importance. Onze sont situées dans la province de Missolonghi. La principale pècherie, affermée pour 110,000 drachmes, se trouve dans la province d'Olympie.

L'évaluation des recettes du chapitre V est fournie par les trois tableaux ci-après.

TABLEAU I.

DÉSIGNATION DES CHAPITRES DES ARTICLES.	RECETTES DES EXERCICES					TOTAL.	MOYENNE ACTUELLE.
	1892.	1893.	1894.	1895.	1896.		
	drachmes.	drachmes.	drachmes.	drachmes.	drachmes.	drachmes.	drachmes.
Revenus des propriétés de l'État et des biens ecclésiastiques.	446,480	436,580	432,697	459,705	484,224	2,259,686	451,936
Redevances des mines, minières et carrières........	315,619	174,444	178,340	262,734	281,376	1,212,513	242,502
Revenus des institutions entretenues par l'État et loyers des bains..................	388,745	441,552	329,049	340,705	346,972	1,847,023	369,404
Forêts..................	1,682,456	1,527,741	1,753,445	1,744,666	1,797,756	8,506,064	1,701,213
Pêcheries................	460,201	454,398	446,685	406,087	412,990	2,180,361	436,072
Dividendes du chemin de fer de Mili-Kalamata........	"	"	"	"	99,986	99,986	19,997
TOTAL..........	3,293,501	3,034,715	3,140,216	3,213,897	3,423,304	16,105,633	3,221,124

TABLEAU II.

Note sur les moyennes du chapitre V.

Revenus de la propriété immobilière de l'État et des biens ecclésiastiques.

Moyenne corrigée	460,000	Moyenne établie	460,000
A déduire pour Thessalie	44,000		
	416,000		
Ajouter moyenne du rétablissement de Thessalie	18.000		
	434,000		

Redevances des mines et carrières.

Moyenne corrigée	260.000	Moyenne établie	260,000

Revenu des institutions entretenues par l'État et loyers des bains.

Moyenne corrigée	350,000	Moyenne établie	350,000
A déduire pour Thessalie	25,000		
	325,000		
Ajouter moyenne du rétablissement de Thessalie	10,000		
	335,000		

Forêts.

Moyenne corrigée	1,770,000	Moyenne établie	1,770,000
A déduire pour Thessalie	350,000	Ajouter augmentation normale	125,000
	1,420,000		1,895,000
Ajouter moyenne du rétablissement de Thessalie	140,000		
Ajouter moyenne d'augmentation normale.	75,000		
	1,635,000		

Pêcheries.

Moyenne corrigée	420,000	Moyenne établie	420,000
A déduire pour Thessalie	25,000		
	395,000		
Ajouter moyenne du rétablissement de Thessalie	15 000		
	410,000		

Dividendes du chemin de fer de Mili-Kalamata.

Moyenne corrigée	100,000	Moyenne établie	100.000
	3,174,000		3,485,000

Tableau III.

CLASSIFICATION.	MOYENNE ACTUELLE.	MOYENNE CORRIGÉE d'après l'appréciation des chiffres.	ESTIMATION de LA MOYENNE à percevoir pendant les années 1898-1902.	ESTIMATION des PERCEPTIONS en 1903.
	drachmes.	drachmes.	drachmes.	drachmes.
Revenus de la propriété immobilière de l'État et des biens ecclésiastiques	451,936	460,000	434,000	460,000
Redevances des mines et carrières	242,502	260,000	260,000	260,000
Revenus des institutions entretenues par l'État, loyers des bains	369,404	350,000	335,000	350,000
Forêts	1,701,213	1,770,000	1,635,000	1,895,000
Pêcheries	436,072	420,000	410,000	420,000
Dividendes du chemin de fer de Mili-Kalamata	19,997	100,000	100,000	100,000
Total	3,221,124	3,360,000	3,174,000	3,485,000

Chapitre VI.

PRODUITS DES ALIÉNATIONS DOMANIALES.

ARTICLE PREMIER.

Amortissement et intérêts des dotations immobilières.

Après la Révolution de 1834, aussitôt que l'ordre fut rétabli dans le pays, le Gouvernement, par un décret Royal du 26 mai 1835, se proposa de faciliter la transformation des cultivateurs en propriétaires au moyen de l'achat de terres domaniales par petits lots.

L'État mit aux enchères une quantité considérable de parcelles de terre, dont la valeur ne devait pas dépasser 2,000 drachmes.

Le payement devait se faire en 36 annuités calculées au taux de 6 p. o/o.

Peu de temps après, les mêmes acheteurs ont été autorisés par le décret du 13 novembre 1836 à acheter en sus du lot précédent d'autres parcelles de terres domaniales d'une étendue de 120 stremmes (12 hectares) au maximum. Le payement devait s'effectuer à termes échelonnés, avec intérêt à 6 p. o/o sur les sommes n'excédant pas 6,000 drachmes et 8 p. o/o pour les sommes supérieures.

Ce sont ces intérêts, ainsi que les annuités d'amortissement correspondantes, qui font l'objet du présent article 6. Actuellement, la liquidation étant presque terminée, il ne reste plus à recouvrer qu'un millier de drachmes pour quelques années encore.

ART. 2.

Dettes renouvelées des dotations immobilières.

Les produits inscrits sous cet article ne sont qu'une variété de ceux qui figurent à l'article précédent.

Tandis que les décrets de 1835 et 1836 avaient fixé à 6 p. o/o l'intérêt et l'amortissement du prix des terres et autres immeubles aliénés par l'État, une loi du 17 août 1855 réduisit notablement la charge pour les acheteurs. Le payement devait se solder en 35 annuités (au lieu de 36), les annuités étant calculées au taux de 8 p. o/o d'intérêt et 2 p. o/o d'amortissement.

Cette loi n'avait pas d'abord été déclarée obligatoire pour les anciens débiteurs; une nouvelle loi du 22 décembre 1855 généralisa la nouvelle méthode de libération.

On émit en 1866 des bons de payement amortissables et les dernières annuités qui seront éteintes au cours de l'année 1900 sont seules inscrites dans le budget; il ne reste plus à payer que 2,000 drachmes environ.

La série des annuités, ayant commencé en 1855, devait prendre fin en 1889. A l'époque où l'opération atteignait son plus grand développement, la somme inscrite au budget montait à 250,000 drachmes.

ART. 3 À 5.

Dixième du prix de vente d'immeubles appartenant à l'État. — Cinquième et totalité escomptée du prix de vente des immeubles. — Douzième du montant de la vente des immeubles et cautionnement sur la valeur des terres.

Un autre mode d'aliénation des biens, terres ou bâtiments, appartenant, soit à l'État, soit à l'Administration des biens ecclésiastiques, a été réglé par une loi du 15 novembre 1836, modifiée par celle du 20 décembre 1863.

L'immeuble est d'abord mesuré par un ingénieur, employé du Gouvernement, et, après que sa valeur a été déterminée par des experts, l'aliénation se fait aux enchères publiques.

Il doit être effectué un dépôt provisoire égal au dixième du prix fixé comme base de l'enchère.

Le Ministère des finances délivre ensuite le titre de propriété à l'acheteur et celui-ci a l'option entre deux modes de libération; il peut, soit payer tout de suite la somme entière, soit ne payer immédiatement que le cinquième (art. 4) et remettre à l'Administration pour le reste des bons payables en 10 ans (art. 3).

116,133 stremmes ont été aliénés de cette manière par 23,273 actes de cession, en vertu du décret Royal du 13 novembre 1836 et de la loi du 20 décembre 1863. Cette dernière loi a été modifiée par celle du 30 janvier 1867 qui règle la procédure des enchères.

ART. 5 ET 6.

Versements septennaux sur terrains domaniaux.
Revenus des terrains de Patras.

Il s'agit, dans ces deux articles, des usurpations opérées en vue de la construction sur des terrains appartenant à l'État.

Dans le cas d'occupation clandestine d'une terre appartenant au fisc par des particuliers qui y ont élevé une maison, le Gouvernement, au lieu d'entamer des poursuites judiciaires, a jugé préférable de contraindre les possesseurs par voie administrative à lui payer le prix de la terre en sept annuités égales. Ce mode de procéder a été prescrit par la loi du 16 juillet 1885.

Le prix des terrains a été fixé par expertise. 541 stremmes de terrains ont été aliénés suivant ce système par 1,389 actes, sans compter 178 autres stremmes de terrains qui avaient été occupés de la même manière à Patras et dont la situation a été régularisée, en vertu d'une loi spéciale de 1858, au moyen de 1375 actes de concession.

ART. 7 ET 11.

Avances sur déclarations de terrains et plantations.
Versements provisoires et définitifs par suite d'aliénation de terrains.

En 1871, le Gouvernement eut l'idée de procéder à de nouvelles aliénations de terres rendues disponibles par suite de la fermeture de plusieurs monastères.

Ces aliénations ont été réglées par les lois des 24 mars 1871, 30 juillet 1873, 24 décembre 1880, 31 décembre 1885 et 28 mars 1893.

L'aliénation se fait sur la demande de l'acheteur qui doit être toujours un citoyen hellénique. Le lot à acheter ne peut pas dépasser 80 stremmes (8 hectares).

L'acheteur est obligé de verser au moment de sa déclaration une somme égale à 1 drachme et demie par stremme, s'il s'agit de terres non arrosables, 3 drachmes pour les terres arrosables, 2 drachmes pour les vignobles et jardins, 2 drachmes pour toute autre plantation.

Le prix des terres est préalablement fixé par une commission instituée dans chaque province et qui se compose du préfet de la province, de l'éphore des finances et d'un propriétaire élu par le conseil municipal. Les prix unitaires sont déterminés par catégories : terres meubles ou non, terres à labour, plantations diverses.

A la suite de la déclaration faite par l'acquéreur, un comité composé de l'éphore des finances, du maire de la commune et d'un géomètre fonctionnaire de l'État est chargé d'appliquer les prix unitaires aux terres et plantations faisant l'objet de la déclaration.

L'acheteur doit payer le prix ainsi déterminé en 26 annuités, s'il s'agit de terres nues, et en 18 annuités, s'il s'agit de parcelles plantées d'arbres.

ART. 9.

Intérêts et amortissement des versements provisoires
pour aliénation de biens domaniaux 1879-1884.

Les dispositions rappelées sous l'article précédent ont été en vigueur jusqu'à la promulgation de la loi du 31 décembre 1885 qui eut pour but d'alléger les charges des acquéreurs.

Cette nouvelle loi a fait remise aux acheteurs qui se trouvaient en retard pour le payement de leurs annuités d'une portion du montant des annuités afférentes à la période 1879-1884. Cette portion était fixée aux deux tiers, s'il s'agissait de terres non plantées d'arbres, et de la moitié pour les plantations. Le surplus, c'est-à-dire le tiers dans le premier cas et la moitié dans le second, est payable en quatre termes annuels.

ART. 8 et 9.

Versements provisoires et définitifs par suite d'aliénation de terres et plantations du domaine de l'État. — Versements annuels par suite d'aliénation de biens ecclésiastiques.

Lorsque les lois de 1871 autorisèrent les aliénations de terres et plantations, les commissions provinciales n'avaient pas encore pu déterminer les prix unitaires.

C'est pourquoi on a demandé aux acheteurs de payer une redevance provisoire sur la base d'une évaluation en capital de 30 drachmes par stremme de terre non plantée d'arbres et de 50 drachmes par stremme de plantation. Plus tard, ce règlement provisoire a été changé et la redevance annuelle des nouveaux achats a été fixée à 1 dr. 50 pour les terres non plantées d'arbres et à 4 drachmes pour les plantations. Le montant des annuités devait être réglé définitivement aussitôt que les commissions auraient achevé leur œuvre de classification des terres et de fixation des prix. La loi du 20 janvier 1893 régla le mode de liquidation des droits définitifs pour le solde des aliénations d'immeubles de l'État et des biens ecclésiastiques.

Suivant les différentes méthodes exposées ci-dessus, il a été aliéné 236,763 hectares de terres nues et 36,448 hectares de plantations, en vertu de 213,000 actes de concession pour les premières et 3,300 pour les secondes. La surface moyenne des concessions ressort donc à un hectare pour les terres nues et à un peu plus d'un tiers d'hectare pour les plantations.

Les moyennes de recettes pour le chapitre V ressortent des deux tableaux ci-après :

TABLEAU I.

DÉSIGNATION DES CHAPITRES ET DES ARTICLES.	RECETTES DES EXERCICES.					TOTAL.	MOYENNE ACTUELLE.
	1892.	1893.	1894.	1895.	1896.		
	drachmes.	drachmes.	drachmes.	drachmes.	drachmes.	drachmes.	drachmes.
Amortissement et intérêts des dotations immobilières (art. 1er.).....	1,608	1,344	1,545	1,301	511	6,309	1,262
Dettes renouvelées (art. 2)........	2,410	3,199	2,546	3,729	5,782	17,666	3,533
Aliénation des biens immeubles de l'État et propriétés ecclésiastiques (art. 3, 4, 7, 8, 9, 10, 11, 12, 15)........	1,226,044	911,355	748,310	827,249	844,264	4,557,222	911,445
Aliénation de terrains domaniaux à bâtir (art 5 et 6)........	16,992	17,398	18,412	17,878	15,364	86,044	17,209
TOTAL........	1,247,054	933,296	770,813	850,157	865,921	4,667,241	933,449

Tableau II.

CLASSIFICATION.	MOYENNE ACTUELLE.	MOYENNE CORRIGÉE d'après l'appréciation des chiffres.	ESTIMATION de LA MOYENNE à percevoir pendant les années 1898-1902.	ESTIMATION des PERCEPTIONS en 1903.
	drachmes.	drachmes.	drachmes.	drachmes.
Amortissement et intérêts des dotations immobilières. .	1,262	//	//	//
Dettes renouvelées.	3,533	//	//	//
Aliénation des biens immeubles de l'État et propriétés ecclésiastiques.	911,445	825,500	825,500	825,500
Aliénation des biens domaniaux à bâtir.	17,209	15,000	15,000	15,000
Total.	933,449	840,500	840,500	840,500

Chapitres VII à XIII.

PRODUITS DIVERS.

Les chapitres VII à XIII comprennent les produits divers. Ils se décomposent de la manière suivante :

Chapitre VII.

RECETTES EN ATTÉNUATION DE DÉPENSES.

Article 1. Recouvrements sur avances.

— 2. Rètenues pour pensions civiles.

— 3. Restitutions d'argent.

— 4. Contributions des monastères pour la prédication dans les églises.

— 5. Recouvrements sur les dépenses d'entretien des débiteurs de l'État.

— 6. Recouvrement des frais de surveillance et d'exploitation des chemins de fer.

— 7. Redevances pour destructions d'animaux nuisibles.

— 8. Retenues sur le traitement des gardes civiles pour leur uniforme.

Chapitre VIII.

RECETTES ACCIDENTELLES.

Article 1. Recettes accidentelles non prévues.

— 2. Recouvrements sur déficits de gestion.

— 3. Recouvrements sur arriérés.

Les recouvrements sur arriérés ont été rattachés dans les chapitres précédents à chacun des articles qu'ils concernent. Les chiffres inscrits, dans les tableaux qui suivent, sous l'article 3 du chapitre VIII, comprennent seulement les arriérés sur classes d'impôts non spécifiés.

CHAPITRE IX (article unique).

DROITS DES PHARES ET TAXES D'ANCRAGE REMBOURSÉS À LA CAISSE DES PHARES.

Voir à ce sujet les explications fournies sur le chapitre III.

CHAPITRE X (article unique).

TAXES TÉLÉGRAPHIQUES APPARTENANT À DES COMPAGNIES ÉTRANGÈRES.

Ce produit ayant été rattaché aux taxes télégraphiques qui figurent à l'article 4 du chapitre III, il n'y a pas lieu d'en faire mention dans les tableaux qui suivent.

CHAPITRE XI (article unique).

CONTRIBUTIONS DES MONASTÈRES POUR L'INSTRUCTION PUBLIQUE.

Ce chapitre comprenait précédemment un autre article auquel étaient inscrites les contributions des communes pour l'instruction publique. Cet article a disparu par l'effet de la loi du 3 septembre 1895 qui a rattaché les dépenses de l'enseignement primaire aux budgets des communes.

CHAPITRE XII.

CONTRIBUTIONS DES COMMUNES AUX DÉPENSES DE LA POLICE.

Ce chapitre est nouveau. Il a été ouvert à la suite de la loi du 20 mars 1893 qui a incorporé les dépenses de la police dans le budget général de l'État.

CHAPITRE XIII (article unique).

PRODUIT DES ALIÉNATIONS DE MATÉRIEL.

TABLEAU I.

RECETTES. — DERNIERS CHAPITRES.

CHAPITRES.	ARTICLES.	CLASSIFICATION.	EXERCICES 1892.	1893.	1894.	1895.	1896.	TOTAL.	MOYENNE ACTUELLE.
			drachmes.	drachmes.	drachmes.	drachmes.	drachmes.	drachmes.	drachmes.
VII.	1	Recouvrements sur avances	181,965	44,610	51,211	208,210	47,816	533,818	106,765
	2	Retenues sur les traitements des fonctionnaires civils	883,218	1,088,422	696,526	1,079,105	987,198	4,734,469	946,893
	3	Restitutions d'argent	71,004	71,043	182,157	30,627	16,595	371,426	74,285
	4	Contributions des monastères pour la prédication dans les églises	"	23,969	16,030	4,033	3,582	47,614	9,522
	5	Liquidation des dépenses pour entretien des débiteurs de l'État	2,244	512	647	248	400	4,051	810
	6	Recouvrements des frais de service de l'exploitation de chemins de fer	12,050	55,264	31,816	8,070	"	107,200	21,440
	7	Destruction d'animaux nuisibles	"	121,072	"	"	"	121,072	24,214
	8	Retenues sur les traitements des gardes civiles, etc.	"	"	33,217	38	1,203	34,458	6,891
		TOTAL	1,150,481	1,404,898	1,011,604	1,330,331	1,056,794	5,954,108	1,190,820
VIII.	1	Recettes accidentelles non prévues	127,158	73,744	54,969	75,680	888,770	1,220,321	244,064
	2	Recouvrements sur déficits de gestion des comptables	16,141	1,338	6,303	3,685	25,210	52,677	10,535
	3	Recouvrement d'arriérés sur classes d'impôts non spécifiés	2,161,401	1,926,300	1,916,087	1,549,147	2,351,597	9,904,532	1,980,907
		TOTAL	2,304,700	2,001,382	1,977,359	1,628,512	3,265,577	11,177,530	2,235,506
IX.	1	Droits des phares, taxes d'ancrage, etc.	451,336	302,834	347,994	352,017	354,882	1,809,063	361,813
XI.	2	Contributions des monastères pour l'instruction publique	118,145	98,492	54,272	14,733	84,471	370,113	74,023
XII.	1	Contributions des communes aux frais de la police	"	"	719,065	413,187	429,789	1,562,041	312,408
		Arriérés perçus	"	"	"	62,189	136,308	198,497	39,699
		TOTAL	"	"	719,065	475,376	566,097	1,760,538	352,107
XIII.	1	Aliénations de matériel	348,512	238,853	311,699	142,836	175,576	1,217,476	243,495
		TOTAL GÉNÉRAL	4,373,174	4,046,459	4,421,993	3,943,805	5,503,397	22,288,828	4,457,764

Tableau II.

Contributions des communes aux dépenses de la police.

Moyenne des années 1898 à 1902.

Moyenne corrigée	600,000
Déduire pour la Thessalie	130,000
	470,000
Ajouter : 1° La moyenne du rétablissement de la Thessalie	50,000
2° La moyenne du tiers des arriérés	40,000
	560,000

Moyenne de 1903.

Moyenne corrigée	600,000
Ajouter le tiers des arriérés	120,000
	720,000

Tableau III.

Moyennes des recettes sur les derniers chapitres.

Chapitres.	Classification.	Moyenne actuelle.	Moyenne corrigée d'après l'appréciation des chiffres.	Estimation de la moyenne à percevoir pendant les années 1898-1902.	Estimation des perceptions en 1903.
VII.	Recettes en atténuation de dépenses	1,190,820	1,250,000	1,250,000	1,250,000
VIII.	Recettes accidentelles	2,235,506	1,778,500	1,803,500	1,903,500
IX.	Droits des phares	361,813	360,000	380,000	400,000
XI.	Contributions des monastères pour l'instruction publique	74,023	100,000	100,000	100,000
XII.	Contributions des communes aux frais de la police	352,107	600,000	560,000	720,000
XIII.	Aliénations de matériel	243,495	240,000	240,000	240,000
	Total	4,457,764	4,328,500	4,333,500	4,613,500

RECETTES.

Récapitulation I.

Le tableau ci-après donne par chapitre la récapitulation, pour les années 1892-1896, des résultats annuels développés dans les tableaux placés à la suite de chaque chapitre.

RECETTES. — RÉCAPITULATION I.

CHAPITRES du budget.	CLASSIFICATION.	EXERCICES 1892.	1893.	1894.	1895.	1896.	TOTAL.	MOYENNE.
I.	Impôts directs	20,362,768	22,598,740	20,076,894	19,919,820	19,510,619	102,468,841	20,493,763
II.	Douanes et impôts de consommation	30,159,034	28,712,344	33,641,423	32,920,021	34,339,651	159,772,473	31,954,494
III.	Timbres et taxes diverses	17,390,332	19,156,703	19,161,686	18,544,858	19,311,805	93,565,384	18,713,074
IV.	Monopoles (y compris l'émeri de Naxos)	11,018,413	11,582,417	11,969,579	12,551,024	12,265,838	59,387,271	11,877,453
V.	Revenus du domaine (moins l'émeri de Naxos)	3,293,501	3,034,715	3,140,216	3,213,897	3,423,304	16,105,633	3,221,124
VI.	Produits des aliénations domaniales	1,247,054	933,296	770,813	850,157	865,921	4,667,241	933,449
VII.	Recettes en atténuation de dépenses	1,150,481	1,404,898	1,011,604	1,330,331	1,056,794	5,954,108	1,190,820
VIII.	Recettes accidentelles	2,304,700	2,001,382	1,977,359	1,628,512	3,265,577	11,177,530	2,235,506
IX.	Droits des phares	451,336	302,834	347,994	352,017	354,882	1,809,063	361,813
XI.	Contributions des monastères pour l'instruction publique	118,145	98,492	54,272	14,733	84,471	370,113	74,023
XII.	Part contributive des communes aux dépenses de la police	"	"	719,065	475,376	566,097	1,760,538	352,107
XIII.	Aliénation de matériel	348,512	238,853	311,699	142,836	175,576	1,217,476	243,495
	TOTAL	87,844,276	90,064,674	93,182,604	91,943,582	95,220,535	458,255,671	91,651,121

Récapitulation II.

Le tableau ci-après donne par chapitre la récapitulation des moyennes dont les éléments ont été développés dans les tableaux placés à la suite de chaque chapitre.

RECETTES. — RÉCAPITULATION DES MOYENNES.

CHAPITRES DU BUDGET.	CLASSIFICATION.	MOYENNE ACTUELLE.	MOYENNE CORRIGÉE d'après l'appréciation des chiffres.	ESTIMATION de la MOYENNE à percevoir pendant les années 1898-1902.	ESTIMATION des PERCEPTIONS en 1903.
		drachmes.	drachmes.	drachmes.	drachmes.
I.	Impôts directs	20,493,763	20,965,000	20,220,000	22,185,000
II.	Douanes et impôts de consommation	31,954,494	33,336,000	32,204,000	33,711,000
III.	Timbres et taxes diverses	18,713,074	18,801,000	18,058,300	18,956,300
IV.	Monopoles (y compris l'émeri de Naxos)	11,877,453	12,300,000	11,894,400	12,975,700
V.	Revenus du domaine (moins l'émeri de Naxos)	3,221,124	3,360,000	3,174,000	3,485,000
VI.	Produits des aliénations domaniales	933,449	840.500	840,500	840,500
VII.	Recettes en atténuation de dépenses	1,190,820	1,250,000	1,250,000	1,250,000
VIII.	Recettes accidentelles	2,235,506	1,778,500	1,803,500	1,903,500
IX.	Droits des phares	361,813	360,000	380,000	400,000
XI.	Contributions des monastères pour l'instruction publique	74,023	100,000	100,000	100,000
XII.	Part contributive des communes aux dépenses de la police	352,107	600,000	560,000	720,000
XIII.	Aliénation de matériel	243,495	240,000	240,000	240,000
	Ensemble	91,651,121	93,931,600	90,724,700	96,767,000

N. B. — Le chapitre X concerne les taxes télégraphiques payées à des compagnies étrangères. Le montant de ces taxes a été compris dans les produits de la télégraphie (chap. III, art 4).

Annexe n° II.

TABLEAUX

PRÉSENTANT LES DÉPENSES ORDINAIRES PAR MINISTÈRE

POUR LES ANNÉES 1892 À 1896.

DÉPENSES ORDINAIRES DU MINISTÈRE DES FINANCES PENDANT LES EXERCICES 1892-1896.

CLASSIFICATION.	1892.	1893.	1894.	1895.	1896.	TOTAL.	MOYENNE actuelle.
	drachmes.	drachmes.	drachmes.	drachmes.	drachmes.	drachmes.	drachmes.
PENSIONS ET DOTATIONS DES POUVOIRS PUBLICS.							
Allocations maritimes et valeurs en compensation d'achats de terres..........	190,497	176,347	168,243	167,698	205,022	907,807	181,561
Allocations........................	120,309	124,819	125,845	117,852	110,933	599,758	119,952
Pensions..........................	4,606,708	4,860,062	4,896,489	4,984,031	5,320,721	24,668,011	4,933,602
Dotations royales....................	1,325,000	1,325,000	1,325,000	1,325,000	1,325,000	6,625,000	1,325,000
Chambre des députés................	756,866	489,155	490,236	846,541	849,593	3,432,391	686,478
TOTAL..................	6,999,380	6,975,383	7,005,813	7,441,122	7,811,269	36,232,967	7,240,593
SERVICE GÉNÉRAL DU MINISTÈRE.							
Personnel et frais de l'Administration centrale..........................	626,697	617,666	642,528	646,951	645,926	3,179,768	635,954
Trésorerie.........................	462,982	470,131	501,148	476,897	491,738	2,402,896	480,579
Imprimerie nationale................	130,611	160,845	170,090	160,351	150,802	772,699	154,540
Dépenses des exercices écoulés..........	3,696,994	497,175	958,333	2,127,108	107,814	7,387,424	1,477,485
TOTAL..................	4,917,284	1,745,817	2,272,099	3,411,307	1,396,280	13,742,787	2,748,558
FRAIS DE PERCEPTION ET D'EXPLOITATION.							
Contributions directes...............	1,120,596	845,159	840,022	906,208	1,086,287	4,798,272	959,654
Droits de consommation et des douanes...	1,160,558	1,139,522	1,116,835	1,146,866	1,187,002	5,750,783	1,150,157
Exécution de la loi sur le tabac.........	431,110	255,880	273,507	278,148	286,592	1,525,237	305,047
Spiritueux et bières.................	1,856	2,080	668	886	2,521	8,611	1,722
Timbre...........................	1,428,074	1,570,435	1,517,344	1,386,611	1,504,395	7,406,859	1,481,372
Monopoles........................	3,528,730	3,270,589	4,029,361	4,371,386	3,554,384	18,754,450	3,750,890
Mines............................	59,104	285,716	332,183	227,615	157,825	1,062,443	212,489
Forêts...........................	92,795	100,662	100,562	102,730	106,389	503,138	100,628
Domaine de l'État..................	187,678	190,887	121,618	168,248	204,410	872,841	174,568
TOTAL..................	8,010,501	7,661,530	8,332,100	8,588,698	8.089,805	40,682,634	8,136,527
Payements divers....................	2,800 021	1,618,264	1,037,738	1,672,838	3,187,753	10,316,614	2,063,322
TOTAL GÉNÉRAL...........	22,727,186	18,000,994	18,647,750	21,113,965	20,485,107	100,975,002	20,195,000

DÉPENSES DU MINISTÈRE DES AFFAIRES ÉTRANGÈRES PENDANT LES EXERCICES 1892-1896.

CLASSIFICATION.	1892.	1893.	1894.	1895.	1896.	TOTAL.	MOYENNE ACTUELLE.
	drachmes.	drachmes.	drachmes.	drachmes.	drachmes.	drachmes.	drachmes.
Administration centrale	104,672	108,648	102,265	109,141	92,766	517,492	103,498
Légations	582,336	433,591	440,818	512,651	595,231	2,564,627	512,925
Consulats	711,082	715,177	734,282	712,759	703,910	3,577,210	715,442
Divers	613,979	746,208	642,468	673,409	672,681	3,348,745	669,750
Exercices antérieurs	20,305	13,457	22,874	14,490	5,250	76,376	15,275
Total	2,032,374	2,017,081	1,942,707	2,022,450	2,069,838	10,084,450	2,016,890

DÉPENSES DU MINISTÈRE DE LA JUSTICE PENDANT LES EXERCICES 1892-1896.

CLASSIFICATION.	1892.	1893.	1894.	1895.	1896.	TOTAL.	MOYENNE ACTUELLE.
	drachmes.	drachmes.	drachmes.	drachmes.	drachmes.	drachmes.	drachmes.
Administration centrale	61,787	55,036	60,045	59,959	58,904	295,731	59,146
Juges. — Procureurs. — Autre personnel. — Matériel	2,360,279	2,326,586	2,443,030	2,455,683	2,447,130	12,032,708	2,406,542
Service pénitentiaire	1,598,423	1,492,343	1,479,081	1,381,262	1,459,457	7,410,566	1,482,113
Justice criminelle	902,204	1,021,688	1,146,468	1,040,392	1,130,785	5,241,537	1,048,307
Dépenses diverses	137,530	40,289	66,521	95,100	50,241	389,681	77,937
Exercices antérieurs	19,065	17,974	99,957	99,709	3,400	240,105	48,021
Total	5,079,288	4,953,916	5.295,102	5,132,105	5,149,917	25,610,328	5,122,066

DÉPENSES DU MINISTÈRE DE L'INTÉRIEUR PENDANT LES EXERCICES 1892-1896.

CLASSIFICATION.	1892.	1893.	1894.	1895.	1896.	TOTAL.	MOYENNE ACTUELLE.
	drachmes.	drachmes.	drachmes.	drachmes.	drachmes.	drachmes.	drachmes.
Personnel et frais d'administration centrale et de préfecture	671,063	520,211	505,412	537,150	537,036	2,770,872	554,174
Police	362,062	403,636	2,471,611	2,663,629	2,604,186	8,505,124	1,701,025
Frais d'élections	156,604	3,825	8,583	578,872	18,840	766,724	153,345
Recrutement	48,356	50,784	51,310	52,359	53,074	255,883	51,177
Service sanitaire	215,044	219,945	244,655	318,245	277,180	1,275,069	255,014
Postes et télégraphes	2,119,379	2,260,913	2,312,322	2,290,155	2,322,917	11,305,686	2,261,137
Arts et métiers	109,443	105,438	92,972	102,182	115,609	525,644	105,129
Secours et subventions	658,412	213,173	464,315	587,616	315,638	2,239,154	447,831
Divers	30,718	34,533	21,923	15,641	68,607	171,422	34,283
Exercices antérieurs	125,963	357,529	379,984	503,468	134,991	1,501,935	300,387
Travaux publics.							
Personnel et frais généraux	446,368	938,122	828,022	778,439	736,516	3,727,467	745,493
ENTRETIEN.							
Routes	656,280	1,242,367	1,326,059	1,492,232	1,690,756	6,407,694	1,281,530
Bâtiments, embellissement de la capitale, etc	605,042	307,579	311,007	582,924	732,769	2,539,321	507,864
CONSTRUCTION.							
Routes	537,517	2,349,364	630,354	1,100,238	1,444,212	6,061,685	1,212,337
Bâtiments	175,193	302,865	123,365	79,618	172,597	853,638	170,728
Chemins de fer. — Entretien	135,998	112,391	104,617	38,180	30,602	421,788	84,357
TOTAL	7,053,442	9,422,675	9,876,511	11,720,948	11,255,530	49,329,106	9,865,820

DÉPENSES DU MINISTÈRE DE L'INSTRUCTION PUBLIQUE ET DES CULTES PENDANT LES EXERCICES 1892-1896.

CLASSIFICATION.	1892.	1893.	1894.	1895.	1896.	TOTAL.	MOYENNE ACTUELLE.
	drachmes.	drachmes.	drachmes.	drachmes.	drachmes.	drachmes.	drachmes.
Administration centrale	71,293	74,762	77,576	72,916	71,419	367,966	73,593
Frais des cultes	185,305	195,200	194,752	208,477	203,898	987,632	197,526
Frais d'instruction	2,575,745	2,621,007	2 697,267	2,900,402	4,577,471	15,371,892	3,074,379
Exercices antérieurs	12,840	145,265	127,175	114,441	67,264	466,985	93,397
Total	2,845,183	3,036,234	3,096,770	3,296,236	4,920,052	17,194,475	3,438,895

DÉPENSES DU MINISTÈRE DE LA GUERRE PENDANT LES EXERCICES 1892-1896.

CLASSIFICATION.	1892.	1893.	1894.	1895.	1896.	TOTAL.	MOYENNE ACTUELLE.
	drachmes.	drachmes.	drachmes.	drachmes.	drachmes.	drachmes.	drachmes.
Administration centrale	185,467	212,813	196,185	194,160	198,643	987,268	197,454
Appointements de divers corps	6,757,207	6,638,506	6,130,034	6,393,921	6,672,972	32,592,640	6,518,528
Services généraux	1,009,919	1,019,641	912,523	894,674	864,053	4,700,810	940,162
Enseignement militaire	390,493	326,580	305,009	274,443	260,270	1,556,795	311,359
Allocations et solde de disponibilité et non-activité	41,632	63,923	56,955	65,558	95,127	323,195	64,639
Frais de l'armée	3,055,210	2,956,175	2,550,766	3,111,173	4,388,190	16,061,514	3,212,303
Divers	1,364,392	1,209,178	1,265,817	1,313,281	1,407,753	6,560,421	1,312,083
Service de santé	375,662	437,520	412,236	439,070	489,547	2,154,035	430,807
Gendarmerie	1,801,454	1,797,929	2,032,880	2,119,571	2,172,250	9,924,084	1,984,817
Exercices antérieurs	131,915	87,233	162,167	312,262	25,692	719,269	143,854
Service topographique, etc.	82,278	121,577	99,283	126,452	96,291	525,881	105,176
Total	15,195,629	14,871,075	14,123,855	15,244,565	16.670,788	76,105,912	15,221,182

DÉPENSES DU MINISTÈRE DE LA MARINE PENDANT LES EXERCICES 1892-1896.

CLASSIFICATION.	1892.	1893.	1894.	1895.	1896.	TOTAL.	MOYENNE ACTUELLE.
	drachmes.	drachmes.	drachmes.	drachmes.	drachmes.	drachmes.	drachmes.
Administration centrale	136,785	133,485	126,564	132,991	133,429	663,254	132,651
Arsenal	1,015,895	1,306,058	1,351,235	1,563,516	2,519.527	7,756.831	1,551,366
Équipages	1,963,515	1,612,592	1,634,766	1,706,716	1,818,143	8,735,732	1,747,146
Frais de l'armée et des vaisseaux	1,555.930	1,354,438	1,328,579	1,857,798	2,236,955	8,333,700	1,666,740
Enseignement	97,675	116,459	99,603	91,541	183,160	588,438	117,688
Divers	204,911	189,352	192,888	191,464	143,701	922,316	184,463
Exercices antérieurs	123,005	112,716	120,268	8,733	16,621	381,343	76,269
Service des ports	132,149	143,113	138,395	143,369	148,116	705,142	141,028
Service de santé	41,785	46,486	55,151	50,910	55,823	250,155	50,031
TOTAL	5,271,650	5,015,299	5,047,449	5,747,038	7,255,475	28,336,911	5,667,382
Caisse des phares et fanaux	538,056	516,396	326,139	363,117	376,746	2,120,454	424,091
TOTAL GÉNÉRAL	5,809,706	5,531,695	5,373,588	6,110,155	7,632,221	30,457,365	6,091,473

RÉSUMÉ DES DÉPENSES ORDINAIRES DES MINISTÈRES PENDANT LES EXERCICES 1892-1896.

CLASSIFICATION.	1892.	1893.	1894.	1895.	1896.	TOTAL.	MOYENNE ACTUELLE.
	drachmes.	drachmes.	drachmes.	drachmes.	drachmes.	drachmes.	drachmes.
Ministère des Finances	22,727,186	18,000,994	18,647,750	21,113,965	20,485,107	100,975,002	20,195,000
Ministère des Affaires étrangères	2,032,374	2,017,081	1,942,707	2,022,450	2,069,838	10,084,450	2,016,890
Ministère de l'Intérieur	7,053,442	9,422,675	9,876,511	11,720,948	11,255,530	49,329,106	9,865,820
Ministère de la Justice	5.079,288	4,953,916	5,295,102	5,132,105	5,149,917	25,610,328	5,122,066
Ministère de l'Instruction publique et des Cultes	2,845,183	3,036,234	3,096,770	3,296,236	4,920,052	17,194 475	3,438,895
Ministère de la Guerre	15,195,629	14,871,075	14,123,855	15,244,565	16,670,788	76,105,912	15,221,182
Ministère de la Marine	5,271,650	5,015,299	5,047,449	5,747,038	7,255,475	28,336,911	5,667,382
Caisse des phares et fanaux	538,056	516,396	326,139	363,117	376,746	2,120,454	424,091
ENSEMBLE	60,742,808	57,833,670	58,356,283	64,640,424	68,183,453	309,756.638	61,951,326

ANNEXE N° III.

NOTE

SUR LE COURS FORCÉ ET L'AGIO.

Le cours forcé existe en Grèce depuis le 30 septembre 1885. Antérieurement à cette date, il avait été établi à trois reprises différentes et s'était prolongé :

1° du 4 avril 1848 au 19 décembre de la même année ;

2° du 30 décembre 1868 au 15 juillet 1870 ;

3° du 15 juin 1877 au 31 décembre 1884.

Les émissions de billets de banque avaient été effectuées jusqu'en 1864 exclusivement par la Banque nationale. En 1864, les Îles Ioniennes ayant été annexées à la Grèce, les émissions ont été effectuées concurremment par la Banque nationale et par la Banque Ionienne, dans les limites de leurs privilèges respectifs.

A partir de 1882, une nouvelle banque d'émission ayant été fondée dans les provinces d'Épire et de Thessalie nouvellement annexées au Royaume, le droit d'émission resta partagé entre les trois Banques. La moyenne annuelle totale des émissions a varié pendant les périodes du cours forcé :

de 24 à 29	millions de drachmes durant	la période	1868-1870 ;
de 48 à 104	—	—	1877-1884 ;
de 69 à 143	—	—	1885 à ce jour.

Le tableau graphique A fait ressortir, année par année, la circulation moyenne des billets de banque depuis la fondation de la Banque nationale en 1842 jusqu'à ce jour, en distinguant le montant des billets empruntés par l'État de la circulation propre des banques d'émission.

Le tableau numérique B_1 fait connaître la circulation des trois banques à la fin de chaque année depuis 1876, c'est-à-dire depuis l'année qui a précédé la déclaration du cours forcé, toujours en distinguant la circulation pour affaires de commerce de celle qui représente les emprunts d'État.

La circulation, qui avait été en 1876 de 42 millions pour les différentes opérations des Banques, atteignait en 1877 53 millions, dont 17 pour les emprunts de l'État et 36 pour le compte propre des banques.

La circulation pour le compte de l'État reçut un accroissement soudain en 1886 (72 millions), alors que la circulation pour les affaires des Banques restait contenue dans la limite de 40 millions, qui pouvait être considérée comme normale à cette époque. Encore à présent, elle est d'environ 60 millions sur un total de 151 millions.

La circulation pour le compte des Banques, jusqu'en 1877, avait été en croissant avec les progrès économiques du pays. Depuis cette époque, elle avait subi des oscillations marquées; cependant elle ne s'était pas beaucoup écartée du niveau atteint en 1877, tandis que la masse du papier s'accroissait considérablement par l'effet des prêts faits à l'État. En 1887 et 1888, par suite de la liquidation d'une crise économique qui avait commencé en 1883, toutes les opérations des Banques se retrécissent, et le Gouvernement de son côté restitue à la Banque nationale un prêt fait par elle à la Caisse spéciale pour la construction des routes nationales.

La circulation des Banques remonte en 1892, au moment où commence la période des emprunts provisoires que l'État obtenait des banques pour le payement des dettes à l'étranger, les émissions auxquelles il avait droit d'après les lois sur le cours forcé ne pouvant plus suffire à ce service.

La circulation propre des Banques redescend en 1894 à environ 40 millions, simultanément avec une réduction de la circulation pour le compte de l'État. Le change montait alors d'une façon très inquiétante et il fallait à tout prix enrayer le mouvement par un resserrement du papier. La circulation des Banques se relève ensuite pour suivre les besoins du commerce, tandis que l'État reprend ses disponibilités pour la guerre et que sa propre circulation remonte.

En somme, la circulation pour le compte de l'État (voir le tableau graphique déjà cité) commence en 1877 et suit une marche constamment ascendante, sauf dans les trois périodes suivantes :

1° entre 1883 et 1885, quand a été décrétée l'abolition du cours forcé (1er janvier 1885), laquelle n'a duré que neuf mois;

2° en 1888 et 1889;

3° en 1893, 1894, 1895, avec réduction parallèle de la circulation propre des Banques.

Le tableau graphique C reproduit la courbe à partir de 1877 pour l'ensemble de la circulation propre des Banques et de la circulation pour le compte de l'État. Cette courbe est mise en regard de celle qui représente les variations du change de l'or.

Les deux courbes présentent une sorte de parallélisme sur une grande partie de leur développement. Lorsque la masse du papier circulant augmente, le change s'élève; quand elle se réduit, le change baisse. L'influence de la quantité du papier sur l'agio ne saurait être démontrée d'une manière plus évidente. Toutefois, dans la dernière année, l'agio fléchit considérablement, tandis que la quantité du papier s'accroît : cette anomalie sera expliquée plus loin.

Les deux phénomènes, c'est-à-dire la masse du papier circulant et l'agio, sont représentés dans le tableau graphique D, avec encore plus de précision : les oscillations y sont marquées pour chacun des douze mois de l'année, de janvier 1892 à novembre 1897.

Ici, les variations n'étant pas ramenées à des moyennes annuelles sont beaucoup plus sensibles. On voit dans les mouvements brusques de l'agio l'importance de l'élément psychologique, c'est-à-dire de l'opinion, des appréciations, de la spéculation.

En 1893, lorsque l'on espérait un rétablissement des finances de l'État au moyen d'un grand emprunt de liquidation, le change baisse et se précipite en deux mois de 133 à 117, pour remonter ensuite avec une rapidité vertigineuse jusqu'à des taux qu'il n'avait jamais atteints. L'argent manquait alors pour payer le coupon. Pendant plusieurs années, on n'avait soldé les intérêts et l'amortissement des dettes publiques que sur le capital réalisé au moyen des emprunts. Mais, comme les banquiers, avant de conclure le nouvel emprunt, demandaient des gages et l'établissement d'un contrôle, le Gouvernement refusa, et le traité ne fut pas conclu. Alors eut lieu l'émission du *Funding-Loan,* en vertu de la loi du 30 mai 1893 qui obligeait les créanciers, sous peine de ne rien toucher du tout, à recevoir de nouveaux titres en payement des intérêts sur les anciennes dettes.

Cet expédient eut pour effet une baisse momentanée du change; mais il ne tarda pas à se relever et à remonter jusqu'à 154. La crise s'aggrava encore par suite de la mévente du raisin de Corinthe dont la récolte avait été bonne en 1893; mais auquel la France avait fermé son marché par un droit de douane presque prohibitif.

Le change monta encore plus haut en 1894. La moyenne du mois de décembre et celle du mois de janvier suivant dépassent le taux de 187 p. 0/0. Cette hausse était le résultat de la pression exercée sur le marché intérieur par les achats de lettres de change sur l'étranger en vue de payer le coupon en or qu'il fallait nécessairement solder au moyen de la marchandise exportée, puisqu'on ne pouvait plus payer les intérêts par de nouveaux emprunts. D'ailleurs le crédit commercial de la Grèce était épuisé; les maisons de banque à l'étranger retiraient leurs capitaux aux échéances et ne consentaient plus à renouveler leurs opérations.

Après ce mouvement de hausse, le change commence à redescendre et la baisse continue lentement dans les trois dernières années, avec quelques oscillations jusqu'à la veille de la déclaration de guerre.

On a vu enfin dans les derniers mois de 1897 un phénomène extraordinaire : l'agio descendant rapidement, tandis que le volume des billets touchait presque aux dernières limites des émissions légales pour le compte de l'État et que la circulation propre des Banques atteignait également les proportions les plus élevées.

Le change, en effet, a baissé immédiatement après la cessation de la guerre. Il est vrai que les raisins ont pu être écoulés à l'étranger à des prix rémunérateurs; néanmoins la baisse du change a été si rapide que l'élément moral doit y être compté pour beaucoup. C'est là un des exemples les plus frappants de l'action de l'opinion sur les mouvements du change pour aggraver ou pour neutraliser en partie l'action de la quantité du papier à cours forcé.

La quantité du papier en circulation est naturellement le premier facteur de l'agio, l'élément fondamental. Chaque marchandise dans un pays à cours forcé a deux prix : le prix en papier et le prix en or. On cote les prix en papier pour toutes les transactions journalières; les prix en or sont cotés seulement pour certains articles de grand commerce. Néanmoins les deux séries coexistent à chaque instant : l'une réelle, l'autre latente ou virtuelle, mais dont on peut toujours déterminer la proportion.

L'agio est l'écart moyen entre les deux séries de prix, exprimés en papier et en or. Les prix en papier sont une fonction de la quantité du papier en circulation et du prix de ce papier qui est influencé, à son tour, par l'opinion qu'on a de sa convertibilité à un moment donné, par les prévisions qu'on fait de nouvelles émissions possibles, par les payements que l'État doit effectuer à l'étranger, par la balance du commerce et par l'équilibre général des échanges avec l'étranger.

Dans l'exposé qu'on vient de faire des rapports existant entre la courbe de la circulation et celle de l'agio, l'influence de la masse du papier est évidente : il y a une sorte de parallélisme entre les deux phénomènes; malgré les fluctuations brusques amenées par l'élément psychologique, les variations sont sans cesse ramenées à un centre de gravité déterminé par le volume du papier qui, ayant un marché fermé, ne peut pas déverser son excédent à l'étranger.

Le tableau graphique des moyennes annuelles de l'agio fait encore mieux ressortir l'action de ces diverses causes.

L'abolition du cours forcé est un intérêt de premier ordre. Aussi faut-il se préoccuper de trouver le moyen de restaurer la circulation fiduciaire libre et de ramener dans le pays le courant métallique. C'est à ce prix seulement que les capitaux reviendront de l'étranger animer et fortifier l'activité économique du pays. Il est vrai que les capitaux de l'étranger demanderont aussi d'autres conditions : ils ne s'engageront pas en Grèce tant qu'ils auront à craindre que, par des variations dans le tarif des impôts, on ne les laisse pas tranquilles dans les emplois qu'ils auront choisis et tant qu'ils n'auront pas acquis la confiance dans une administration de la justice à la fois prompte et impartiale.

On affirme souvent que le cours forcé procure quelques avantages à l'activité industrielle, et on cite à ce propos les profits de la vente du raisin qui ramène l'or de l'étranger, ainsi que les progrès des industries manufacturières du Pirée (mouture à vapeur, industries mécaniques, tissage de coton et de laine, fabrication de vins et liqueurs, etc.).

On ne saurait nier que l'obstacle opposé par la présence du cours forcé à la concurrence de l'étranger ne soit de nature à favoriser certaines industries locales. Cet obstacle agit à la manière d'une élevation des droits de douane. Considéré à ce point de vue, cet obstacle pourrait être remplacé, franchement et ouvertement, par une augmentation des droits d'entrée qui présenterait plus de fixité et de certitude que la protection donnée par le moyen du cours forcé et n'offrirait pas l'inconvénient de déranger tous les calculs de prévision pour ce qui concerne les prix des matières premières et de la houille qu'on doit acheter de l'étranger. D'un autre côté, la véritable économie obtenue dans la culture du raisin et des autres produits agricoles destinés à l'exportation, ainsi que dans la production des établissements industriels par l'effet du cours forcé, ne peut être due qu'à une réduction des salaires *réels*. La main-d'œuvre recevant les mêmes salaires *nominaux* qu'avant l'introduction du cours forcé, alors que la drachme-papier achète moins qu'auparavant, supporte seule en réalité le poids de la concurrence. En effet, le prix du raisin, par exemple, est fait à l'étranger par les acheteurs qui en demandent une certaine quantité à un prix déterminé en or; et c'est à l'intérieur que ce prix se traduit en drachmes, dont les travailleurs reçoivent le même nombre d'unités qu'avant la dépréciation du papier.

C'est uniquement parce que les prix des biens et des services ne montent pas simultanément du même pas, parce que les salaires en général ne varient que dans d'étroites limites, c'est par suite de la fixité des prix établis par la coutume, particulièrement pour les objets loués à long terme, que certaines branches d'industrie et certaines exploitations agricoles, destinées à alimenter le commerce avec l'étranger, offrent un surcroît de bénéfices aux propriétaires des établissements et des cultures. Il importe de ne pas se méprendre sur la nature et l'origine de ces appuis artificiels.

Le retour à la circulation métallique est donc à souhaiter. Toutefois, si on pouvait l'effectuer dans un court espace de temps, il y aurait, à côté des avantages évidents pour l'économie générale du pays, des perturbations dans l'équilibre des prix, et certaines industries naissantes en seraient ébranlées. Mais les moyens font malheureusement défaut pour retirer le cours forcé à bref délai et on n'a pas à craindre ces perturbations passagères. Les ressources financières de la Grèce ne sauraient supporter le poids d'un emprunt plus fort que celui qui est indispensable pour la libération de la Thessalie et pour combler les déficits budgétaires de l'année qui vient de s'écouler et des exercices prochains. La baisse du change s'opèrera graduellement par un retour à l'activité saine des affaires et par la diminution du papier en circulation, en raison de la restitution que l'État fera des avances consenties par les Banques.

Cette restitution est inscrite comme obligatoire dans la loi de contrôle, dans la mesure de 2 millions par an au minimum, et dans les circonstances présentes on ne saurait demander davantage.

MOYENNE ANNUELLE DE LA CIRCULATION DES BILLETS DE BANQUE.

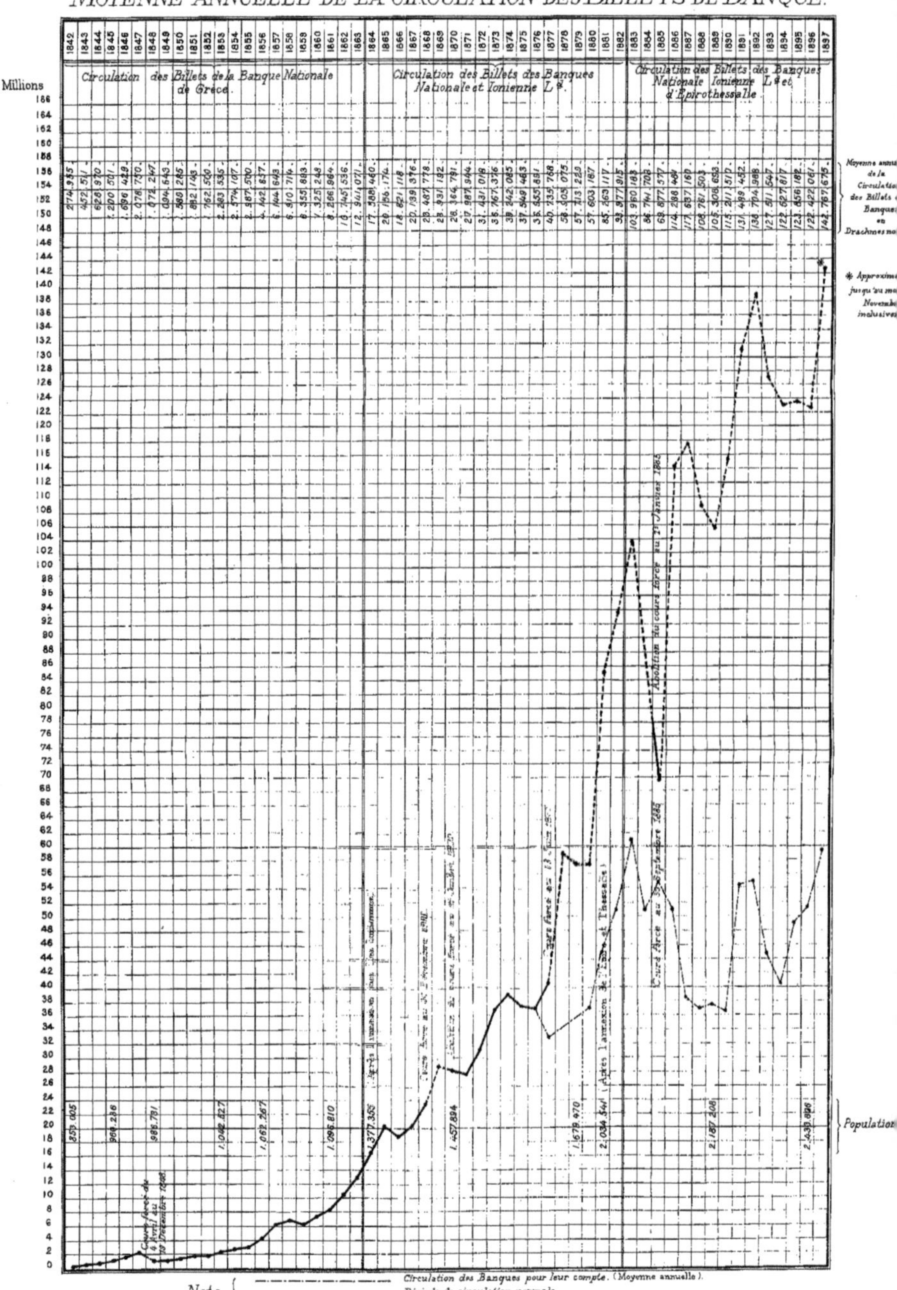

Note : { Circulation des Banques pour leur compte. (Moyenne annuelle). Périodes de circulation normale.

Tableaux B_1 et B_2

BILLETS DE BANQUE EN CIRCULATION

AU 31 DÉCEMBRE DES ANNÉES 1876-1896

COURS DU CHANGE À VUE SUR PARIS

1877–1897

TABLEAU B[1].

BILLETS DE BANQUE EN CIRCULATION AU 31 DÉCEMBRE DES ANNÉES 1876-1896.

ANNÉES.	BILLETS DE BANQUE ÉMIS PAR LES BANQUES POUR EMPRUNTS DE L'ÉTAT.				BILLETS DE BANQUE EN CIRCULATION POUR LE COMPTE DES BANQUES. — BANQUE NATIONALE DE GRÈCE.		
	Banque nationale de Grèce.	Banque Ionienne limited.	Banque privilégiée d'Épiro-Thessalie.	TOTAL.	En circulation.	A déduire : Billets de 1 et 2 drachmes et billets des autres Banques en caisse.	SOLDE.
	drachmes.	drachmes.	drachmes.	drachmes.	drachmes.	drachmes.	drachmes.
1876	″	″	″	″	36,034,217	″	36,034,217
1877	14,556,155	2,667,932	″	17,224,087	29,107,660	″	29,107,660
1878	30,012,642	3,059,025	″	33,071,667	30,493,578	″	30,493,578
1879	11,585,446	3,015,279	″	14,600,725	39,925,432	494,676	39,430,756
1880	29,259,794	3,002,464	″	32,262,258	36,030,006	29,400	36,000,606
1881	48,722,268	3,082,564	″	51,804,832	46,369,848	″	46,369,848
1882	41,486,822	1,195,875	″	42,682,697	61,337,234	″	61,337,234
1883	43,149,612	1,693,079	″	44,842,691	53,279,664	″	53,279,664
1884	″	3,000,000	″	3,000,000	69,648,723	″	69,648,723
1885	21,929,901	2,004,944	752,359	24,687,204	55,038,081	″	55,038,081
1886	63,465,847	5,119,991	3,500,000	72,085,838	40,844,834	3,173,992	37,670,842
1887	64,798,449	4,801,278	3,701,500	73,301,227	40,813,060	4,400,502	36,412,558
1888	53,800,477	4,602,503	3,505,719	61,908,699	36,015,059	3,602,795	32,412,264
1889	62,507,327	3,500,000	3,500,541	69,507,868	29,184,548	1,599,139	27,585,409
1890	63,345,595	5,374,906	4,408,185	73,128,686	42,800,471	2,746,285	40,054,186
1891	76,033,850	5,374,906	4,417,217	85,825,973	46,820,283	2,181,531	44,638,752
1892	69,587,100	5,384,313	4,412,734	79,384,147	50,349,551	1,749,537	48,600,014
1893	77,556,122	5,384,397	4,408,174	87,348,693	36,044,895	3,400,576	32,644,319
1894	67,789,621	5,384,323	4,408,174	77,582,118	41,662,379	3,129,711	38,532,668
1895	62,664,933	5,374,906	4,408,174	72,448,013	48,798,076	2,914,934	45,883,142
1896	62,921,752	5,378,428	4,412,174	72,712,354	50,436,678	2,890,103	47,546,575
1897.							
Janvier	62,921,696	5,379,164	4,412,174	72,713,034	49,670,675	3,013,610	46,657,065
Février	62,921,696	5,379,469	4,403,669	72,704,834	50,038,798	3,055,966	46,982,832
Mars	66,148,296	5,349,308	4,403,669	75,901,273	53,390,414	2,992,486	50,397,928
Avril	69,648,296	5,326,364	4,403,669	79,378,329	52,288,498	2,877,812	49,410,686
Mai	72,448,296	5,316,951	4,403,669	82,168,916	52,473,011	2,885,373	49,587,638
Juin	74,828,535	5,250,313	4,403,669	84,482,517	51,351,407	2,812,554	48,538,853
Juillet	75,928,296	5,342,273	4,403,669	85,674,238	49,771,016	1,579,456	48,191,560
Août	79,628,296	6,110,376	4,403,669	90,142,341	56,150,164	3,087,842	53,062,322
Septembre	79,628,296	6,846,467	4,403,669	90,878,432	58,312,630	3,212,853	55,099,777
Octobre	80,378,296	6,846,042	4,403,669	91,628,007	56,586,091	3,639,504	52,946,587
Novembre	80,378,296	6,846,042	4,403,669	91,628,007	53,882,344	3,733,668	50,148,676

ANNÉES.	BANQUE IONIENNE LIMITED.			BANQUE D'ÉPIRO-THESSALIE.			TOTAL des soldes des trois Banques.	TOTAL des billets de banque pour le compte de l'État et pour le compte des Banques.
	En circulation.	A déduire : Billets de 1 et 2 drachmes et billets des autres Banques en caisse.	SOLDE.	En circulation.	A déduire : Billets de 1 et 2 drachmes et billets des autres Banques en caisse.	SOLDE.		
	drachmes.	drachmes.	drachmes.	drachmes.	drachmes.	drachmes.	drachmes.	drachmes.
1876	6,516,243	291,598	6,224,645	″	″	″	42,258,862	42,258,862
1877	7,395,241	409,250	6,985,991	″	″	″	36,093,651	53,317,738
1878	7,961,529	1,547,129	6,414,400	″	″	″	36,907,978	69,979,645
1879	7,450,645	1,205,181	6,245,464	″	″	″	45,676,320	60,277,045
1880	8,077,054	1,444,907	6,632,147	″	″	″	42,632,753	74,895,011
1881	7,273,598	2,879,860	4,393,738	″	″	″	50,763,586	102,568,418
1882	6,708,859	2,534,615	4,174,244	″	″	″	65,511,478	108,194,175
1883	6,017,152	1,057,835	4,959,317	1,060,540	″	1,060,540	59,299,521	104,142,212
1884	3,443,980	451,255	2,992,725	684,295	″	684,295	73,325,743	76,325,743
1885	6,126,894	2,257,535	3,869,359	2,604,801	20,617	2,584,784	61,492,224	86,179,428
1886	5,671,729	4,732,069	*1,060,340*	5,070,308	912,764	4,157,544	40,768,046	112,853,884
1887	7,144,699	3,384,192	3,760,507	5,045,060	176,347	4,868,713	45,041,778	118,343,005
1888	7,057,247	4,592,652	2,464,595	5,317,276	624,466	4,692,810	39,569,669	101,478,368
1889	8,511,709	3,546,000	4,965,709	5,990,536	667,622	5,322,914	37,874,032	107,381,900
1890	6,762,629	3,121,975	3,640,654	5,078,640	858,538	4,220,102	47,914,942	121,043,628
1891	6,681,446	2,362,775	4,318,671	4,722,460	892,770	3,829,690	52,787,113	138,613,086
1892	6,380,667	2,567,700	3,812,967	4,502,160	790,046	3,712,114	56,125,095	135,509,242
1893	6,455,132	2,760,600	3,694,532	4,738,283	1,650,783	3,087,500	39,426,351	126,775,044
1894	6,874,807	2,042,875	4,831,932	4,184,288	755,375	3,428,913	46,793,513	124,375,631
1895	6,879,057	1,734,100	5,144,957	4,805,291	987,756	3,817,535	54,845,634	127,293,647
1896	7,010,939	1,921,691	5,089,248	4,591,548	419,193	4,172,355	56,808,178	129,520,532
1897.								
Janvier	7,024,920	1,899,723	5,125,197	4,824,423	524,473	4,299,950	56,082,212	128,795,246
Février	7,008,914	1,384,621	5,624,293	4,864,548	540,316	4,324,232	55,931,357	128,636,191
Mars	7,005,352	1,588,497	5,426,855	4,981,823	722,130	4,259,693	60,084,476	135,985,745
Avril	6,977,476	1,908,406	5,069,070	4,981,823	722,130	4,259,693	58,739,449	138,117,778
Mai	6,852,858	2,507,739	4,345,118	4,981,823	722,130	4,259,693	58,192,449	140,361,365
Juin	6,907,412	2,507,739	4,399,673	4,981,823	722,130	4,259,693	57,198,219	141,680,736
Juillet	6,777,275	2,897,630	3,879,645	4,981,823	722,130	4,259,693	56,330,898	142,005,136
Août	6,780,295	1,740,056	5,040,239	4,981,823	722,130	4,259,693	62,362,254	152,504,595
Septembre	7,019,726	899,028	6,120,698	4,981,823	722,130	4,259,693	65,480,168	156,358,600
Octobre	6,894,488	1,330,302	5,564,186	4,981,823	722,130	4,259,693	62,770,466	154,398,473
Novembre	6,894,488	1,330,302	5,564,186	4,981,823	722,130	4,259,693	59,972,555	151,600,562

NOTE A. — La Banque d'Épiro-Thessalie n'ayant pas publié de situations mensuelles depuis le mois de mars 1897, par suite des circonstances anormales dans lesquelles la plaçait l'occupation de la Thessalie par les Turcs, on a reproduit dans les mois suivants les chiffres de la situation fin mars, qui d'ailleurs ne doivent pas différer beaucoup des chiffres réels.

NOTE B. — La dernière situation publiée par la Banque Ionienne étant celle du 31 octobre 1897, on s'est servi pour cet établissement des mêmes chiffres pour calculer la circulation de fin novembre.

TABLEAU B$_2$.

COURS DU CHANGE À VUE SUR PARIS 1877-1897.

MOYENNE MENSUELLE. — MOYENNE ANNUELLE.

N. B. — Jusqu'au mois d'octobre 1882 le change est coté en drachmes anciennes. — 1 drachme nouvelle = 1 drachme 12 ancienne.
A partir du mois de novembre 1882, le change est coté en drachmes nouvelles. — 1 drachme nouvelle = 1 franc.

MOIS.	1877.	1878.	1879.	1880.	1881.	1882.	1882.	1883.	1884.	1885.	1886.
Janvier	1.13 1/2	1.24	1.22	1.15	1.20 66	1.19 60	—	1.15 27	1.07 96	1,01	1.24 6/9
Février	1.13 1/2	1.23	1.20	1.15	1.20	1.20	—	1.15 1/2	1.06 34	1.01	1.24 4/7
Mars	1.13 1/2	1.24 1/2	1.19 1/2	1.12	1.20	1.19	—	1.15 1/2	1.06	1.01	1.26 3/5
Avril	1.14	1.27 1/2	1.17	1.12	1.18 59	1.20	—	1.16 23	1.05 67	1.02	1.26 3/8
Mai	1.14	1.25 1/2	1.18	1.13 11	1.16 43	1.20 36	—	1.17 85	1.04 1/4	1.02 72	1.19 4/5
Juin	1.14	1.24	1.17 1/2	1.14 26	1.15 96	1.22 43	—	1.15 85	1.04	1.02 97	1.16 1/8
Juillet	1.15	1.21	1.17 1/2	1.14 90	1.15 12	1.19 52	—	1.13 10	1.04	1.02	1.17 1/3
Août	1.16 1/2	1.21 1/2	1.16 1/2	1.14 56	1.14	1.21 17	—	1.14 12	1.04	1.01 1/2	1.19 3/4
Septembre	1.15	1.24	1.14 1/2	1.14 1/2	1.14 44	1.22 33	—	1.13 93	1.04	1.04 58	1.25
Octobre	1.15	1.26 1/2	1.14	1.15 48	1.16 10	1.24 10	—	1.12 1/2	1.04	1.08 16	1.28 2/5
Novembre	1.20	1.26 1/2	1.14 1/2	1.19 26	1.18 60	—	1.11 11	1.09	1.03 1/2	1.21 9	1.24 1/5
Décembre	1.20	1.20 1/2	1.16 3/4	1.18	1.17 66	—	1.12	1.10 96	1.03 10	1.22 5	1.26 1/5
MOYENNE de l'année	1.15 1/3	1.24	1.17 1/3	1.14 17/20	1.17 1/3	1.20 17/20	1.11 1/2	1.14 1/6	1.04 3/4	1.05 4/5	1.23 1/4

MOIS.	1887.	1888.	1889.	1890.	1891.	1892.	1893.	1894.	1895.	1896.	1897.
Janvier	1.27 4/5	1.29 1/5	1.25 9/20	1.22 7/8	1.27	1.39 2/5	1.57 3/4	1.70 1/5	1.87 1/2	1.77 8/25	1.70 48
Février	1.30 1/7	1.29 1/10	1.21 9/10	1.23 1/6	1.27 5/8	1.41 3/10	1.48 5/8	1.70 1/2	1.86 1/2	1.74 $\frac{94\ 112}{100}$	1.69 47
Mars	1.29 9/10	1.29 7/10	1.22 4/5	1.23 5/8	1.29 1/3	1.50 1/6	1.42	1.71 1/2	1.86 3/5	1.72 39	1.70 24
Avril	1.30 1/4	1.28 7/8	1.22 9/10	1.23 3/10	1.29 9/20	1.44 3/5	1.45 1/3	1.73 7/10	1.85 9/11	1.74 1/5	1.71 3/4
Mai	1.21 1/12	1.28 7/8	1.21 1/3	1.23 7/10	1.30 1/4	1.38 1/5	1.65 1/4	1.73	1.79 3/4	1.74 1/5	1.76 83
Juin	1.19 1/25	1.24 1/3	1.22 4/5	1.24 1/8	1.29 1/4	1.39 1/7	1.58 1/2	1.73	1.77 4/5	1.76 17	1.77 23
Juillet	1.20 1/6	1.26 1/5	1.22 5/9	1.24 4/7	1.29 7/8	1.40 3/4	1.64 9/25	1.75	1.76 9/10	1.76 13	1.73 65
Août	1.26 3/5	1.27 6/10	1.23 3/4	1.23 3/10	1.30 6/10	1.43 1/4	1.67 1/2	1.73 1/3	1.75 13/25	1.76 37	1.70 72
Septembre	1.26 5/8	1.27 1/3	1.23 10/20	1.21 1/2	1.29 1/8	1.42 9/10	1.79 1/4	1.73 4/5	1.75 11/50	1.72 73	1.59 62
Octobre	1.27 3/10	1.27 1/11	1.22 9/10	1.22 3/5	1.31	1.45 2/5	1.62 1/2	1.75 3/4	1.75 1/4	1.69 04	1.53 55
Novembre	1.27 7/8	1.24 3/4	1.22 5/8	1.23 1/4	1.34 1/4	1.46	1.62 1/2	1.82	1.77 21/50	1.70 81	1.57 07
Décembre	1.28 3/4	1.25 1/5	1.23 1/20	1.25 7/10	1.30 2/9	1.52 9/20	1.64 1/2	1.87 1/3	1.78 95	1.70 38	
MOYENNE de l'année	1.26 1/3	1.27 1/3	1.23	1/23 1/2	1.29 83	1.43 63	1.59 84	1.74 92	1.80 1/4	1.73 72	

COURS MOYENS ANNUELS DU CHANGE SUR PARIS ET CIRCULATION MOYENNE ANNUELLE DES BILLETS DE BANQUE

Circulation des Billets de Banque : ——— Cours du Change : —·—·—

Millions } Circulation des Billets de Banque

} Cours du Change.

1877	1878	1879	1880	1881	1882	1883	1884	1885	1886	1887	1888	1889	1890	1891	1892	1893	1894	1895	1896	1897

+ Approximatif jusqu'au mois d'Octobre inclusivement.

× Approximatif jusqu'au mois de Novembre inclusivement.

Note : *Le cours du Change et la Circulation ont été calculés en Drachmes nouvelles, même pour les années 1877 jusqu'au 1er Novembre 1882, date à partir de laquelle seulement le système monétaire*

TABLEAU GRAPHIQUE D.

COURS MOYENS MENSUELS DU CHANGE SUR PARIS ET CIRCULATION DES BILLETS DE BANQUE A LA FIN DE CHAQUE MOIS

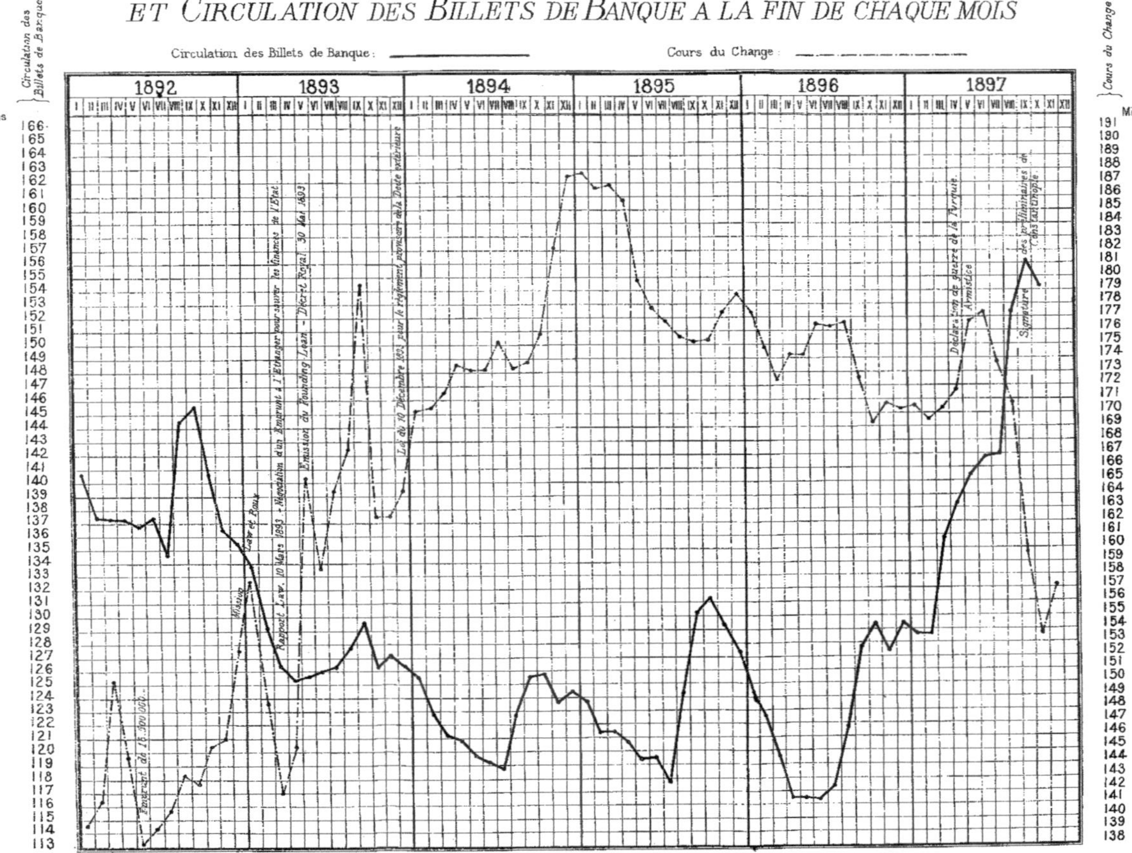

Annexe n° IV.

NOTE
SUR LES ÉMISSIONS DE BILLETS DE BANQUE.

D'après les lois en vigueur sur le cours forcé, le droit d'émission des billets de banque est réglé comme suit :

La Banque nationale a le droit d'émettre des billets de banque pour une somme de 141 millions de drachmes; mais, sur cette somme, 81 millions de drachmes sont émis pour le compte du Gouvernement, et seulement 60 millions pour le compte de la Banque nationale.

La Banque d'Épiro-Thessalie a le droit d'émettre des billets de banque pour une somme de 11 millions de drachmes; mais, sur cette somme, 6 millions de drachmes sont émis pour le compte du Gouvernement, et seulement 5 millions pour le compte de la Banque d'Épiro-Thessalie.

La Banque Ionienne a le droit d'émettre des billets de banque pour une somme de 14 millions de drachmes, mais, sur cette somme, 7 millions de drachmes sont émis pour le compte du Gouvernement et 7 millions pour le compte de la Banque.

Ainsi, sur le total de 166 millions de drachmes de la circulation fiduciaire (dont 20 millions de drachmes en billets de 1 et 2 drachmes, émis, moitié par la Banque nationale et moitié par les deux autres Banques), il n'y a que 72 millions de drachmes pour le compte des trois Banques et 94 millions pour le compte du Gouvernement.

Mais ces chiffres ne représentent que le maximum possible de la circulation; la circulation n'atteint, en réalité, que des chiffres sensiblement inférieurs.

En effet, les sommes dues en billets de banque par le Gouvernement aux Banques d'émission font l'objet d'un compte courant au crédit duquel le Gouvernement verse ses disponibilités; d'autre part, les Banques maintiennent toujours une marge à leur maximum d'émission pour faire face à leurs besoins de caisse et couvrir leur passif à vue. Ainsi le maximum de la moyenne annuelle de la circulation pendant le cours forcé qui est en vigueur depuis 1885 n'avait pas jusqu'en 1896 dépassé 138,704,988 drachmes (1892) et le montant total de la circulation n'était que de 128,636,191 drachmes au 28 février 1897, c'est-à-dire à la veille de la mobilisation de l'armée.

A partir de cette date, le Gouvernement commence à puiser dans son compte courant de billets de banque et la circulation enfle de nouveau jusqu'à 156,358,600 drachmes au mois de septembre. Depuis, on constate une nouvelle diminution pour les mois suivants : 154,398,473 drachmes en octobre, et 151,600,562 drachmes en novembre, diminution qui est due à la réduction de la circulation de la Banque nationale.

Le tableau numérique B_1 a fait connaître le montant de la circulation pour le compte du Gouvernement et pour le compte de chacune des trois Banques au 31 décembre de chacune des années 1876-1896 et pour les onze premiers mois de 1897.

La Banque nationale est le principal établissement financier du pays. Son privilège d'émission s'étend à tout le Royaume de Grèce, tel qu'il était avant l'annexion des Iles Ioniennes et des provinces d'Épire et de Thessalie, c'est-à-dire sur un territoire de 1,771,000 habitants (d'après le dernier recensement de 1894), tandis que le privilège de la Banque Ionienne s'étend à 265,200 habitants et celui de la troisième Banque à un territoire de 397,459 habitants. A présent, et pour le temps que durera encore le cours forcé, les billets de banque des trois établissements circulent indistinctement dans tout le Royaume, les dispositions relatives aux limites régionales du privilège de chacune ayant été suspendues, avec leur consentement, jusqu'à l'abolition du cours forcé [1].

Le tableau suivant donne un aperçu général des opérations des trois Banques.

OPÉRATIONS.		BANQUE NATIONALE de Grèce. — Situation au 30 novembre 1897.	BANQUE IONIENNE Limited. — Situation au 31 octobre 1897.	BANQUE D'ÉPIRO-THESSALIE. — Situation au 31 mars 1897.	TOTAUX pour les trois BANQUES.
		drach.	drach.	drach.	drach.
1. Capital social		20,000,000	7,887,687	(A) 5,000,000	32,887,687
2. Réserves		11,500,000	//	1,333,967	12,833,967
3. Portefeuille commercial		12,986,699	3,017,730	2,269,541	18,273,970
4. Avances et comptes courants sur titres		6,181,175	2,288,724	1,766,251	10,236,150
5. Prêts sur hypothèque		38,353,763	7,912,713	6,179,362	52,445,838
6. Prêts aux communes, commissions des ports, etc		20,798,915	//	581,257	27,380,172
7. Portefeuille agricole		4,074,674	1,101,730	2,450,674	7,627,078
8. Participations dans des sociétés		3,055,454	//	865,551	3,921,005
9. Obligations d'emprunts de l'État hellénique	en or	2,873,539	//	//	2,873,539
	en billets de banque	35,231,228	//	//	35,231,228
10. Avances à l'État hellénique	en or	7,873,539	767,000	2,475,254	11,115,793
	en billets de banque	10,797,997	515,000	27,312	11,340,309
11. Dettes de l'État en vertu des lois du cours forcé	en or	10,604,275	2,000,000	800,000	13,404,275
	en billets de banque	70,378,296	1,874,906	903,669	73,156,871
12. Dépôts et comptes courants à vue		8,192,308	57,400	1,248,470	9,498,178
13. Dépôts à intérêt (C)		(B) 86,089,596	9,153,883	5,924,935	101,168,414
14. Caisse d'épargne		1,835,014	//	//	1,835,014
15. Billets de banque en circulation pour le compte de la Banque (D)		53,882,344	6,894,488	4,981,823	65,758,655
16. Billets de banque en circulation pour le compte de l'État		80,378,296	6,846,042	(E) 4,403,669	91,628,007
17. Total des billets de banque en circulation		134,260,640	13,740,530	9,385,492	157,386,662

(A) Capital versé. — Capital nominal de 20,000,000 francs.
(B) Avec l'emprunt à lots de la Banque.
(C) Les dépôts à intérêt des Banques Ionienne et d'Épiro-Thessalie sont en partie en compte courant et en partie à échéance fixe, ceux de la Banque nationale en obligations (Emprunt à lots) et à échéance fixe.
(D) Des billets en circulation pour le compte des Banques ne sont pas déduits les billets de 1 et 2 drachmes et les billets des autres Banques en caisse.
(E) Dans cette somme il n'y a que 3,500,000 de billets de 1 et 2 drachmes, l'augmentation de 1,500,000 étant postérieure à la situation du 31 mars 1897.

[1] En ce qui concerne les opérations autres que l'émission, chacune des trois Banques a le droit de faire des opérations dans toute l'étendue du Royaume. Ainsi la Banque Ionienne a une succursale à Patras et une autre à Athènes. De même la Banque d'Épiro-Thessalie a une succursale à Athènes, c'est-à-dire dans les limites d'émission de la Banque nationale.

On voit par ce tableau que les trois Banques s'occupent à peu près des mêmes opérations. Elles effectuent l'émission, l'escompte, le crédit foncier et le crédit agricole. De plus, les Banques nationale et d'Épiro-Thessalie s'occupent, dans des limites étroites, d'opérations de crédit mobilier, et la Banque nationale a organisé une caisse d'épargne. Dès sa fondation, en 1842, la Banque nationale a destiné une grande partie de ses moyens au crédit foncier. Un essai fait pour fonder un établissement spécial de crédit foncier n'a pas abouti. Dans les Iles Ioniennes et dans les provinces d'Épire et de Thessalie des circonstances analogues ont amené les deux autres Banques à entreprendre le même service.

Les opérations de crédit foncier des trois Banques sont de beaucoup les plus importantes, et s'élèvent à 79,826,010 drachmes (prêts sur hypothèque et prêts aux communes), tandis que le portefeuille commercial et les avances et comptes courants sur titres ne s'élèvent ensemble qu'à 28,510,120 drachmes. Le portefeuille agricole (7,627,078) s'élève à un peu plus du tiers du portefeuille commercial (18,273,970).

Les opérations d'escompte sont assez modestes, en comparaison de la masse des prêts sur hypothèque; mais la matière du papier commercial manque, à ce qu'il paraît, si on veut se gouverner avec prudence. On avait vu, pendant la période d'activité qui précéda la crise commerciale de 1883, le portefeuille de la Banque monter à des sommes de beaucoup supérieures à son portefeuille actuel : au 31 décembre 1879, il avait atteint 24 millions environ; la liquidation de la crise a démontré qu'on avait abusé du crédit commercial pour des spéculations de tout genre, particulièrement sur les terrains à bâtir.

Les avances et comptes courants sur titres, qui, au 31 décembre 1882, avaient atteint le chiffre de 5,327,585 drachmes, avaient également été excessifs. D'ailleurs, ces opérations ont recommencé dans les dernières années à progresser, comme on le voit ci-après :

DATES.	PORTEFEUILLE COMMERCIAL.	AVANCES et COMPTES COURANTS.	TOTAL.
	drach. lept.	drach. lept.	drach. lept.
31 décembre 1891	12,411,430 00	4,312,224 40	16,723,654 40
31 décembre 1892	12,567,537 00	3,648,653 80	16,216,190 80
31 décembre 1893	12,642,988 00	2,403,697 39	15,046,685 39
31 décembre 1894	10,752,254 00	3,159,988 50	13,912,242 50
31 décembre 1895	12,730,951 00	3,638,911 70	16,369,862 70
31 décembre 1896	13,781,580 17	4,905,386 56	18,686,966 73
30 novembre 1897	12,986,699 09	6,181,175 63	19,167,874 72

La diminution à partir de 1886 et l'amélioration dans les trois dernières années (1895-1897) ne s'appliquent pas seulement aux opérations d'escompte et d'avances de la Banque nationale. Ces phénomènes se produisent aussi dans le portefeuille agricole et les prêts sur première hypothèque. Le tableau ci-dessous est très instructif à cet égard.

PRINCIPALES OPÉRATIONS DE LA BANQUE NATIONALE DE GRÈCE.

ANNÉES 1886-1896 AU 31 DÉCEMBRE, EN MILLIERS DE DRACHMES.

OPÉRATIONS.	1886.	1887.	1888.	1889.	1890.	1891.	1892.	1893.	1894.	1895.	1896.	Si[illegible] au[illegible] ve[illegible]
Portefeuille commercial	15,234	12,699	11,677	11,786	11,026	12,411	12,567	12,642	10,752	12,770	13,781	
Total des effets escomptés dans l'année (portefeuille commercial)	*	*	*	*	*	*	*	55,404	43,669	47,121	51,281	
Portefeuille agricole	6,676	7,240	8,054	7,786	7,440	7,472	5,211	4,603	4,084	4,121	4,105	(c)
Total des effets escomptés dans l'année (portefeuille agricole)	*	*	*	*	*	*	*	7,030	4,027	4,621	5,134	
Avances et comptes courants sur titres.	3,172	1,445	998	1,165	4,422	4,312	3,648	2,403	3,159	3,638	4,905	
Prêts sur première hypothèque	57,731	55,280	56,104	48,133	44,275	43,628	41,291	39,047	37,269	37,293	38,424	
Prêts aux communes, caisse des ports, etc	10,538	12,185	14,113	16,269	29,668	29,148	20,077	28,188	27,290	27,078	27,969	
Actions des sociétés locales	1,767	1,995	1,219	1,160	1,778	2,433	2,358	2,324	2,315	2,980	3,085	
Emprunt à lots Banque nationale de Grèce	59,519	59,153	58,072	170	57,648	57,105	56,441	55,749	55,030	54,281	53,500	
Dépôts à intérêts à échéance fixe	40,160	43,137	42,983	43,242	41,202	39,074	37,692	35,927	34,808	34,020	34,132	
Dépôts sans intérêt	10,026	6,527	16,373	13,649	15,921	9,565	11,511	20,503	7,850	5,305	7,332	
Caisse d'épargne	896	995	1,101	1,168	1,149	1,237	1,284	1,246	1,343	1,456	1,624	
Billets à ordre émis dans l'année	83,916	80,756	77,605	80,495	128,158	146,619	140,217	106,050	110,315	111,644	116,893	
Circulation des billets de banque pour le compte de la Banque (A)	40,844	40,813	36,015	29,184	42,800	46,820	50,349	36,044	41,662	48,798	50,436	(c)
Effets de commerce et agricoles échus (B).	4,741	3,023	4,307	4,458	4,440	"	"	"	"	"	"	

(*) La statistique des effets escomptés avant l'année 1893 n'était pas tenue séparément pour les effets de commerce et pour les effets agricoles; par conséq[illegible] chiffres respectifs manquent dans le tableau.

(A) Du montant de cette circulation n'est pas déduit le montant des billets de 1 et 2 drachmes et des billets des autres Banques que la Banque nationale a[illegible] caisse à la date du 31 décembre.

(B) Les effets de commerce et agricoles échus étaient, jusqu'à l'année 1890, portés dans un compte commun séparé. A partir de cette époque ces effets son[illegible] pris dans les chiffres respectifs du portefeuille commercial et du portefeuille agricole.

(c) Les chiffres de cette colonne ayant été dressés avant la fin de l'année ne peuvent pas contenir le total des effets commerciaux et agricoles escomptés dans [illegible] ni le total des billets à ordre émis dans l'année.

Le pays a traversé une période de dépression économique dont il tend à se relever. La diminution des prêts sur hypothèque doit être surtout attribuée à la liquidation de la crise commencée en 1883. On avait beaucoup emprunté pour établir des fabriques et manufactures, et la Banque s'est vue obligée de procéder à des exécutions forcées.

D'ailleurs, diverses circonstances entravent le développement des prêts sur hypothèque. Les titres de propriété foncière ne sont pas réguliers, et souvent il n'existe d'autre titre que la possession. De même, plusieurs dispositions des lois romaines, toujours en vigueur, relatives à la protection des femmes, rendent assez souvent précaires les titres de propriété les mieux établis. On peut ajouter à cela la difficulté de l'exécution dans certaines provinces, et parfois l'impossibilité de trouver des acquéreurs, en cas d'exécution forcée, tant par défaut de capitaux disponibles, que par suite des égards observés envers les débiteurs dépossédés. Tant que ces inconvénients n'auront pas été abolis par des réformes législatives, on ne doit pas s'attendre à un plus large développement du crédit de la propriété foncière.

Quant à la diminution du portefeuille agricole, elle est le résultat de la crise des raisins de Corinthe.

Une note spéciale doit être placée ici au sujet de l'emprunt en or, emprunt à lots de 60 millions, conclu par la Banque nationale avec un groupe de banquiers de Paris, au mois de mars 1880, dans les circonstances suivantes. En même temps qu'elle contractait cet emprunt, la Banque passait une convention avec le Gouvernement pour lui avancer 15,171,225 drachmes en or, à l'effet de compléter la somme nécessaire pour l'abolition du cours forcé qui était décidée par le Gouvernement et par la Chambre. La somme totale à affecter à cet objet s'élevait alors à environ 23 millions. La même convention portait qu'à partir du 1er janvier 1881 le cours forcé serait aboli. Mais les événements politiques qui survinrent dans l'automne de la même année et aboutirent à l'annexion de l'Épire et de la Thessalie à la Grèce dans l'année suivante, ainsi que la mobilisation de l'armée qui en fut la suite, obligèrent le Gouvernement à annuler la convention relative à l'abolition du cours forcé; la Banque lui avança 22,300,000 drachmes en or et prit l'engagement de lui fournir encore sur sa requête 8,900,000 drachmes en or. La Banque parvint un peu plus tard à racheter une partie des obligations de son emprunt à lots qui étaient descendues au-dessous du prix d'émission; mais de nouveaux besoins du Gouvernement la forcèrent bientôt à les vendre de nouveau.

Les trois notes ci-annexées traitent avec plus de détails des opérations de chacune des trois Banques.

ANNEXE N° V.

NOTE
SUR LA BANQUE NATIONALE DE GRÈCE.

La Banque nationale de Grèce a été fondée par les lois des 30 mars et 19 août 1841. Une Commission nommée par décret Royal s'occupa d'abord des opérations préparatoires et de son organisation provisoire. La loi du 19 août 1841 fixait à 1,500,000 drachmes anciennes le minimum du capital nécessaire pour que la Banque fût autorisée à commencer ses opérations. Chaque action était de 1,000 drachmes anciennes et le capital de la Banque avait été fixé à 5 millions de drachmes anciennes. 3,402 actions ayant été souscrites jusqu'au 22 janvier 1842, c'est-à-dire un capital de 3,402,000 drachmes anciennes, la Banque nationale commença ses opérations à cette date et publia le 1er juillet 1842 son premier bilan dont une copie se trouve ci-annexée.

La Banque fonctionna au début d'après des règlements rédigés par la Commission et approuvés par le Gouvernement. Mais, dès que les opérations de la Banque commencèrent en janvier 1842, la nécessité se fit sentir de les modifier sur plusieurs points et plus généralement de rédiger des statuts avec le concours des actionnaires. Une assemblée générale des actionnaires fut donc convoquée à cet effet en octobre 1842; et, en même temps, un spécialiste français, employé supérieur du Ministère des finances, M. L. Lemaître, fut invité à venir aider l'Administration de la Banque et l'Assemblée générale dans son travail. Ce travail fut très long et ne put être achevé qu'en juin 1843, par la signature des statuts du 22 juin 1843, statuts qui, avec quelques modifications, régissent encore actuellement la Banque. Plusieurs dispositions des nouveaux statuts rendirent nécessaire la publication d'une nouvelle loi en date du 7/19 juillet 1843 pour compléter et modifier les lois précédentes des 30 mars et 19 août 1841. En vertu de la loi du 7/19 juillet 1843, les nouveaux statuts de la Banque furent approuvés par décret Royal du 12/24 juillet 1843.

OPÉRATIONS DE LA BANQUE NATIONALE DE GRÈCE.

Dans les statuts du 22 juin 1843, l'article 9 relatif aux opérations de la Banque est ainsi rédigé :

« Les opérations de la Banque consistent :

« 1° à escompter des lettres de change et autres effets de commerce payables « dans l'intérieur du Royaume;

« 2° à prêter sur hypothèque d'immeubles situés dans l'intérieur du Royaume;

« 3° à prêter sur dépôt de matières d'or et d'argent;

« 4° à faire des avances en compte courant sur hypothèque d'immeubles, sur « dépôt de matières d'or et d'argent et sur obligations personnelles garanties au « moins par deux autres signatures solvables, dont une doit être celle d'un négociant « ou d'un banquier;

« 5° à recevoir en compte courant, sans ou avec intérêts, les sommes qui lui « seront déposées, et à payer sans frais tous mandats ou assignations sur elle, jusqu'à « concurrence des sommes encaissées au crédit de ceux qui auront fourni ces mandats « ou assignations;

« 6° à émettre des billets au porteur ou à ordre payables à vue ou à plusieurs « jours de vue;

« 7° à tenir une caisse de dépôts volontaires pour tous titres, objets précieux, lin- « gots, monnaies et matières d'or et d'argent de toute espèce. »

A ces opérations de nouvelles ont été ajoutées par des modifications ultérieures des statuts; mais, comme plusieurs de ces modifications se rattachent aux opérations énoncées dans l'article susmentionné, on n'en fera mention qu'après avoir traité des opérations énoncées dans cet article.

I. — Article 9, § 1, des statuts. — Escompte de lettres de change et autres effets de commerce.

D'après l'article 11 des statuts, « la Banque n'admettra à l'escompte que des ef- « fets de commerce timbrés dont l'échéance ne devra pas excéder trois mois, revêtus « de la signature de trois personnes au moins, notoirement solvables, dont deux « négociants et dont une domiciliée, soit à Athènes, soit dans une ville où la Banque « possède une succursale ou agence.

« La liste des personnes admises à l'escompte est arrêtée par le Conseil. »

Mais cet article a été modifié comme suit par décision de l'Assemblée générale, approuvée par décret Royal du 6 mars 1872 : « La Banque escompte les effets de « commerce timbrés dont l'échéance ne doit pas excéder trois mois du jour de leur « admission à l'escompte, payables à Athènes ou dans une ville où la Banque possède « une succursale ou agence et revêtus de la signature de deux commerçants au moins, « notoirement solvables et inscrits dans la liste arrêtée par le Conseil des personnes « admises à l'escompte. »

Les bons du Trésor dont l'échéance n'excéderait pas trois mois ont été également admis à l'escompte (art. 5 de la loi AA' du 3 février 1864).

Les statuts fixent à 8 p. o/o le maximum de l'escompte. Par décisions du Conseil général de la Banque, le taux de l'escompte est actuellement fixé comme il suit :

à 6 1/2 p. o/o au siège central d'Athènes, qui escompte aussi les effets de la place du Pirée, et aux succursales de Syra, Patras et Calamata;

à 7 p. o/o aux succursales d'Aigion, Pyrgos, Nauplie, Tripolis, Lamia, Kyparissia, Missolonghi, Chalcis et Sparte.

à 6 p. o/o pour les banques par actions.

II. — Article 9, § 2, des statuts. — Prêts sur hypothèque.

Pendant la terrible et glorieuse Révolution de 1821, qui avait duré jusqu'à l'année 1828, non seulement les villes avaient été presque entièrement détruites, mais aussi les plantations de tous genres dévastées, et presque anéanties; tous les capitaux disponibles avaient été en même temps engloutis dans la tourmente, le stock monétaire était absolument insuffisant, et cette situation ne se trouvait pas beaucoup améliorée en 1842. L'état de choses créé par la Révolution mettait le Gouvernement continuellement aux prises avec des troubles intérieurs, et ce n'est que lentement que l'organisation sociale s'acheminait vers un état de paix. Dans ces conditions, le pays ne pouvait jouir à l'étranger du crédit qui lui était nécessaire pour se relever. Le Gouvernement avait, à plusieurs reprises, entamé des négociations avec des capitalistes étrangers pour les engager à fonder une Banque; une loi même avait été votée à cet effet en 1836; mais les négociations échouaient toujours, quelquefois au moment même où l'on croyait être arrivé à une entente définitive.

L'œuvre du fondateur de la Banque nationale, G. Stavros, n'est que plus méritoire. Non seulement, il put réunir les quelques capitaux disponibles du pays et déterminer le Gouvernement à participer à l'entreprise en souscrivant pour un millier de drachmes anciennes; mais, avec son ami Eynard, le grand philhellène, banquier de Genève, il attira des capitaux étrangers, et nous voyons figurer au nombre des premiers actionnaires de la Banque nationale plusieurs étrangers et, en tête de la liste, le roi de Bavière Louis, les frères Rothschild, Eynard, etc.

Mais la Banque, qui avait été fondée avec tant de peine, était tenue, par les circonstances mêmes, de subvenir à tous les besoins du crédit, et le plus urgent de ces besoins était d'aider à la reconstitution de la proprieté foncière. Ce besoin était même si impérieux que, conformément aux lois relatives à la fondation de la Banque, l'article 19 des statuts contenait la disposition suivante: « La somme employée en prêts hypothécaires ne doit pas dépasser les trois quarts ni être inférieure aux deux tiers du capital effectif de la Banque. » Mais la pratique ayant démontré la prudence avec laquelle la Banque gérait cette branche de ses opérations, et la nécessité devenant de plus en plus grande d'aider la propriété foncière, des dispositions ultérieures aidèrent au développement des prêts sur hypothéque, d'autant plus que toutes les tentatives répétées du Gouvernement et de la Banque pour fonder un crédit foncier indépendant restèrent sans résultat. C'est de cette situation qu'est née la loi ΦΚΣ' du 11 avril 1859 qui a organisé systématiquement le crédit foncier géré par la Banque nationale.

Cette loi est divisée en deux parties. La première contient des dispositions relatives à l'émission d'obligations à long terme, avec ou sans lots, aux différentes catégories de prêts hypothécaires, ainsi qu'aux rapports qui doivent exister entre les divers éléments du passif et de l'actif de la Banque. La seconde partie contient des dispositions spéciales relatives aux exécutions forcées sur les immeubles hypothéqués à la Banque. Mais les dispositions de la première partie de la loi de 1859 ont subi ultérieurement plusieurs modifications. D'après les dispositions en vigueur la Banque est tenue actuellement d'employer en prêts sur hypothèque :

1° des trois quarts jusqu'aux quatre cinquièmes de son capital social et des réserves (art. 2 de la Convention du 13 août 1864 approuvée par la loi ΞΖ' du 31 août 1864).

2° les sommes empruntées par elle par l'émission d'obligations anonymes ou par des dépôts à intérêt à échéance fixe (art. 1 de la loi ΦΚΣ' du 11 avril 1859). Toutefois la Banque peut disposer d'une partie de ces sommes pour des prêts sur gages (art. 1 de la loi du 11 avril 1859) et pour l'escompte d'effets agricoles ou pour des avances aux agriculteurs (art. 6 de la convention du 2 décembre 1896, approuvée par la loi ΒΥΞΑ' du 8 janvier 1897).

Le montant de la somme que la Banque a le droit d'emprunter, conformément aux dispositions susmentionnées, ne peut pas dépasser le décuple de son capital social (art. 6 de la convention du 2 décembre 1896 approuvée par la loi ΒΥΞΑ' du 8 janvier 1897).

Plus tard, les grands travaux entrepris par les communes, les commissions des ports, etc., exigèrent encore l'intervention de la Banque nationale, qui fut autorisée par l'article 8 de la convention du 8 octobre 1880, approuvée par la loi ΩΞΖ' du 2 décembre 1880, à leur faire des prêts gagés par la cession de revenus. Cette opération a été assimilée aux prêts sur hypothèque, de même que l'achat par la Banque d'obligations d'emprunts nationaux gagés, pour permettre à la Banque de ne pas garder improductives des sommes destinées à être affectées à des emprunts sur hypothèque, mais dont la disposition serait momentanément impossible.

L'intérêt des prêts sur hypothèque était fixé par les statuts de 1843 à 10 p. o/o (art. 31 des statuts). Il a été réduit à 7 p. o/o par la loi ΦΚΣ' du 11 avril 1859, puis encore élevé à 8 p. o/o par la convention approuvée par la loi ΞΖ' du 31 août 1864, enfin définitivement réduit à 7 p. o/o à partir du 1er janvier 1892 par la convention du 8 octobre 1880, approuvée par la loi du 2 décembre de la même année.

L'intérêt des prêts aux communes, commissions de ports, etc., a toujours été de 7 p. o/o.

Les prêts de la Banque sont :

1° de courte durée, habituellement cinq ans, sans amortissement.

2° amortissables, mais sans que leur durée puisse dépasser quarante ans.

3° en compte courant.

La Banque n'accorde plus de prêts sur hypothèque en compte courant.

III. — Art. 9, § 3, des statuts. — Prêts sur matières d'or et d'argent.

Le stock métallique très restreint dont dispose le marché n'a jamais permis le développement de ces opérations. Elles auraient pu prendre quelque extension pendant la dernière période du cours forcé, mais seulement comme un facteur de spéculation. C'est pour ce motif que la Banque, dans l'intérêt du marché, refuse les prêts sur monnaie d'or.

IV. — Art. 9, § 4, des statuts. — Avances en comptes courants.

1° *Sur hypothèque d'immeubles.* — Les avances en compte courant sur hypothèque d'immeubles avaient reçu un grand développement; mais la pratique, ayant démontré au Conseil de la Banque, que cette opération présentait beaucoup d'inconvénients en temps de crise, elle fut soumise d'abord à plusieurs restrictions, et enfin définitivement suspendue en 1885 par décision du Conseil général de la Banque approuvée par l'Assemblée générale. La somme qui figure, sous ce titre, à l'actif de la Banque, représente le solde d'opérations non encore liquidées; mais le compte courant ne fonctionne plus et la Banque ne reçoit que des versements au crédit du compte.

2° *Sur dépôt de matières d'or et d'argent.* — Cette opération ne s'est pas développée pour les raisons mentionnées plus haut au § 3.

3° *Sur obligations personnelles garanties au moins par deux autres signatures solvables, dont une doit être celle d'un négociant ou d'un banquier.* — Il résulte des travaux préparatoires des statuts de la Banque que les rédacteurs, en autorisant cette opération, avaient surtout en vue le développement du crédit agricole combiné avec la signature d'un commerçant ou d'un banquier.

Le fonctionnement de cette opération est réglée de la manière suivante par l'article 29 des statuts :

« Les comptes courants en avances sur garantie individuelle reposeront sur un « effet de forme commerciale, souscrit par l'emprunteur et ses cautions, payable à « trente jours de vue. Cet effet comprendra le capital et le montant des intérêts pour « un semestre.

« En cas de non-payement de la somme due lors de la clôture d'un compte, le re- « couvrement de l'effet remis en garantie sera poursuivi par la Banque pour le montant « de sa créance. »

Mais, quoique la Banque eût au début donné à ces opérations un développement assez étendu, le but que les statuts avaient en vue ne fut pas atteint, et c'est surtout les banquiers qui profitèrent de la facilité qu'elles offraient. Comme elles présentaient plusieurs inconvénients et comme d'ailleurs d'autres dispositions avaient pourvu au crédit agricole en 1861, les avances sur obligations personnelles furent définitivement suspendues en 1886 par décision du Conseil général, approuvée par l'Assemblée des actionnaires.

V. — Art. 9, § 5, des statuts. — Dépôts en compte courant avec ou sans intérêts.

La Banque, au commencement et pendant plusieurs années, a reçu des dépôts en compte courant à intérêt; mais, à la suite d'une organisation en quelque sorte systématique des dépôts à échéance fixe qui affluaient à la Banque, elle cessa de bonifier un intérêt aux dépôts en compte courant et aux simples dépôts à vue et aujourd'hui elle ne reçoit plus ces dépôts que sans intérêts. Ils restent, malgré cela, toujours très importants.

VI. — Art. 9, § 6, des statuts. — Émission de billets.

1° *Émission de billets au porteur.* — La Banque nationale de Grèce a le privilège exclusif d'émettre des billets au porteur (billets de banque) dans les limites de l'ancien Royaume, c'est-à-dire dans toute la Grèce, excepté les Îles Ioniennes et les provinces d'Épire et de Thessalie.

Son privilège expire au 31 décembre 1916. Les billets de la Banque nationale, quand il n'y a pas de cours forcé, n'ont pas cours légal et, seules, les caisses de l'État sont tenues de les recevoir obligatoirement. Malgré cela, les billets de la Banque, dès leur apparition, circulèrent comme monnaie. Il est évident que ces dispositions sont modifiées par les lois sur le cours forcé. D'après ces lois, les billets de la Banque nationale, comme ceux des Banques ionienne et d'Épiro-Thessalie, ont cours légal et forcé dans toute la Grèce.

Les limites et conditions d'émission des billets de banque ont été à plusieurs reprises modifiées, non seulement par les lois sur le cours forcé, mais aussi en d'autres circonstances. D'après les dispositions actuellement en vigueur, s'il n'y avait pas de cours forcé, la Banque nationale devrait se conformer aux dispositions de l'article 4 de la loi du 16 décembre 1861, lequel est ainsi conçu :

« L'encaisse métallique de la Banque ne peut être inférieure au tiers de son passif « en billets de banque et comptes courants, exigibles à vue. La différence entre l'en- « caisse métallique et les billets de banque en circulation ne peut, en aucun cas, dé- « passer le capital social réel, plus les réserves de la Banque. »

La Banque est autorisée à avoir une partie de son encaisse métallique en dépôt à l'étranger auprès d'établissements de premier ordre (art. 5 de la convention du 10 février 1892 approuvée par la loi BA' du 11 mars 1892).

Ces limites et conditions de l'émission ont été modifiées par les lois sur le cours forcé, qui ont fixé à 60 millions de drachmes le maximum des billets que la Banque a le droit d'avoir en circulation pour son compte. Mais, de plus, la Banque a été autorisée à émettre 71 millions de drachmes de billets de banque et encore 10 millions de drachmes de billets de banque de 1 et 2 drachmes; mais ces émissions avaient la destination spéciale d'être versées au Gouvernement à titre d'emprunt à 1 o/o : elles constituent réellement des émissions pour le compte du Gouvernement. Ainsi le maximum de billets de banque que la Banque nationale est autorisée à émettre pour son compte et pour celui du Gouvernement s'élève à 142 millions.

Lors du renouvellement du privilège de la Banque pour la période 1892-1916, le Gouvernement s'était réservé une participation aux bénéfices résultant de l'émission; mais cette participation a été capitalisée et rachetée par la Banque nationale par la convention du 10 février 1892, approuvée par la loi BA' du 11 mars 1892.

2° *Émission de billets à vue ou à plusieurs jours de vue.* — La Banque n'émet actuellement que des billets à ordre à vue sur ses succursales et réciproquement, c'est-à-dire de succursales sur l'établissement central et entre elles. L'établissement central émet aussi des mandats télégraphiques. On peut dire que dans les limites du privilège de la Banque, tout le mouvemement de fonds se fait exclusivement par son entremise. Le Gouvernement a droit à ce service gratuitement.

VII. — Art. 9, § 7, des statuts. — Dépôts de titres, etc. et dépôts de lingots, monnaies et matières d'or et d'argent de toute espèce.

1° *Dépôts de titres.* — Ce service a été systématiquement organisé en 1883. La valeur totale approximative des titres gardés par la Banque, y compris ceux appartenant à la Banque ou donnés en gage, s'élevait, au 31 décembre 1896, à 164 millions de drachmes au cours du jour.

2° *Dépôts de lingots, monnaies, etc.* — Ces dépôts figurent dans un compte spécial du bilan de la Banque; mais leur montant est toujours resté limité.

VIII. — Article 108 des statuts. — Caisse d'épargne.

Les statuts autorisaient la Banque à organiser une Caisse d'épargne, et elle n'a pas manqué à ce devoir. Le montant des sommes déposées s'élevait, au 30 juin 1897, à 1,668,739 drachmes 94, réparties entre 3,072 déposants.

Chaque dépôt ne peut dépasser 1,000 drachmes et la Banque bonifie aux déposants un intérêt annuel de 4 p. o/o.

Mais, en plus des opérations que nous venons d'énumérer et qui sont prévues par les statuts, les circonstances, ainsi que les devoirs qu'imposait à la Banque sa situation privilégiée, l'amenèrent à se charger encore des opérations suivantes :

IX. — Escompte d'effets agricoles, etc.

La loi ΨΙ′ du 6 décembre 1861, qui renouvela pour la première fois le privilège de la Banque nationale, lui imposa des opérations de crédit agricole par l'article 5, rédigé dans les termes suivants :

« A côté de ses autres opérations, la Banque prêtera aussi à des non-commerçants « et surtout à des personnes appartenant à la classe agricole, sur leur crédit personnel, « des sommes, soit en compte courant sur dépôt de billets garantis par d'autres si- « gnatures, soit par voie d'escompte de lettres de change ou de billets à ordre. Mais « tout individu engagé directement envers la Banque, soit comme débiteur, soit comme « garant ou endosseur, est placé sous la juridiction des tribunaux de commerce et est « sujet à la contrainte par corps, conformément aux articles 999, § 1, et 1,003 du « Code de procédure civile ».

« Deux millions, pris sur le capital social, seront exclusivement affectés à cette « opération ».

Cette somme a été portée à 10 millions de drachmes par la convention du 2 décembre 1896, approuvée par la loi ΒΥΞΑ′ du 8 janvier 1897, les dépôts du crédit foncier devant fournir les fonds nécessaires à cette augmentation.

La loi ΨΙ′ du 16 décembre 1861 imposait à la Banque les opérations de crédit agricole, jusqu'à la fondation d'une Banque de crédit agricole, à laquelle la Banque nationale était tenue de participer avec son portefeuille agricole; mais la Banque projetée n'a jamais pu être fondée et la Banque nationale s'est vue dans la nécessité d'accomplir cette tâche difficile. Elle l'a fait avec beaucoup de prudence et de discernement bien au delà du devoir que la loi lui imposait, et, dans le rapport des opérations de l'année 1896, on trouve exposées plusieurs observations relatives au développement des opérations du crédit agricole, ainsi qu'aux améliorations introduites par la convention susmentionnée du 2 décembre 1896 et de la loi du 8 janvier 1897.

La Banque ne fait plus d'avances agricoles en compte courant ou sur dépôt de billets garantis par d'autres signatures, cette forme d'avances ayant été généralement suspendue, comme nous l'avons vu plus haut (IV n° 3).

L'intérêt encaissé par la Banque pour ces opérations est de 8 p. o/o, et les délais de payement de trois à neuf mois.

X. — Avances sur titres.

La Banque a été autorisée par l'article 2 de la convention du 13 août 1864, approuvée par la loi du 31 août de la même année, à faire des avances en compte courant sur ses propres actions ou obligations ou sur celles d'autres sociétés anonymes indiquées comme solvables. Par décision de l'Assemblée générale, approuvée par décret Royal du 27 mars 1873, elle a été autorisée également à faire des avances en compte courant sur titres des dettes nationales. Elle a été enfin autorisée par l'article 2 de la convention du 2 décembre 1896, approuvée par la loi ΒΥΞΑ' du 8 janvier 1897, à faire des avances sur warrants.

L'avance ne peut dépasser les trois quarts du cours des titres gagés, ni leur valeur nominale.

En vertu de ces dispositions, la Banque fait des avances simples ou des avances en compte courant; l'intérêt dans les deux cas est fixé à 6 p. o/o; mais, pour les avances en compte courant, elle perçoit 1/2 p. o/o de commission annuelle sur le montant du crédit ouvert.

XI. — Participations dans des sociétés.

Par décision de l'Assemblée générale des actionnaires, approuvée par décret Royal du 15 avril 1871, la Banque nationale a été autorisée à prendre des participations dans les sociétés ayant pour objet : 1° le développement des moyens de communication en Grèce; 2° le développement et l'encouragement en général de la marine marchande nationale; 3° le développement du crédit mobilier en Grèce.

Mais la Banque ne peut affecter à ces opérations que le tiers de sa réserve ordinaire et extraordinaire.

XII. — Achat et vente de change sur l'étranger.

Par décision de l'Assemblée générale, approuvée par décret Royal du 2 septembre 1846, l'Administration de la Banque a été autorisée à entrer en relations, et à avoir des comptes avec des banques ou des banquiers de premier ordre à l'étranger. Cette autorisation impliquait naturellement celle de l'achat et de la vente de change sur l'étranger, qui d'ailleurs a été plus expressément confirmée par une nouvelle décision de l'Assemblée générale, approuvée par décret Royal du 9 mars 1897.

XIII. — Participation à des emprunts nationaux.

En dehors des cas dans lesquels la Banque a été spécialement autorisée par l'Assemblée des actionnaires à consentir des avances provisoires à l'État ou à participer à des emprunts nationaux par obligations, ainsi que des cas dans lesquels des décisions semblables du Gouvernement de la Banque ont été ultérieurement approuvées par les actionnaires, la Banque est tenue, en vertu de l'article Θ' de la convention du 15 novembre 1874, approuvée par la loi ΦE' du 30 novembre 1874, d'avoir une partie de son passif couvert par des obligations d'emprunts nationaux, ainsi qu'il en sera fait mention plus loin.

XIV. — Service d'emprunts nationaux.

La Banque est chargée du service de plusieurs emprunts nationaux en billets de banque, et elle a ouvert également ses guichets aux services des emprunts extérieurs après la loi de décembre 1893 sur le règlement provisoire de la dette extérieure de l'État.

REPRÉSENTATION DE L'ACTIF PAR LE PASSIF.

Au sujet de l'encaisse métallique et de la représentation de l'actif par le passif, les statuts de la Banque contenaient les dispositions suivantes, (article 36 des statuts) :

« L'encaisse métallique de la Banque ne doit jamais être au-dessous du tiers de son « passif en billets et comptes courants exigibles à vue.

« Le reste de son passif sera représenté dans la caisse par des effets de commerce « ou obligations dont l'échéance ne devra pas excéder trois mois et dont une au « moins des signatures sera celle d'un négociant ou d'un banquier.

« Le total des sommes dues par la Banque, après déduction de l'encaisse, pour « les billets en circulation, pour les sommes reçues en compte courant et pour tout « autre dépôt de fonds, ne dépassera pas le montant de son capital ».

Mais ces règles ont été modifiées par des dispositions ultérieures, parmi lesquelles nous avons déjà exposé celles relatives à l'encaisse métallique. Les prescriptions en vigueur relativement à la représentation du passif par l'actif sont les suivantes :

Première règle. — Le total du passif de la Banque est composé :

a) des billets de banque en circulation;

b) des comptes courants;

c) de tout dépôt de numéraire, à l'exception des sommes dues par la Banque conformément à la loi ΦKΣ' du 11 avril 1859 pour ses opérations du crédit foncier,

Il ne doit pas, après déduction de l'encaisse métallique, dépasser le double du capital social et des réserves réunies (art. 14 de la loi ΦKΣ' du 11 avril 1859 combiné avec l'art. 4 de la loi ΨI' du 16 décembre 1861).

Deuxième règle. — Le total du passif de la Banque, après déduction :

a) des sommes dues par la Banque, conformément à la loi ΦΚΣ du 11 avril 1859, pour ses opérations de crédit foncier;

b) de l'encaisse métallique.

doit être représenté :

1° pour sa moitié au minimum par des effets de commerce ou obligations, dont l'échéance ne doit pas dépasser trois mois, et dont une au moins des signatures doit être celle d'un négociant ou d'un banquier, ou encore par des bons du Trésor, dont l'échéance ne doit pas également dépasser trois mois;

2° pour le reste, par des obligations d'emprunts de l'État hellénique, émis après l'année 1862 (art. 15 de la loi ΦΚΣ' du 11 avril 1859 combiné avec l'art. Θ' de la convention du 15 novembre 1874, approuvée par la loi ΦΕ' du 30 novembre 1874.)

L'application des règles relatives à la représentation du passif par l'actif est suspendue pendant la durée du cours forcé (art. 4 de la convention du 19 septembre 1885, approuvée par la loi ΑΣΟΓ' du 4 novembre 1885).

SUCCURSALES DE LA BANQUE NATIONALE.

Le Pirée, Patras, Syra, Chalcis, Nauplie, Calamata, Lévadie, Lamia, Missolonghi, Tripolis, Sparte, Aigion (Vostizza), Pyrgos, Amphissa, Kyparissia, Agrinion, Corinthe, Gythion, Santorin, Megalopolis, Calavrita, Dimitsana, Lépante, Poros, Pylos.

SITUATION DES COMPTES LE 1/13 JUILLET 1842 AU MATIN.

Actif.

			drachmes lept.
Actionnaires pour les versements restant à effectuer			1,468,000 00
Espèces en caisse			358,367 84
Lettres et billets escomptés			719,837 50
Obligations hypothécaires	Capital	1,523,270 00	
	Intérêts	1,750,731 00	
			3,274,001 00
Prêts sur matières d'or et d'argent			4,145 29
Débiteurs divers			3,000 00
Frais courants		14,688 43	
—— appartenant au 1er semestre		12,608 43	
			2,080 00
Loyer payé d'avance		〃	
Frais de premier établissement		8,822 87	
——portion appartenant au 1er semestre		500 00	
			8,322 87
			5,837,754 50

	drachmes lept.
Il y a en outre en caisse, en billets de banque	152,525 00
Le montant des billets en circulation est de	285,475 00
	438,000 00

Passif.

			drachmes lept.
Capital			3,750,000 00
Billets de banque en circulation			285,475 00
Sommes en dépôt			37,272 54
Créditeurs divers			400 00
Escomptes	de lettres et billets	26,594 39	
	appartenant au 1er semestre	20,661 22	
Produit du réescompte au 2e semestre			5,933 17
Intérêts de prêts hypothécaires		1,750,731 00	
—— appartenant au 1er semestre		30,572 09	
Produit du réescompte			1,720,158 91
Intérêts	des prêts sur matières d'or et d'argent	301 99	
	appartenant au 1er semestre	92 65	
Produit du réescompte			209 34
Profits et pertes			38,305 54
			5,837,754 50

SITUATION DU COMPTE DES PROFITS ET PERTES LE 1/13 JUILLET 1842 AU MATIN.

		drachmes lept.
Intérêts	sur lettres et billets	20,661 22
	sur prêts hypothécaires	30,572 09
	sur matières d'or et d'argent	92 65
Profits divers		88 01
		51,413 97

		drachmes lept.
Frais	courants	12,608 43
	de l'établissement	500 00
Solde à nouveau		38,305 54
		51,413 97

Les bénéfices à répartir pour le 1er semestre s'élèvent à	38,305 54
Le dividende, fixé à 7 p. o/o sur les versements effectués, absorbera	37,277 36
Reste à reporter au semestre suivant	1,028 18

TABLEAU COMPARATIF ET AUTRES INDICATIONS RELATIVES AUX OPÉRATIONS DE LA BANQUE NATIONALE DE GRÈCE (1842-1896).

CLASSIFICATION.	1842.	1852.	1862.	1872.	1882.	1892.	1893.	1894.	1895.	1896.
	drachmes.	drachmes.	drachmes.	drachmes.	drachmes.	drachmes.	drachmes.	drachmes.	drachmes.	drachmes.
Capital social	3,525,893	4,817,859	7,142,857	14,285,714	16,071,428	20,000,000	20,000,000	20,000,000	20,000,000	20,000,000
Réserves	″	197,532	1,908,851	7,689,098	11,276,785	14,848,220	11,500,000	11,500,000	11,500,000	11,500,000
Portefeuille commercial	654,176	1,341,062	4,890,541	12,170,946	24,022,171	12,567,537	12,642,988	10,752,254	12,730,951	13,781,580
Total des effets du portefeuille commercial escomptés dans l'année	3,318,060	7,073,034	26,395,399	(a) ″	103,239,914	52,762,561	55,494,658	43,669,145	47,121,393	51,281,810
Avances et comptes courants sur titres	3,525	14,792	107,222	3,693,990	6,408,661	3,648,653	2,403,697	3,159,988	3,638,911	4,905,386
Comptes courants sur obligations personnelles (art. 9 des statuts)	″	2,038,432	1,634,663	″	″	″	″	″	″	″
Prêts sur hypothèque	2,187,446	3,062,544	12,668,108	19,613,267	41,140,974	41,291,276	39,647,806	37,269,097	37,293,424	38,424,229
Prêts aux communes, commissions des ports, etc.	″	″	″	″	6,046,868	29,077,427	28,188,920	27,295,898	27,078,563	27,969,628
Portefeuille agricole et avances aux agriculteurs	″	″	″	2,359,076	7,364,679	5,211,036	4,604,782	4,084,743	4,121,471	4,105,192
Total des effets agricoles et avances aux agriculteurs	″	″	″	″	17,270,406	13,667,945	7,039,973	4,927,548	4,621,790	5,134,191
Participations dans des sociétés	″	″	250,178	193,946	604,144	2,358,695	2,324,984	2,315,621	2,980,451	3,085,770
Obligations d'emprunts de l'État hellénique : en or	″	″	″	″	14,936,863	17,220,670	3,308,287	2,873,539	2,873,539	2,873,539
Obligations d'emprunts de l'État hellénique : en billets de Banque	″	″	″	8,585,303	10,302,727	29,970,487	36,997,862	35,794,201	35,613,918	35,436,577
Avances à l'État hellénique et Bons du Trésor : en or	″	″	″	″	″	6,913,327	7,102,845	7,102,845	7,102,845	7,102,845
Avances à l'État hellénique et Bons du Trésor : en billets de banque	″	105,545	2,210,127	7,534,936	1,937,569	8,197,656	7,498,312	5,098,552	6,209,660	6,100,642
Dette de l'État en vertu des lois du cours forcé : en or	″	″	″	″	21,950,294	14,069,935	14,069,949	13,923,872	13,547,274	10,363,849
Dette de l'État en vertu des lois du cours forcé : en billets de banque	″	″	″	″	37,041,805	69,622,100	77,591,122	67,824,621	62,699,933	62,956,752
Dépôts et comptes courants à vue	48,925	80,338	″	3,324,965	4,729,455	11,511,678	20,503,418	7,850,532	5,305,048	7,332,737
Dépôts à intérêt à échéance fixe	″	1,344,444	8,375,370	15,652,935	35,824,248	37,692,273	35,927,968	34,808,637	34,020,107	34,132,439
Emprunts à lots en or	″	″	″	″	33,073,993	56,441,220	55,749,870	55,030,470	54,281,040	53,500,920
Caisse d'épargne	″	259,881	316,476	420,212	635,470	1,284,235	1,246,917	1,343,136	1,456,916	1,624,648
Billets de banque en circulation pour le compte de la Banque	274,955	1,839,138	11,355,167	28,389,117	54,765,387	50,349,551	36,044,895	41,662,379	48,798,077	50,436,678
Billets de banque en circulation pour le compte de l'État	″	″	″	″	37,041,805	69,587,100	77,556,122	67,789,621	62,664,933	62,921,752
Total des billets de banque en circulation	274,955	1,839,138	11,355,167	28,389,117	91,807,192	119,936,651	113,601,017	109,452,000	111,463,010	113,358,430
Total des billets à ordre émis par l'Établissement central et par les succursales	″	″	7,092,217	30,705,985	39,085,645	140,217,190	106,050,134	110,815,017	111,644,801	116,983,826
Dividende annuel pour une action de 1,000 francs entièrement versés	66	76	104	176	268	185	135	110	90	90

(a) On ne connaît pas le chiffre de 1872, car la statistique de cette année-là n'a pas séparé le montant des effets présentés à l'escompte du portefeuille commercial de celui du portefeuille agricole.

BILAN GÉNÉRAL AU 31 DÉCEMBRE 1896.

Actif.

			drachmes.	drachmes.
Caisse..	Encaisse métallique...	Athènes...	1,678,470 77	
		Succursales	116,996 57	1,795,467 34
	Billets des Banques Ionienne et d'Épiro-Tessalie......			331,545 00
	Billets de banque d'une et de deux drachmes.......			2,558,558 00
	Mandats sur le Trésor......			485,972 40
Comptes à l'étranger, valeur en drachmes.				9,068,061 00
Comptes à l'étranger, N. M. Rothschild Londres et de Rothschild frères, Paris. Somme versée au crédit du compte de l'emprunt en or de la loi du cours forcé				3,234,177 61
Prêts à l'État en vertu de la loi du cours forcé.	en espèces........		10,363,649 72	
	en billets de banque.		55,921,752 06	66,285,401 78
Prêt à l'État en billets de banque d'une et de deux drachmes.............				7,035,000 00
Avances au Gouvernement....	en or............		7,102,845 10	
	en billets de banque.		3,903,125 00	11,005,970 10
Obligations des emprunts de l'État.......	en or............		2,873,539 50	
	en billets de banque.		35,436,577 58	38,310,117 08
Prêt à la Caissse des routes nationales..				1,711,545 00
Prêts aux communes, ports et autres personnes légales...	en or............		380,813 45	
	en billets de banque.		27,588,815 06	27,969,628 51
Portefeuille...........	Athènes...		5,776,537 40	
	Succursales		6,574,574 92	12,351,112 32
Effets agricoles....................				1,625,366 79
Effets de commerce échus.	Athènes...		290,936 61	
	Succursales		1,139,531 24	1,430,467 85
Effets agricoles échus...............				2,479,825 71
Arriérés des prêts amortissables et communaux......................				303,514 15
Prêts sur 1re hypothèque.	Athènes...		13,453,267 33	
	Succursales		21,701,389 44	35,154,656 77
Prêts sur 1re hypothèque en comptes courants...	Athènes...		454,386 16	
	Succursales		2,417,016 52	2,871,402 68
Prêts amortissables................				398,170 11
Avances sur titres...................				1,769,876 28
Avances sur titres en comptes courants.....	Athènes...		2,736,061 75	
	Succursales		399,448 53	3,135,510 28
Obligations à lots de la Banque nationale.........................				0
Actions de sociétés locales............				3,085,770 78
Locaux de la Banque et de ses succursales.........................				2,141,172 98
Immeubles adjugés à la Banque.......				3,601,431 00
Créances en souffrance..	Athènes...		112,6 15	
	Succursales		1,432,860 16	1,545,482 31
Frais de premier établissement (principalement pour confection de billets de banque)......	Athènes...		994,164 48	
	Succursales		56,070 07	1,050,234 55
Comptes divers....................				1,416,193 89
Rachat de la participation de l'État aux bénéfices de la Banque............				2,867,200 00
Comptes divers de la Banque avec ses succursales.....................				246,593 30
				248,264,549 57

Passif.

		drachmes.	drachmes.
Capital social divisé en 20,000 actions.			20,000,000 00
Réserve statutaire..................		4,000,000 00	
Fonds de prévoyance...............		7,500,000 00	11,500,000 00
Billets de banque en circulation.	Pour le compte du Gouvernement...	55,921,752 06	
	Pour le compte de la Banque........	50,436,678 69	106,358,430 75
Billets de banque d'une et de deux drachmes.......................			7,000,000 00
Dépôt à intérêt.........	capital....	32,927,259 96	
	intérêts...	1,205,179 05	34,132,439 01
Emprunts à lots (Banque nationale de Grèce)........................			53,500,920 00
Service de l'emprunt à lots (Banque nationale de Grèce).............			2,510,044 00
Dépôts sans intérêts....	Athènes...	2,763,799 82	
	Succursales	4,568,937 88	7,332,737 70
Caisse d'épargne.......	Athènes...	1,401,842 89	
	Succursales	223,105 98	1,624,948 87
Billets à ordre.........	Athènes...	1,164,471 17	
	Succursales	812,807 55	1,977,278 72
Dividendes non réclamés............			456,052 80
Dividendes du second semestre 1896 à dr. 45 par action..............			900,000 00
Dépôts en espèces sans intérêt........			144,289 05
Service d'emprunts de l'État..........			399,195 00
Caisse de l'emprunt de l'État de fr 100,000....................			26,852 82
Comptes divers à l'étranger..........			364,778 89
Profits et pertes, solde à nouveau.....			75,981 96
			248,264,549 57

Annexe n° VI.

NOTE
SUR LA BANQUE IONIENNE, LIMITED.

La Banque Ionienne limited a été fondée en 1840, à Londres, pour opérer dans les Îles Ioniennes, qui étaient alors sous le protectorat de l'Angleterre. Le Gouvernement des Îles Ioniennes lui conféra le privilège d'émettre des billets de banque. Plus tard, en 1860, une nouvelle loi ayant réglé dans les Îles Ioniennes le droit d'émission des billets de banque, le droit, non plus le privilège, d'émission de la Banque Ionienne a été renouvelé pour vingt années. Mais, de fait, les conditions exigées par la loi pour avoir le droit d'émission étant très sévères, la Banque Ionienne resta la seule banque d'émission dans les Îles Ioniennes, et son droit fut sauvegardé par le traité de Londres de 1864, par lequel ces îles furent cédées à la Grèce.

Ainsi, la Banque Ionienne, limited, est une banque anglaise ayant le droit d'émission dans un autre pays. Après le Robert Peel Act de 1844, sa situation spéciale a été réglée par Royal Charter du 2 mars 1844, modifiée plus tard sur quelques points par les actes du Parlement des 18 août 1882 et 25 septembre 1886. Elle a été enregistrée en 1883, conformément aux Companies Acts y relatifs (1862-1872) et devint *limited*.

Lors de l'expiration du droit d'émission de la Banque, en 1880, la loi ionienne sur les banques d'émission a été abolie, et une nouvelle loi W K 4, du 21 avril 1880 régla la question du droit d'émission dans les Îles Ioniennes auxquelles ne s'étendait pas le privilège de la Banque nationale. Cette loi approuva en même temps une convention entre le Gouvernement hellénique et la Banque Ionienne du 2 avril 1862 qui renouvelait son droit (non privilège) d'émission pour vingt-cinq années. Ce droit expire le 29 avril 1905.

OPÉRATIONS DE LA BANQUE IONIENNE.

1° Escompte d'effets de commerce;

2° Avances sur titres;

3° Prêts sur hypothèque. Elle est tenue d'affecter à cette opération un quart de son capital social (art. 8 de la Convention du 2 avril 1880 approuvée par la loi W K 4' du 21 avril 1880);

4° Escompte d'effets agricoles. Elle est tenue d'affecter à cette opération les quatre cinquièmes de son capital versé (art. 8 de la Convention du 2 avril 1880, approuvée par la loi W K 4' du 21 avril 1880);

5° Dépôts à intérêt;

6° Dépôts sans intérêts;

7° Vente et achat de change sur l'étranger. La Banque a donné quelque développement à cette opération en la combinant avec des opérations de banque de son établissement central de Londres sur les raisins de Corinthe;

8° De plus, la Banque Ionienne fait sur la place de Londres quelques-unes des opérations habituelles des banques;

9° La Banque a participé aux avances consenties à l'État hellénique ainsi qu'aux emprunts du même État en vertu des lois du cours forcé. D'après ces dernières lois actuellement en vigueur, la Banque Ionienne a avancé en compte courant au Gouvernement hellénique : 2,000,000 de drachmes en or et 2,000,000 de drachmes en billets de banque et encore 5,000,000 en billets de banque de 1 et 2 drachmes. Ce dernier emprunt n'est pas en compte courant. Quant au solde de la dette en compte courant de 2,000,000 de drachmes en billets de banque, il était, au 30 septembre 1897, de 1,874,906 dr. 44.

En vertu des mêmes lois du cours forcé, le maximum de la circulation des billets de banque de la Banque Ionienne est fixé à 9,000,000 de drachmes, y compris la somme de 2,000,000 de drachmes avancée à l'État en compte courant.

La circulation totale de la Banque Ionienne au 30 octobre 1897 s'élevait à..	8,769,384^{dr} 46
plus en billets de 1 et 2 drachmes........................	4,971,136 00
TOTAL..	13,740,530^{dr} 46

Sur cette somme,..	6,846,042^{dr} 44
étaient en circulation pour le compte de l'État et pour le compte de la Banque Ionienne,................	6,894,488 02
TOTAL..	13,740,530^{dr} 46

REPRÉSENTATION DU PASSIF PAR L'ACTIF ET LIMITES DU DROIT D'ÉMISSION.

Les règles relatives à la représentation du passif par l'actif et aux limites du droit d'émission sont fixées par l'article 3 de la Convention du 2 avril 1880 approuvée par la loi WK4' du 21 avril 1880. Cet article est rédigé comme suit :

« Le passif en général de la banque, après déduction du montant couvert par l'en« caisse métallique, doit être représenté à son actif par des effets de commerce dont « l'échéance ne devra pas excéder trois mois et par des obligations d'emprunts natio« naux émis après 1862, calculés à leur prix d'émission. Ce même passif, après « déduction du montant couvert par l'encaisse métallique, ne doit pas dépasser le « double du capital social et des réserves.

« L'encaisse métallique ne doit jamais être au-dessous du tiers de son passif à vue « en billets de banque et comptes courants. L'excédent entre les billets de banque en « circulation et l'encaisse métallique ne doit pas dépasser le montant de son capital « et des réserves ».

Bien entendu, l'application de ces règles est suspendue pendant la durée du cours forcé.

THE IONIAN BANK LIMITED.

Balance Sheet, 12th July, 1897.

THE EXCHANGE FOR DRACHMAS IS TAKEN AT 43.60 per £.

Dr.

	£	s.	d.
To capital 12,620 3/10 Shares of 25 £ each	315,507	10	0
To Notes i. circulation	199,704	18	7
To Notes of 1 and 2 Drachmas	79,142	1	9
To Current accounts	69,313	11	1
To deposits bearing Interest	205,016	12	0
To Bills payable	7,543	19	6
To Rebate on Bills Discounted not due	882	13	10
To Provision for doubtful debts	7,730	16	4
To Rest, being Undivided profit as per Profit and Loos Account	34,908	2	4
	920,350	5	5

Cr.

	£	s.	d.	£	s.	d.
By Cash in hand at London Bankers and Notes of other Banks				85,817	14	9
By Loans at short Notice, London				11,647	15	7
By Loan to Greek government, under convention for forced currency of the Note Circulation of the Bank				123,017	9	1
By Do. Notes of 1 and 2 Drachmas				80,275	4	1
By Greek government Treasury Bills				42,400	16	1
By Investments, viz : British Imperial and Colonial Government Stocks and Corporation of London Bonds.	44,829	2	9			
By Railway Mortgage Bonds and other securities.	116,750	3	1			
				161,579	5	10
By Bills receivable London and in transit				19,715	16	8
By Bills Discounted, viz : Commercial	51,997	13	10			
Proprietors' and Agrarian	28,660	18	5			
				80,658	12	3
By Advances on Securities				74,750	8	10
By Loans and Current Accounts				30,314	7	9
By Current accounts Secured by Mortgages				39,411	10	3
By Advances on Mortgages				121,609	10	4
By Mortgaged property taken possession of				9,020	6	4
By Doubtful Debts				15,347	1	11
By Freehold Bank Premises at Athens, Corfu, Cephalonia, Patras, and Zante, and Bank Furniture				24,184	5	8
				920,350	5	5

Dr. *Profit and loos Account for the Half-Year ending 12th July 1897.* **Cr.**

	£	s.	d.
To Charges of Management for the Half-year, including Salaries Pensions, Directors' Fees, and Income and other Taxes (The Exchange for Drachmas is taken at 25 per £)	8,911	19	6
To interest on deposits	4,055	3	10
To Rebate on Bills Discounted not due.	882	13	10
To Balance undivided profit	34,908	2	4
	48,757	18	6

	£	s.	d.	£	s.	d.
By Balance brougt forward from last account — 12th Jan., 1897	34,602	8	7			
Deduct - Half-year's Dividend at 4 p. o/o paid 4th May, 1897	6,310	3	0			
				28,292	5	7
By Gross Profit, after making provision for Bad and Doubtful Debts				20,465	12	11
				48,757	18	6

ANNEXE n° VII

NOTE
SUR LA BANQUE PRIVILÉGIÉE D'ÉPIRO-THESSALIE.

Lors des événements politiques des derniers mois de l'année 1880 qui ont un peu plus tard abouti à l'annexion de l'Épire et de la Thessalie à la Grèce, le Gouvernement hellénique s'étant vu dans la nécessité de contracter un emprunt extérieur (emprunt de 120 millions or loi ΩΠΗ' du 30 décembre 1880), la convention signée à cette occasion concéda aux banquiers qui contractèrent l'emprunt en question le droit de fonder une banque d'émission dans les provinces d'Épire et de Thessalie. L'article y relatif est conçu dans les termes suivants : « Aux parties con« tractantes est concédé le droit de fonder dans les provinces qui seront annexées « à la Grèce une banque qui aura, pour une période de vingt-cinq ans, le droit « exclusif d'émission et de circulation de billets de banque, qui jouira en même « temps de tous les droits et privilèges concédés jusqu'à ce jour à la Banque nationale « de Grèce (à l'exception du cours forcé de ses billets) et qui sera soumise à toutes « les obligations imposées jusqu'à ce jour à la Banque nationale de Grèce ».

Le privilège de la Banque d'Épiro-Thessalie expire, par conséquent, au 30 décembre 1905 ou au 31 janvier 1907, selon qu'on compte à partir de la concession du privilège par la loi du 30 décembre 1880 ou à partir de la fondation de la Banque au 31 janvier 1882.

C'est en vertu de cette disposition que la Banque privilégiée d'Épiro-Thessalie a été fondée et que ses statuts du 25 janvier 1882 ont été approuvés par décret royal du 31 janvier 1882. Elle commença ses opérations le 19 juin de la même année.

Le siège central de la banque est à Volo et elle a des succursales à Larisse, Carditza, Trikkala, Arta et Athènes, son Conseil d'administration siégeant dans cette dernière ville.

Le capital social est de vingt millions, divisé en 40,000 actions de 500 drachmes; mais le quart seulement de ce capital est versé; en d'autres termes, le capital social versé de la Banque s'élève à 5,000,000 de drachmes ou à 125 drachmes par action.

La Banque d'Épiro-Thessalie, ayant les mêmes droits et étant tenue à se conformer aux mêmes obligations que la Banque nationale de Grèce, les statuts du nouvel établissement ont été rédigés d'après ceux de la Banque nationale de Grèce, ainsi que d'après les autres dispositions qui gèrent cet établissement. On peut même dire qu'ils ont été presque textuellement copiés, en ce qui regarde les opérations de la Banque, les règles limitatives de ces opérations et celles de la représentation du passif par l'actif. On se référera donc, sous ce rapport, à ce qui a été exposé dans la Note relative à la Banque nationale de Grèce.

Voici le dernier bilan, du 31 décembre 1896, publié par la Banque privilégiée d'Épiro-Thessalie.

BILAN GÉNÉRAL AU 31 DÉCEMBRE 1896.

Actif.

	dr.	lept.
Capital non réclamé	15,000,000	00
Caisse — Encaissement métallique	153,719	08
Caisse — Billets des Banques nationale et Ionienne	333,560	00
Caisse — Billets de 1 et 2 drach.	85,833	00
Prêt à l'État en vertu de la loi du cours forcé	1,712,174	38
Avances au Gouvernement	2,554,467	48
Prêt à l'État en billets de banque de 1 et 2 drachmes	3,517,500	00
Actions de la société d'assurances *la Nationale*	124,800	00
Obligations Salines Leukymme	224,680	00
Avances en comptes courants	150,703	94
Portefeuille	1,121,360	55
Effets agricoles	2,459,855	74
Prêts sur première hypothèque	6,267,723	39
Avances sur gages	1,825,850	68
Prêts aux communes, ports, etc.	1,216,247	09
Traites sur l'étranger	50,425	60
Effets à encaisser	98,719	02
Effets échus	147,801	30
Effets en souffrance	324,021	05
Immeubles adjugés à la Banque	1,295,828	03
Comptes divers	116,609	78
Divers	186,417	03
Frais de premier établissement	22,088	09
Comptes divers de la Banque avec ses succursales	1,311	79
	40,091,297	62

Passif.

	dr.	lept.
Capital social	20,000,000	00
Réserve	704,436	00
Fonds de prévoyance	877,117	59
Billets de banque en circulation	5,503,722	50
Billets de 1 et 2 drachmes	3,500,000	00
Dépôts à intérêt	3,526,047	42
Comptes à l'étranger	25,907	08
Dépôts à intérêt en comptes courants	1,801,227	37
Dépôts sans intérêts	1,251,616	64
Billets à ordre	8,501	80
Dividendes non réclamés	44,908	00
Banque nationale de Grèce	837,940	90
Banque compte courant	661,169	15
Service d'emprunts d'État	1,856	95
Réescompte du portefeuille	70,253	76
Dépôts	32,850	00
Impôts	2,500	00
Participants à nos diverses participations	756,201	54
Service de l'emprunt Salines Leukymme	12,012	50
Comptes en suspens	153,207	50
Profits nets	319,821	92
	40,091,297	62

www.ingramcontent.com/pod-product-compliance
Ingram Content Group UK Ltd.
Pitfield, Milton Keynes, MK11 3LW, UK
UKHW022049190726
13855UKWH00002B/455